城乡一体化进程中的
产业协调发展研究

◆张爱民　易　醇　著◆

中国社会科学出版社

图书在版编目（CIP）数据

城乡一体化进程中的产业协调发展研究/张爱民，易醇著.—北京：中国社会科学出版社，2017.9
ISBN 978-7-5161-9100-2

Ⅰ.①城… Ⅱ.①张…②易… Ⅲ.①产业经济学—研究—中国 Ⅳ.①F121.3

中国版本图书馆 CIP 数据核字（2016）第 252805 号

出 版 人	赵剑英
责任编辑	李庆红
责任校对	周晓东
责任印制	王 超

出　　版	中国社会科学出版社
社　　址	北京鼓楼西大街甲 158 号
邮　　编	100720
网　　址	http://www.csspw.cn
发 行 部	010-84083685
门 市 部	010-84029450
经　　销	新华书店及其他书店
印　　刷	北京明恒达印务有限公司
装　　订	廊坊市广阳区广增装订厂
版　　次	2017 年 9 月第 1 版
印　　次	2017 年 9 月第 1 次印刷
开　　本	710×1000　1/16
印　　张	15.5
插　　页	2
字　　数	223 千字
定　　价	59.00 元

凡购买中国社会科学出版社图书，如有质量问题请与本社营销中心联系调换
电话：010-84083683
版权所有　侵权必究

序　言

我国的经济运行正处在增长速度换挡，产业结构优化、新旧动能转换的过程中，转变传统增长方式，培育新的发展动能，成为保持经济平稳健康发展的关键。在新旧动能接续转换中，培养壮大农村新产业、新业态，促进城乡三次产业融合发展，进一步释放城乡一体化发展新动能，是我国经济形态和生产方式向着更为高级阶段演进的重要历史趋势，是党和国家审时度势做出的重大决策。

本书系统论述城乡一体化进程中推进产业协调发展问题，体现了马克思主义辩证思维和我国"新常态"下的新发展理念。唯物辩证法揭示了事物普遍联系、相互影响、相互制约的客观规律，把世界看作一个矛盾的统一体。认为经济社会发展应在破解难题、处理矛盾中增强整体性和协调性。马克思研究了社会再生产中两大部类的比例关系及其实现条件。我国领导人在社会主义现代化建设和社会主义市场经济运行中，提出了统筹兼顾、综合平衡、协调发展、协同推进等政策思想，主张"弹钢琴"，反对"单打一"。在我国经济发展进入"新常态"，面临着建成全面小康社会并向中等发达社会迈进的宏伟目标和发展中不平衡、不协商、不可持续的突出问题，习近平同志在新发展理念中强调了发展的整体性协调性，指出新形势下协调既是发展手段又是发展目标，同时还评价发展的标准和尺度。他说："下好'十三五'时期发展的全国一盘棋，协调发展是决胜要诀。"在这些"要诀"中，他把"城乡协调发展""加快形成以工促农，以城带乡，工农互惠，城乡一体的城乡关系"放到了突出位置。城乡一体化为破译我国城乡二元结构矛盾，促进产业协调发展开辟了广阔道路。

本书在城乡一体化的宏观背景下，以产业间的关联分析为起点，探讨了培育壮大农业农村新产业、新业态，促进城乡一、二、三产业融合发展的内涵和要求。本书认为，现代产业之间既有明确的产业分工，又有密切的技术、经济联系，随着新一轮科技革命和产业变革的到来，社会分工必将更加细密，经济联系也将更加紧密，据此，本书从产业结构、技术结构、协同互动、合作共赢诸方面提出了若干动态的产业协调判别标准。继而从农业内部和城乡之间两个层面总结和探讨了产业协调发展的内涵和要求问题。在农业内部要顺应市场需求变化、优化产品产业结构、统筹调整粮食经饲三元种植结构，推进种养加协调发展，要立足比较优势，优化区域布局，依托粮食生产功能区、重要农产品生产保护区、特色农产品优势区建设，引导农产品生产加工向生产区、优势区转移集聚，把区域资源优势转化为产品产业竞争优势；积极发展适度规模经营，优化经营结构，以农户家自经营为基础，培育新型农业经营主体和服务主体。在城乡之间要拓展提升农业产业链价值链，培育壮大农村电商、休闲农业、乡村旅游等新产业、新业态；做强一产、做优二产、做活三产，推进三次产业融合发展；发展现代食品加工业，提高农产品加工率和附加值；挖掘农业的多种功能、培育宜家宜业的特色村镇。

本书把城乡一体化和产业协调发展，既看作一个自然的历史进程，又看作一个社会的系统工程。以工补农，以城带乡的能量释放和多予少取放活的政策效力结合，就构成了实现这一工程所需要的严密有序而又富有活力的动力系统。据此，本书总结探讨了以理顺政府与市场关系为核心的体制机制改革之路，以激活市场、激活要素、激活主体；总结和探讨了以科技创新为引领的产品创新、管理创新、人才创新等创新驱动之路，以及在城乡统筹、产业互动中创造的"接二连三"，"一三对接"等产业对接方法，有一定的参考价值。

杜肯堂
2017 年 3 月 9 日

前　言

经过改革开放后近40年的高速发展，我国已进入以经济增速换挡、产业结构优化和增长动力转换为主要特征的新常态，正在向形态更高级、分工更复杂、结构更合理阶段演化。这不仅意味着我国的供需关系、产业结构、发展方式和发展动力等诸多方面发生了一系列重大而深刻的变化，也意味着发展目标已由单纯追求GDP增长向追求经济与社会，人与自然环境和谐发展的多样性目标转变，经济发展的主要目标由重视量的积累转为更加重视质的改善和结构的优化。创新发展方式，提升全要素生产率，满足广大人民群众对幸福生活的向往成为发展目标最贴切的表达。在适应新常态、把握新常态和引领新常态已成为贯穿我国经济发展全局和全过程的大逻辑下，坚持以新发展理念引领新常态，以提高质量和效益为中心，以推进供给侧结构性改革成为我国当前经济发展的主线，构建更加和谐的城乡关系，促进产业协调发展无疑是实现经济结构调整和新旧动能接续转换的着力点和突破口。

世界经济发展实践告诉我们：行之有效的经济策略总是立足于对发展背景的准确把握，着眼于对现实问题的有效解决。当前，外部经济环境依然错综复杂，全球仍处于经济长周期的深度调整阶段，国际贸易持续低迷、复苏乏力。中国在经历多年高速发展后，经济实力和发展条件发生了明显变化。2016年我国国内生产总值达74.4万亿元，人均GDP超过8600美元，稳居世界第二大经济体地位，已成为带动世界经济增长的重要一极。与此同时，经济发展中的一些新问题也逐渐凸显，发展失衡取代总量不足成为我国经济发展中的主要问题，主要表现在以下几个方面：一是城乡发展失衡。在长期重城抑乡、重工轻农思想的影响下，城乡发展差距不断拉大，繁荣城市与凋敝农村同时并存的城乡二元结构矛盾日益突出。二是供需失衡。供给侧难以迅速有效地满足不断变化的新需求，部分产能严重过剩而关键设备和高端产品仍需大量进口；国内消费品需求低迷与境外血拼狂购同时并存。三是收入分配失衡。不同区域、不同产业间从业人员收入差距日益加大，农业成为从业人员收入的洼地，劳动力在城乡和三次产业间单向流动。不论是城乡二元矛盾、供需失衡还是分配差距的拉大，其背后的直接原因是城乡经济发展的载体——三次产业发展失衡，缺乏有效互动。突出表现为传统落后的第一产业难以为第二、第三产业发展提供优质的原材料和高素质的劳动力；第二产业对农业反哺不足，迅速形成的工业产能未能有效转换为农业现实生产力，部分行业生产能力严重过剩；第三产业中传统服务业占比过高，现代服务业发展滞后，在产业关系中未能有效起到黏接剂和润滑油的作用。面对发展中出现的种种失衡问题，马克思主义唯物辩证法给我们提供了基本的方法论：只有抓住主要矛盾和矛盾的主要方面才能从根本上解决问题。因此，立足现实将城乡关系与产业发展结合起来，通过构建城乡融合的体制机制，形成以工促农、以城带乡、工农互惠、城乡一体的新型城乡和产业关系不仅有助于促进城乡一体化发展，也是实现经济发展方式转变，加快形成经济增长新动能的需要。

我国历届领导人都高度重视协调发展。从新中国成立之初形成"统筹兼顾""弹钢琴"的工作方法，到改革开放后陆续提出"两手抓"的战略方针，再到"实现全面协调可持续发展"，"五位一体"总体布局、"四个全面"的战略布局，对协调发展的认识不断深化。在我国经济进入新常态，努力建成全面小康社会的冲刺阶段，习近平同志非常重视协调的作用，指出"协调既是发展目标又是发展手段，还是评价发展的标准和尺度，是发展两点论和重点论的统一，是发展平衡和不平衡的统一，是发展短板和潜力的统一"。针对我国城乡二元结构矛盾突出的现实，提出要坚持城乡统筹发展，坚持工业化、信息化、城镇化、农业现代化同步推进，实现城乡发展一体化。针对三次产业发展失衡，提出"要大力构建以现代服务业和先进制造业为主体的资源节约型产业框架，在改善劳动密集型产业的同时，逐步以知识密集、技术密集、资本密集的环境友好型产业取代现有的资源密集型和土地密集型产业；依靠科技进步，推进三次产业之间优势互补，协调好产业之间的资源循环利用"。

当前，我国发展的外部环境、基础条件、任务目标和要求都出现了许多新变化，这一时期既是大有作为的重要战略机遇期，也是面临诸多矛盾叠加、风险隐患增多的挑战攻坚期。这一阶段，低成本资源和要素投入形成的驱动力明显减弱，经济发展面临动力转换节点，一方面是传统产业供给能力大大超出需求，另一方面则是新兴产业发展不足，产业结构亟待优化升级。在创新、协调、绿色、开放、共享五大发展理念的指引下，不断缩小城乡差距，走出一条产业结构优化、生产质量高、综合效益好、可持续发展能力强的新路迫在眉睫。与此同时，随着社会分工不断细化，专业化程度不断提高，产业间的互动和融合日趋深入，社会经济发展的整体效果越来越依赖于不同产业间的联系深度和互动水平，凭借某一产业单兵独进的发展模式已经难以为继。在此背景下，"着力构建现代产业发展体系"，不断"优化产业结构"，"着力解决制约经济持续健康发展的重大结构性问题"成为共识。本书以我国城乡一体化进程为宏观背景，以产业关系为研究对象，对如何促进我国三次产业协调发展进行了理论研究，具有以下特色：

一是以产业间的关联分析为逻辑起点，论证了产业协调发展的内涵和评价标准。认为现代产业之间既有明确的社会分工，又有密切的技术经济联系，正是这种分工和联系才使社会再生产得以顺利进行。产业协调发展既是客观必然趋势又是实践指导方针；既有一般的判识标准，又要因时因地差别化评价。据此提出了产业协调发展的基本标志：①产业间的比例结构应与地区所处经济发展阶段相适应，产业偏离度较小；②新发明、新技术能在不同产业有效推广使用，产业间不存在明显的技术水平断层和劳动生产率的强烈反差；③产业间能够互相支撑，协同互动，某一产业的发展不以其他产业的停滞或削弱为代价；④协调的产业关系有助于提高自然资源、人力资本等生产要素的利用效率，推动不同产业间的合作共赢，实现经济、社会和生态效益的持续最大化。产业不是虚无缥缈的，总是落脚在特定的空间载体中，城市和乡村囊括了人类所有的经济社会活动，既是人们生产生活的空间，也是产业孕育、发展和互动的场所。因此，本书将产业间的协同互动放置在城乡两个地域空间进行讨论。

二是以经济新常态下城乡二元结构矛盾突出为现实背景，探讨了在城乡一体化过程中三次产业协调发展的要求和路径。在当今城乡二元经济反差强烈，工业反哺农业趋向也已到来的条件下，应抓住引致产业失调的主要矛盾和矛盾的主要方面。指出加快实现我国产业协调可以从两个层面展开：①宏观层面，即在工业化、城镇化进程中，同步推进农业现代化，在三产互动中加快发展现代农业，消除现代工业部门与传统农业部门的技术断层与效率反差；②农村层面，即在传统农业向现代农业转变的同时，加快发展农村第二、第三产业，特别是农产品加工业、涉农工业和直接为农业生产、农民生活服务的第三产业，繁荣农村经济。

三是结合我国三次产业发展实际，指出我国产业失衡的主要表现是农业现代化发展不足。农业是"民生"产业，既关系到国家的粮食安全和社会稳定，也是保障工业和服务业稳定发展的基础和前提。因此，夯实农业战略性基础地位，加快发展现代农业，缩小与非农产业间的差距成为实现产业协调互动的重点，并据此提出若干举措：要顺应市场需求变化，优化农产品农产业结构，把区域资源优势转化为产品产业竞争优势；要积极发展适度规模经营，培育新型农业经营主体和服务主体；在城乡之间要拓展提升农业产业链价值链，培育壮大新产业、新业态；加快做强一产、做优二产、做活三产，推进三次产业融合发展；进一步挖掘农业的多种功能、培育宜居宜业的特色村镇。要继续加大对农业的投入力度，建立起农民、政府和社会力量广泛参与的多元化投入机制；要加快农业基础设施建设，提高农业装备水平，加强水利设施建设，强化耕地保护整治；要加强农业科技创新体系建设，提升高新技术在农业增长中的贡献率；要加快培养新型农民，提升劳动者素质，为发展现代农业做好人才储备。

四是通过实证分析,探讨了产业协调发展的可行之路。我国国土面积广袤,各地自然条件、发展水平千差万别,产业协调之路需因地制宜、各具特色。统筹城乡配套改革试验区的批准设立,既充分体现了邓小平同志在改革中强调"摸着石头过河"的实事求是精神,也是在实践探索中降低系统性风险的有效途径。本书在总结成都试验区经验基础上,概括了实践中城乡三次产业对接的有效做法:①推动农业产业链延伸,实现"接二连三"发展,拓展农业与工业、服务业的内在联系,提升农业产业化经营水平;②推进城乡工业联动,承接城市产业转移和技术扩散,发展农产品加工和涉农工业,提高农业装备水平和农产品深、精加工程度;③促进一、三产业对接,利用农业景观资源,民俗风情资源,发展观光休闲旅游业;开展农商对接、农超对接,促进农产品进城、工业品下乡;开展劳务输出对接,引导农村富余劳动力有序外出务工;加快发展现代物流、金融保险、信息服务等第三产业,催化农业生产、农村生活走向现代化。产业对接既是促进产业协调的有效方法,也是通向产业融合,实现城乡经济一体化的必要步骤,应在产业规划、产业布局、产业扶持、产业引导基础上,深入研究城乡产业间的内在联系,积极探索产业对接的有效路径。

产业协调互动是一个复杂的社会系统工程,这一工程从设计到施工需要一个严密有序而又富有活力的动力系统,必须充分发挥政府的服务和引导作用、人民群众的主体作用和市场配置资源的决定性作用。产业协调运行的主体是劳动者,特别是广大农民群众,必须充分尊重群众的意愿和选择,维护群众的合法权益,在稳定家庭承包经营基础上探索多种有利于提高农民组织化程度的产业组织形式。在社会主义市场经济条件下,既要运用"看不见的手",又要运用"看得见的手"。经验证明,在统筹协调的初期,政府的引导和服务作用尤其重要。但是,新形势、新任务下的引导和服务,应当更加注意遵循客观规律、尊重群众主体地位。在产业规划、产业布局、产业对接、产业扶持等管理创新中,实现统筹城乡产业协调、健康、可持续发展。

在实践中,不少地区对产业协调发展路径进行了有益探索。如成都市在"全域成都"理念下,将城市与乡村,工业、农业与服务业置于统一大系统中，统筹配置资源、优化产业布局、推动产业对接，形成了崇州农业对接工业、服务业的"接二连三"模式、彭州蔬菜基地与大型超市的"农超对接"模式。与此同时，一些地区在促进产业协调发展中也反映出不少问题：如不顾客观条件，盲目追求产业高度化，竟至走非农化道路；分不清宏观视野下的三产互动、协调带动与城乡统筹下的产业关联和产业对接，找不到产业协调的切入点等。这些问题都有待我们结合实际进行更加深入和系统的理论研究和实践探索。

目 录

第一章 范畴界定和相关研究述评 …………………………… 1

第一节 基本范畴界定 …………………………………………… 1
    一 城市和乡村 ………………………………………………… 1
    二 城乡二元结构和统筹城乡发展 …………………………… 3
    三 产业协调发展 ……………………………………………… 5

第二节 相关理论述评 …………………………………………… 9
    一 城乡关系理论 ……………………………………………… 9
    二 产业发展相关理论 ………………………………………… 14
    三 系统论、协同论的基本理论与方法 ……………………… 17

第三节 国内外关于城乡关系和产业协调发展的研究述评 … 18
    一 国外相关研究综述 ………………………………………… 19
    二 国内相关研究综述 ………………………………………… 23

第四节 成都试验区城乡产业协调发展概述 ………………… 28
    一 基本区情 …………………………………………………… 28
    二 成都城乡统筹综合配套改革试验区的设立 ……………… 29
    三 成都试验区促进城乡产业协调发展的实践与创新 … 32

第二章 我国城乡关系与产业发展相关性分析 ……………… 37

第一节 我国城乡关系的演进 ………………………………… 37
    一 1949—1978 年 ……………………………………………… 38
    二 1978—2002 年 ……………………………………………… 39
    三 2002 年—至今 ……………………………………………… 41

第二节　我国产业发展及其相互关系回顾 …………………… 42
　　一　计划经济下的产业关系 ………………………………… 42
　　二　改革开放后的产业关系 ………………………………… 45
　　三　城乡一体化进程中产业关系的新变化 ………………… 46
第三节　城乡一体化进程中产业协调发展的内涵和意义 …… 50
　　一　我国产业发展的基底 …………………………………… 50
　　二　城乡一体化进程中产业协调发展的内涵 ……………… 54
　　三　城乡一体化与产业协调发展的内在联系 ……………… 57
　　四　产业协调发展的重要意义 ……………………………… 61

第三章　产业协调发展的影响因素及其实现途径 …………… 66

第一节　产业协调发展的判定和影响因素 …………………… 66
　　一　产业发展不协调的基本特征与主要表现 ……………… 67
　　二　产业协调发展的判定标准 ……………………………… 72
　　三　产业协调发展的影响因素分析 ………………………… 77
第二节　我国产业发展中的不协调分析 ……………………… 81
　　一　农业依然薄弱，难以对工业和服务业形成有效
　　　　支撑 ……………………………………………………… 81
　　二　工业一马当先，对农业、服务业发展带动性
　　　　不足 ……………………………………………………… 82
　　三　现代服务业发展整体滞后，制约了工业和农业
　　　　发展 ……………………………………………………… 83
第三节　促进产业协调发展的路径 …………………………… 84
　　一　拓展产业链条，深化城乡产业内在联系 ……………… 85
　　二　发展园区经济，实现产业集聚 ………………………… 87
　　三　优化产业城乡空间布局 ………………………………… 89
第四节　成都试验区促进产业协调发展的实践与启示 ……… 92
　　一　推进土地向规模经营集中，走农业现代化道路 ……… 93
　　二　推进工业向集中发展区集中，走新型工业化
　　　　道路 ……………………………………………………… 95

三　引导农民向城镇转移，促进服务业均衡发展 ……… 97
　　四　成都市促进产业协调发展的启示…………………… 98

第四章　在城乡产业协调互动中加快发展现代农业 ……………… 103
　第一节　农业特性及其在产业协调发展中的重要地位 ……… 104
　　一　农业及农产品的特点 ……………………………… 104
　　二　农业在产业协调发展中的基础地位 ……………… 106
　　三　落后农业是我国产业发展失衡的主要表现和
　　　　基本原因 ……………………………………………… 110
　第二节　城乡一体化进程中的农业现代化与产业协调
　　　　　发展 ……………………………………………… 113
　　一　农业现代化是我国农业发展的必然选择 ………… 114
　　二　农业现代化促进工业发展的作用机制 …………… 117
　　三　农业现代化促进服务业发展的作用机制 ………… 120
　　四　农业现代化的实现路径 …………………………… 123
　第三节　成都试验区以现代农业促进产业协调的实践
　　　　　探索 ……………………………………………… 127
　　一　成都试验区农业发展的现状和问题 ……………… 127
　　二　成都市走农业现代化发展道路推进农业
　　　　"接二连三"的实践 ………………………………… 130

第五章　优化提升工业增强以工促农力度 ……………………… 138
　第一节　城乡一体化进程中的现代工业发展道路 ………… 139
　　一　世界工业发展的一般规律 ………………………… 140
　　二　中国特色的现代工业发展道路 …………………… 142
　　三　我国工业化发展的新特点 ………………………… 146
　第二节　新型工业化与产业协调发展 ……………………… 150
　　一　工业反哺农业是世界产业协调发展的普遍规律 … 150
　　二　工业反哺农业的国际经验及借鉴 ………………… 154
　　三　城乡统筹下工业反哺农业对策分析 ……………… 160

第三节 成都试验区推进现代工业发展与促进城乡产业
　　　　协调的实践探索 ·················· 163
　　一 成都试验区工业发展状况 ················· 163
　　二 成都试验区走新型工业化道路促进产业协调
　　　　发展的实践 ····················· 165

第六章 发展现代服务业增强城乡纽带作用 ············ 171

第一节 服务业发展与服务业现代化 ··············· 172
　　一 服务业的内涵及其分类 ················· 172
　　二 现代服务业的特点及发展趋势 ·············· 175
　　三 国外现代服务业发展的启示 ··············· 178
第二节 城乡一体化进程中的服务业现代化与产业协调 ····· 181
　　一 我国现代服务业发展现状 ················ 182
　　二 现代服务业在产业协调发展中的作用 ·········· 184
　　三 现代服务业发展思路 ·················· 189
第三节 成都试验区发展现代服务业与促进城乡产业
　　　　协调的实践探索 ·················· 192
　　一 成都试验区服务业的特点 ················ 192
　　二 成都试验区以现代服务业促进产业协调
　　　　发展实践 ····················· 193

第七章 促进产业协调发展的制度保障 ············· 201

第一节 制约我国产业协调发展的体制和制度障碍 ········ 201
　　一 缺乏城乡统一的产业规划，造成三次产业
　　　　发展脱节 ····················· 202
　　二 城乡差别的户籍制度，限制了劳动力合理流动 ···· 204
　　三 农村土地使用权不清，影响土地资源的
　　　　配置效率 ····················· 205
　　四 不合理的相关政策，导致产业发展失衡 ········· 206
　　五 现行的金融供给制度，导致金融资本配置

　　　　　不合理 …………………………………………… 207
第二节　城乡产业协调发展的措施建议 …………………… 209
　　一　制订城乡一体的产业发展规划 …………………… 210
　　二　以明晰土地使用权为核心，推进农村土地
　　　　制度改革 ……………………………………………… 212
　　三　以政策扶持为重点，深化财税体制和金融
　　　　制度创新 ……………………………………………… 213
　　四　利用重要战略机遇期，促进农村产业的发展 ……… 216
　　五　完善城乡一体的社会管理制度 …………………… 219

参考文献 …………………………………………………… 221

后记 ………………………………………………………… 231

第一章 范畴界定和相关研究述评

构建和谐城乡关系不仅是人类社会发展面临的普遍性问题，也是区域经济研究的重要内容，通过统筹城乡实现一体化发展，既是世界各国的普遍做法，也是我国解决诸多现实矛盾，缩小城乡差距，实现社会和谐的必由之路。城乡差距由城乡功能的不同定位引起，主要表现为经济发展水平的差距，本质上则是产业发展的差距。因此，科学界定城市、乡村以及产业发展内涵，并对城乡关系与产业发展相关理论进行梳理，是研究城乡一体化进程中产业协调发展的逻辑起点。

第一节 基本范畴界定

一 城市和乡村

城乡关系是社会生产力发展和专业化分工的必然结果，是指城市和乡村在经济、社会、政治和文化等方面相互作用、相互影响的关系，其中最根本的是经济关系，它影响和制约着城乡间的其他关系。从功能上来看，城、乡分别代表生产、生活方式及文化特征迥异的两类地域空间，它们在产业组成、发展水平、功能定位、外部景观等方面大相径庭，但城乡资源互补、生态共享、文化相连、经济共荣的现实构成了两者紧密互动的基础。作为相互依存、共生共荣的统一体，没有农村的发展就不会有城市的出现，缺乏城市的辐射和带动农村发展也会停滞。在不同发展阶段城乡关系也不同，城市出现初期主要表现为乡村支持城市，随着城市的迅速发展和繁荣，城市开始反哺农村，城市带动农村发展逐渐成为城乡关系的主旋律。

城市是人类社会发展到一定阶段，随着劳动分工不断深入和商品交换的日益繁荣而出现的，城市具有空间集聚性、经济非农性和功能多样性等特点。目前学术界对城市的各种定义不下百种，难怪美国城市学家刘易斯·芒福德发出感叹，"人类用了5000多年的实践，才对城市的本质和演变过程获得了一个局部的认识，也许要用更长的时间才能完全弄清它那些尚未被认识的潜在特性。"[1] 马克思和恩格斯在《德意志意识形态》中写道："城市本身表明了人口、生产工具、资本、享乐和需求的集中；而在乡村里所看到的却是完全相反的情况：孤立和分散。"[2] 列宁也曾指出："城市是经济、政治和人民的精神生活的中心，是前进的主要动力。"[3] 从字面上看，"城市"包含两方面含义。"城"为行政地域概念，即人口的集聚地；"市"为商业概念，即商品交换的场所，城市是"城"和"市"的统一。在古代，"城"指用城墙围起来的地方，主要作为军事目的，用于防御外敌的侵入。如《吴越春秋》中所指出的，"筑成以卫君，造郭以守民"。"市"则是用于商品买卖和交换的场所。随着交换的不断深入和发展，不仅交换的地方逐渐固定下来，聚集的人口也越来越多，就形成了"市"。后来人们在经常交易的地方建起了城，将"城"、"市"功能逐渐合二为一，并在规模上日益扩大，城市便诞生了。在我国，"城市是指国家按行政建制设立的直辖市、市、镇"。其中，市区非农业人口在200万以上的城市为超大城市，100万—200万人口的为特大城市，50万—100万人口的为大城市，20万—50万人口的为中等城市，20万人口以下的为小城市。本书认为，城市是一定区域范围内政治、经济、社会、文化等人类活动和信息汇集的中心，具有人口密集高、工商业发达、非农业人口多等特点。

乡村是与城市相对的术语，指城市以外的广大国土地域。乡村具有与城市完全迥异的自然景观和社会形态，有集镇、村落等多种表现

---

[1] [美]刘易斯.芒福德：《城市发展史——起源、演变和前景》，宋峻岭、倪文彦译，中国建筑工业出版社2004年版，第2页。
[2] 《马克思恩格斯全集》第四卷，人民出版社1995年版，第57页。
[3] 《列宁全集》第十九卷，人民出版社1984年版，第264页。

形式。当人们学会制造和使用工具,摆脱居无定所的游牧生活时,乡村就随之就出现了。与城市相比,乡村地域辽阔、人口密度低,交通、通信、教育、医疗等公共设施都远不如城市健全,人们的生活空间更加封闭;乡村的主要产业是农业,工业和服务业不发达。下表较为清晰地反映了城市与乡村的若干主要差别。

表1-1　　　　　　　　　城市与乡村的比较

	城　市	乡　村
主导产业	工业、服务业	农业
景观	现代化、多样性、多变性	传统、自然,变化缓慢
空间特性	生产、生活和生态三维空间分离	生产、生活和生态三维空间合一
人口密度	高	低
公共服务设施	设施完善,交通便利	设施落后,交通不便
经济集聚性	经济集聚	经济分散

二　城乡二元结构和统筹城乡发展

(一)城乡二元结构

城乡二元结构是荷兰经济学家伯克在对印度尼西亚社会经济的研究中首先提出来的,是指以社会化大生产为主要特点的城市经济和以小生产为主要特点的农村经济共同存在的社会经济结构。1954年,美国经济学家刘易斯在《无限劳动供给下的经济发展》中指出,发展中国家普遍存在性质完全不同的两类经济部门:一类是比重较小,技术先进的现代部门,主要分布在城市;另一类是数量庞大、以传统技术为主的农业部门,主要分布在广大农村。现代城市如同一座孤岛被广袤落后的乡村包围。城乡二元结构既是发展中国家社会经济结构的突出矛盾,也是这些国家相对贫穷和落后的重要原因。从某种意义上说,发展中国家的现代化之路就是逐渐消除城乡二元经济结构,实现向现代经济结构转换的过程。

我国是世界上最大的发展中国家,虽然经过改革开放30多年的快速发展,但城乡差距依然巨大,二元结构特征尤为明显。主要表现为：城市以现代化的大工业生产为主，而农村仍以传统的个体生产为主要方式；城市的道路、通信、卫生和教育等基础设施远远优于农村；相对于城市，农村人口众多、人均收入和消费水平远远低于城市居民；城市享有比农村更加完善的社会保障和公共服务体系……党的十八大报告指出，建设中国特色社会主义，"在任何情况下都要牢牢把握社会主义初级阶段这个最大国情，推进任何方面的改革发展都要牢牢立足社会主义初级阶段这个最大实际"。就我国而言，最大的实际就是城乡二元结构矛盾突出，城乡经济社会差距巨大，这不仅是我国经济社会发展的现实问题，而且也是我国摆脱发展困境，全面建成小康社会必须首先要解决的难题。

（二）统筹城乡发展

统筹城乡发展是针对我国城乡"二元经济社会结构"矛盾而提出的，它要求把农村经济与社会发展纳入整个国民经济与社会发展全局之中进行通盘筹划、综合考虑，以城乡经济社会一体化发展为最终目标，统筹城乡政治文明、物质文明、精神文明和生态环境建设，统筹解决城市和农村经济社会发展中出现的各种问题，打破城乡界限，优化资源配置，最终实现城乡协调发展，共同繁荣进步。统筹城乡发展包括统筹城乡产业一体化、城乡居民一体化、城乡制度一体化、城乡发展格局区域化等内容。作为国家发展战略，统筹城乡的根本目的在于把城市与乡村、农业与工业、农民与市民作为一个整体，把城市和农村经济社会发展中存在的问题及其相互关系综合起来考虑，统筹加以解决，建立有利于改变城乡二元结构的市场经济体制，实现以城带乡、以工促农、城乡一体的协调发展。统筹城乡发展包括统筹城乡经济发展、统筹城乡社会发展和统筹城乡人的发展，其实质是促进城乡二元经济结构向现代社会结构转变，让广大城乡居民共享现代文明成果。统筹城乡是一个长期复杂的过程，必须站在统揽全局的战略高度，打破城乡界限，跳出就农村论农村、就农业论农业、就农民论农民的传统思维方式，给城乡以平等的发展机会。统筹城乡经济社会发展涉及城乡的经济、社会、文化、制度和基础设施等多方面，涵盖了城乡发展规划、资源配置、产业发展、基础设施建设、社会事业等诸多内容，它通过城乡规划、产业调整、制度创新等手段，促进劳动力、技术、资本、信息等生产要素合理流动和优化配置，持续增强城市对农村的带动作用和农村对城市的促进作用，不断缩小城乡差距、工农差距和地区差距，最终实现城乡经济社会的均衡、协调和可持续发展。城乡统筹既是科学发展观指导下的国家发展战略，也是全面建成小康社会，实现社会和谐的必然要求，是研究和破解我国一切经济社会发展问题的现实出发点。

三 产业协调互动

（一）产业

产业是一些具有某些相同特征，彼此之间有相互联系、相互作用的经济组织和活动所组成的集合或系统。它既不同于微观经济学的研究对象——某个单独的经济体，也有别于宏观经济学的研究对象——经济总量。[①] 在人类生产发展的历史上，产业是随着社会分工的不断深化逐步形成和发展起来的。人类历史上的三次社会大分工逐渐形成了农业、工业和服务业三大产业，随着这些产业的逐步确立和形成，不同产业间的关系和发展问题逐渐成为区域经济研究的核心，产业的内涵也在不断丰富，在不同的历史时期呈现出不同的含义。在工业革命之前，产业主要指农业；随着工业革命的兴起，产业研究的重心转为工业；近代产业的内涵扩展为包括生产、流通以及为生产和生活服务的一切有组织的人类活动。如《麻省理工学院现代经济辞典》对产业的定义是："在完全竞争市场的分析框架内，产业是指生产同质产品、相互竞争的一大群企业。"由于研究视角的差异，至今人们对产业的定义和内涵理解存在较大差异，为了避免引起理解上的歧义，本文所研究的产业专指农业、工业和服务业。

（二）产业分类

鉴于产业内涵的多样化，对产业进行适当分类是研究产业关系的前提和基础。迄今为止，产业分类方法主要包括两分法、三次产业分类法、生产要素分类法和国际标准产业分类法等。本书着重介绍三次

---

① 苏东水：《产业经济学》（第2版），高等教育出版社2005年版，第12页。

产业分类法。

三次产业是由新西兰经济学家费希尔在《安全与进步的冲突》一书中首先提出的。三次产业以经济活动与自然界的关系作为划分标准,第一产业指以直接利用自然为生产对象,生产不必经过深度加工就可消费的产品或工业原料的部门,一般包括农业、林业、渔业、畜牧业和采集业,有的国家还将采矿业纳入其中;第二产业是对初级产品进行再加工的部门,主要指工业和建筑业;第三产业指第一、二产业之外,所有为生产或生活提供服务的各种产业,如旅游、文化娱乐、物流、餐饮业等。人类生产活动的发展和劳动力的流动,遵循第一产业、第二产业到第三产业次序发展的规律。因此,人们常常以三次产业间的比例作为衡量国家现代化水平的重要标志。

从 20 世纪 50 年代开始,三次产业划分逐渐成为国民经济中通用的经济结构分类和统计方法,并成为世界各国研究国民经济产业结构变动,了解经济发展水平,指导产业发展和制定产业政策的主要依据。但由于三次产业涵盖太多的内容,目前各国的划分不尽一致。我国从 1985 年开始,参照国际标准,采用三次产业划分来核算国民经济生产总值。2002 年 5 月 10 日,国家统计局重新修订了国家标准的《国民经济行业分类》(GB/T4754—2002),新修订的《国民经济行业分类》国家标准与原划分方法相比主要有两个变化:一是根据经济活动性质,新的三次产业划分规定将农、林、牧、渔服务业从原第三产业划归到第一产业;二是不再对第三产业划分层次。我国新的三次产业划分见表 1-2。

(三)产业协调发展

产业协调不仅具有理论价值,更是一个现实问题。日本学者村奈良臣较早地提出了产业协调发展的理念,并提出了"六次产业"概念。即第一产业+第二产业+第三产业=六次产业。后来他又提出,六次产业=第一产业×第二产业×第三产业。日本政府据此制定了《农工商促进法》,强调农工商的广泛合作,这一立法对支持农业发展,缩小与非农产业之间发展差距带来了深远影响。我国学者对产业协调的研究主要集中在产业结构上。李京文、郑友敬(1988)认为,产业总体协调"是指通过调整各产业发展速度,使各产业在较先进的技术体系保证下按最优比例协调发展,做到各种资源基本上没有过剩或短缺,整个国民经济在一个较为宽松的环境中稳步增长。"[1] 徐力行、毕淑清(2007)则对产业协同进行了研究,认为产业协同是在开放条件下各产业子系统自发相互约束耦合,表现出在时间、空间或功能上有序结合的过程。产业协同以系统的观点来考察产业之间的联动状态和过程,不仅关注各产业运动在时间和功能上的衔接,同时也关注其在动态变化中运行方向上的一致。[2]

表 1-2　　　　　　　　　我国三次产业分类情况

产　业		涉及的行业
第一产业		农业(包括种植业、林业、牧业和渔业)
第二产业		工业(包括采掘业、制造业、电力、煤气及水的生产和供应业)和建筑业
第三产业	流通部门	交通运输、仓储及邮电通信业,批发和零售商业,餐饮业
	为生产和生活服务的部门	金融保险,地质勘查,水利管理,房地产,社会服务业,农林牧渔服务业,交通运输辅助业,综合技术服务业等
	为提高科学文化水平和居民素质服务的部门	教育、文化艺术和广播电影电视业,科学研究,卫生、体育和社会福利业等
	为社会公共需要服务的部门	国家机关、政党机关和社会团体、其他行业(军队和警察等)

资料来源:根据《国民经济行业分类》(GB/T4754—2002)整理编制。

协调的产业关系是推动世界经济健康发展的客观规律。无论是马克思在社会化再生产分析中指出的两大部类间应保持合理的比例关系,还是西方经济学者从三次产业演进的视角,认为三次产业间的投入和产出必须保持合适的比例关系,或是我国政府在七届全国人大四

---

[1] 李京文等:《技术进步与产业结构问题研究》,《科学学研究》1988年第6卷第4期。
[2] 徐力行、毕淑青:《关于产业创新协同战略框架的构想》,《山西财经大学学报》2007年第4期。

次会议政府工作报告中将"协调发展"阐述为"按比例发展",虽然表述不同,但都共同指出产业协调首先在量上表现为保持一定的比例关系。中国共产党第十六届三中全会把"协调发展"作为"科学发展观"的内核,强调"五个统筹"的重要性。从理论上看,产业协调发展的根本原因在于不同产业间存在相互联系、相互渗透和相互作用的内在关系。如农业为工业发展提供原材料、劳动力和工业品市场,工业则为农业现代化提供资本、技术和先进装备,而这两者又共同为服务业发展提供实物形态的消费品和生产资料。正是由于产业间存在这种互为条件、互为因果的依赖关系,简单地强调谁先谁后,孰重孰轻,不仅是片面的,而且也与产业发展的客观规律相违背。

产业协调发展既表现为一种状态,同时也是一个不断演变的过程,在不同阶段具有不同的表现形式。在工业化前期,农业在产业发展中居主导地位,产业协调发展表现为农业支持并孕育工业;当工业化发展到一定阶段,工业取代农业成为主导产业,产业协调发展更多地表现为工业反哺农业;随着社会生产力的进一步提高,进入"服务经济"时代,服务业不仅在国民经济中所占比例不断提高,而且在产业协调中的作用也日益凸显,成为促进产业协调发展的"灰泥"。同时,产业协调没有固定模式,不同产业既不是简单地按固有比例发展,也不是以相同速度发展,协调的本质在于能促进整个经济健康发展,即某一产业的发展能带动其他产业同向发展,这种发展又能进一步促进该产业进一步发展,从而在不同产业之间形成相互促进的良性循环。当前,我国已步入了市场化、工业化、城镇化、信息化和国际化快速发展的新时期,促进经济增长的因素更加复杂,要素供给、需求结构、技术创新等因素都会对经济运行产生影响,长期依靠某一产业发展实现推动经济增长目标既不可能,更不现实。因此,遵循产业发展内在规律,通过产业协同互动已成为推动我国经济可持续健康发展的内在要求。

我国国土广袤,自然条件和发展基础千差万别。科学发展观指导下的产业协调应该针对不同主体功能区区别对待,发展各具特色的区域经济,而不应千篇一律教条地追求"231"或"321"的产业结构,甚至将农业排挤到"忽略不计"的地步。目前，我国正处于社会主义初级阶段，城乡二元结构矛盾突出，产业协调不仅有保持城乡不同产业部门之间比例关系协调的内容，还有在遵循市场经济规律的前提下，充分发挥现代工业和现代服务业对弱质农业的支持作用，加快对传统农业的现代化改造，实现三产互动的内容，更有以农业、工业和服务业之间的技术和经济联系为基础，构建拓展产业链，并以之为载体，促进生产要素在城乡产业间自由流动，加强城乡区域联系、缩小地区差距、推进城乡一体化，实现城乡空间有机交融的内容。

世界各国经济发展经验表明：城乡关系和谐、产业发展协调的国家都非常重视农业在国民经济中的重要作用，都制定了许多有利于农业发展的优惠政策，并建立起与本国工业和服务业发展相适应的现代农业。如美国不仅是世界上最发达的国家，也是世界上农业立法对农业保护最大的国家，除了 1933 年制定的旨在保护农业基础地位和增加农业收入的《农业调整法》作为基本法外，还有一系列的专项法，构成了农业法的完整体系。日本则在今村乃良臣提出了"六次产业"概念后，于 2008 年制定了《农工商促进法》，主要目的就是通过立法促使工商业进行对农业的反哺和支持。而我国由于缺乏有效保护农业的法律体系，使农业现代化水平远远落后于工业和服务业，已经成为影响产业协调发展的"短板"。因此，就我国而言，产业协调发展的重点是通过改造传统农业来提升农业现代化水平，加快缩小农业与其他产业之间的发展差距。

第二节 相关理论述评

一 城乡关系理论

城乡关系理论发轫于空想社会主义思想观，圣西门的城乡社会平等观、傅立叶的"和谐社会"、欧文的"理性的社会制度"与"共产主义新村"都体现了对理想城乡关系的理性思考，他们开拓性的研究为城乡关系研究奠定了基础。

(一) 空想社会主义乌托邦思想

16世纪，针对城乡分化加剧、对立日益严重的现实，以圣西门、莫尔、傅立叶、欧文为代表的乌托邦思想先驱们提出了将城市与乡村，农业与工业结合起来协调发展的思想。如为了避免城市与乡村的分离，莫尔提出将城市与乡村融合的"乌托邦"社会；傅立叶提出"和谐社会"的理想，旨在把个人与人类幸福结合起来，描绘出一个大一统的和谐蓝图；欧文则提出"劳动交换银行"及"农业合作社"，希望以此为基础建立"新协和村"。空想社会主义将城乡发展统一起来，认为城市规模不宜过大，和谐的城乡关系是解决城乡矛盾、促进城乡发展的根本途径。这些早期的城乡统筹思想，不仅为我们认识城乡关系带来了启迪，也为推进城乡一体化发展提供了理论指导。

(二) 霍华德"田园城市"理论

英国学者埃比尼泽·霍华德从空想社会主义倡导的"乌托邦"中得到启发，结合对当时社会状况的调查和思考，提出了"田园城市"理论，该理论以改善城乡形态和生活环境为目的，提出在城市与农村这种非此即彼的选择外还存在着能将两者结合起来的第三种选择。他在《明日的田园城市》序言中写道："城市和乡村各有其优点和相应的缺点，而城市—乡村则避免了两者的缺点。……这种该诅咒的社会和自然的畸形分隔再也不能继续下去了，城市和乡村必须成婚，这种愉快的结合将迸发出新的希望、新的生活、新的文明。"[①] 霍华德认为，田园城市是为健康、生活以及产业发展而设计的城市，它既要为人们提供丰富的社会生活，又不应超出这一限度。田园城市是城乡结合体，兼有城市和乡村共同的优点。霍华德还进一步对资金来源、土地分配、城市财政收支和田园城市的经营管理、人口密度、城市绿化带等问题提出了独到见解。与乌托邦思想相比，"田园城市"理论更加接近现实生活，是一个相对完整、将城市与乡村结合在一起的规划体系，对确立新的现代城乡观起到了重要的启蒙作用。

---

① [英]埃比尼泽·霍华德：《明日的田园城市》，金经元译，商务印书馆2000年版，第8—9页。

（三）赖特的"区域统一体"和"广亩城"

赖特强调人的重要性，将城市分散思想发挥到极致。他认为现有城市尤其是大城市既无法代表人类愿望，也难以适应现代生活的需要，是一种反民主的机制。在《消失中的城市》中，他提出"区域统一体"的概念，指出未来城市应该是无所不在而又无所在的，新的城市"将是一种与犬齿劳动态度及任何现代城市差异如此之大的城市，以致我们根本不会认识到它作为城市已经来临"。在《宽阔的田地》中，赖特正式提出"广亩城"设想，其基本理念是"城市分散于广亩大地，人人拥有一片自然"，即把集中的城市重新分散在一个地区性的农业网格之上。赖特认为，在汽车和电力普遍使用的时代，不需要将一切活动都集中在城市，主张发展一种完全分散的、低密度的、生活与工作相和谐的新空间形态。

（四）芒福德的城乡关联理论

关于城乡关系，美国著名城市地理学家芒福德精辟地指出：城与乡，不能截然分开；城与乡，同等重要；城与乡，应该有机地结合起来。如果要问城市与乡村哪一个更重要的话，应当说自然环境比人工环境更重要。芒福德非常赞成赖特的思想，即通过分散权力来建造许多新的城市中心，进而形成一个更大的区域统一体，通过以现有的城市为主体，把这种区域统一体引向许多平衡的社区内，从而可能促进区域整体发展，重建城乡之间的平衡，使全部居民在任何一个地方都能享受到同样的生活质量，避免特大城市在发展过程中出现的各种困扰，最终达到霍华德的田园城市发展模式。[①]

（五）麦基的"DESAKOTA"模式

加拿大著名学者麦基在对亚洲许多国家和地区 30 多年的社会经济发展实证研究后发现，许多亚洲国家的城乡之间关系日益密切，城乡之间的传统差别和地域界限日渐模糊，城乡之间在地域组织结构上出现了一种以农业活动和非农业活动并存、趋向城乡融合的地域组织

[①] 聂华林、李泉编著：《中国西部城乡关系概论》，中国社会科学出版社 2006 年版，第 16 页。

结构。他称之为"DESAKOTA"模式,即城市与乡村界限日渐模糊,农业与非农业活动紧密联系,城市与乡村用地相互混杂的城乡交融区域,实际上是发展中国家城镇化过程中的城乡接合部。

(六) 核心—边缘理论

1966年,弗里德曼在《区域发展政策》一书中提出了核心—边缘理论。该理论认为,任何空间经济系统均可划分为核心区和外围区,核心区是具有较高创新变革能力的地域社会组织子系统,发展条件较优越,经济效益较高,处于支配地位;外围区则发展条件较差,经济效益较低,处于从属和被支配地位。在经济发展初始阶段,表现为二元结构特征明显的单核结构,随着经济进入起飞阶段,单核结构逐渐为多核结构替代;当经济进入持续增长阶段,中心和外围界限逐渐消失,各区域优势得以充分发挥,经济获得全面发展。在实践中,城市由于聚集了更多创新因素而成为推动区域经济发展的核心,乡村则作为广大边缘地区滞后于城市的发展。

(七) 城乡二元结构理论

城乡二元结构是指发展中国家广泛存在的城乡经济和社会发展的不对称性,即现代工业和传统农业并存,比较繁荣的城市与相对落后的农村同时并存,城乡差距明显的一种社会经济状态。二元结构既是发展中国家经济失衡的普遍现象,也是制约发展中国家经济健康发展的主要因素。荷兰经济学家伯克最先提出"二元结构",用以描述当时印尼社会殖民主义输入的现代"飞地经济"与资本主义社会以前传统社会并存的现象。1954年,美国经济学家刘易斯在《劳动力无限供给下的经济发展》论文中对城乡二元结构进行了系统研究。他将整个国民经济分为两个部门:一是人口过剩的、仅能维持生存需要的传统农业部门,其特征是农业劳动力的边际生产率为零或为负,劳动者以最低工资水平提供劳动,因而存在无限的劳动供给;二是具有较高劳动生产率和工资收入的现代城市工业部门。刘易斯假定现代工业部门的工人工资不变,其数量为农业部门生存工资基础上的一个增加值,这一增加值是吸引农村剩余劳动力所必需的搬迁补偿等费用。刘易斯认为,二元经济结构中,农业剩余劳动力转移和现代工业部门就业取决于现代工业部门的产出增长,而后者由现代工业部门的投资率和资本积累率决定的。刘易斯的二元理论将传统部门和现代部门联系起来,用现代部门的不断扩大和落后部门的不断缩小来说明落后国家的发展过程,同时也解释了相互分割的城乡二元结构是如何通过劳动力的转移最终实现一元结构。①

然而刘易斯二元经济理论的一些假定条件与现实不符,如劳动力无限供给、忽视技术进步和农业在推动经济发展中的作用等。为此,拉尼斯与费景汉共同提出了拉尼斯—费景汉模型,构建起将工业与农业相结合的二元经济结构转换模型。该模型认为,农业部门出现必要剩余是农业劳动力向工业部门流动的前提条件,二元经济向一元经济的转换过程可分为三个阶段:第一阶段农业将边际劳动生产率为零或为负的那部分剩余劳动力转移出来;第二阶段是将农业中边际劳动生产率大于零但小于平均收入的那部分劳动力转移出来;第三阶段是将农业中边际劳动生产率大于平均收入的劳动力进行转移。只有到了第三阶段,农民的工资才会由市场来决定。拉尼斯—费景汉模型明确提出了工业与农业应该协调发展的思想,使之更加准确和合理,最终形成了在发展经济学中占有极其重要地位的二元经济理论。

20世纪六七十年代,许多发展中国家普遍出现了令人费解的城市失业现象。一方面,大批劳动者在城市中难以寻找到合适的工作,处于失业状态;另一方面,越来越多的农民则试图离开农村进入城市。人口从农村向城市的流动不仅没有带来经济的发展,反而成为经济发展的负担和拖累。为了解释这种情况,哈里斯和托达罗提出了哈里斯—托达罗模型。他们认为,决定农村向城市移民的因素并非是现行实际收入的差异,而是城乡间预期收入的差异,即农村向城市流动的劳动力数量(M)是移民在城市中找到工作的概率(P)与能在城市工作后预期工资(W)的乘积和在农村劳动的平均收入(R)之差的函数,用公式表示就是 $M = PW - R$。哈里斯—托达罗模型将理性预期引

---

① 安虎森等:《新区域经济学》,东北财经大学出版社2008年版,第256—259。

入到二元结构理论中，在对现实经济发展的解释力大大增强的同时，更加完善和丰富了二元结构理论。尽管哈里斯—托达罗模型、拉尼斯—费景汉模型和刘易斯模型有区别，但其核心都是通过将传统部门剩余劳动力向现代部门转移逐步实现城乡一体化。二元经济理论从单纯强调发展现代工业部门，到同时关注工业、农业的协调发展，显示出其发展的科学性和合理性。正如 MEIER 所指出，乡村不应该仅仅被看作是支持农业的剩余劳动力和其他资源的来源，而且还是促进经济增长、实现就业、促进收入更好分配的动力源。二元结构理论的发展体现了人们对城乡以及产业发展关系认识的不断深入。

二　产业发展相关理论

（一）产业关联理论

产业关联理论又称作产业联系理论或投入产出理论，它主要研究不同产业间的中间投入和中间产出的比例关系，由里昂惕夫提出的投入产出法来解决。苏东水认为，产业关联是指产业间以各种投入品和产出品为连接纽带的技术经济联系。投入品和产出品既可以是各种有形和无形的产品，也可以是实物形态或价值形态的产品；技术经济联系的方式同样既可以是实物形态，也可以是价值形态。

社会化大生产下的专业化分工是不同产业发生联系的根本原因。由于社会分工的日益细化，每一个产业都不可能涵盖所有相关领域，都必须与其他产业发生或多或少的联系。尽管性质不同的产业受其他产业影响和制约的程度不同，但某一产业依赖于另一些产业的发展，或某一产业的发展可以导致另一些产业加快发展，这种产业发展的"关联效应"却是客观存在的。如房地产的快速发展促进了钢铁、水泥和家装业的发展，汽车的兴起推动了交通运输业的发展。产业间的联系方式多种多样，如产品和服务联系、生产技术联系、价格联系、劳动就业联系和投资联系等。其中，产品和劳务联系是产业间最基本的联系，其他几方面的联系都是在其基础上派生出来的。如产业间的价格联系实质上是产业间产品和劳务联系价值量的货币表现。由于不同产业间可能同时存在多种联系，因而某一产业的发展变化必然会影响并波及与其相关的其他产业，从而促进或阻碍相关产业的发展。产业间的联系还常常表现为单向联系和多向联系。所谓单向联系是指一系列产业部门，如 A、B、C 三个产业，先行产业部门为后续产业部门提供产品，以供其生产时直接消耗，但后续产业部门的产品不再返回先行产业部门的生产过程。例如棉花→面纱→色布→服装，这种产业间的联系属于单向联系。多项联系是指 ABC 产业因生产工序的前后，前一产业部门的产品为后续产业部门提供材料的同时，后续产业部门的产品又返回先行产业部门的生产过程，如煤炭→钢铁→矿山机械→煤炭。[①]

产业联系会产生产业前向关联和后向关联效应，前向关联效应是指一个产业在生产、产值和技术等方面的变化引起它为其供应投入品的部门在这些方面的变化，或导致新技术的出现，新产业部门的创建等。后向关联效应是指一个产业在生产、产值、技术等方面的变化引起为它提供投入品的部门在这些方面的变化，例如由于该产业自身对投入品的需求增加或要求提高而引起提供这些投入品的供应部门扩大投资，提高产品质量，完善管理，加快技术进步等变化。

(二) 产业发展理论

产业发展理论可以分为均衡发展理论和非均衡发展理论。均衡发展理论是以哈罗德—多马新古典经济增长模型为理论基础发展起来的。该理论认为，经济发展各部门之间存在相互依赖性和互补性，能够创造出互为需求的市场。如果强调一个产业而忽视另一个产业则割裂了产业间的内在联系，从而阻碍整体经济的协调发展。因此，应该让所有产业齐头并进、共同发展。该理论又分为两种代表性理论，即罗森斯坦·罗丹的大推进理论和纳克斯的平衡增长理论。前者认为，经济发展存在生产函数、需求和储蓄供给三个不可分特征。因此，为了克服需求与供给对经济发展的限制，应对国民经济的几个相关部门同时以最小临界投资规模进行投资，以促进这些部门的共同增长，产生外部经济效果，从而推动国民经济的高速增长和全面发展。后者则认为，由于投资资金供给和产品需求的不足，资本往往成为阻碍发展

[①] 苏东水：《产业经济学》（第 2 版），高等教育出版社 2005 年版，第 192—196 页。

中国家发展的关键因素,要打破这种贫困恶性循环,必须在不同部门间进行大规模和全面的投资。

非均衡发展理论认为,经济各部门不可能同步增长,其中一些部门会优先于其他部门增长,然后通过不同渠道向外扩散,从而带动整个经济共同发展。美国经济学家赫希曼在《经济发展战略》中指出,经济增长过程是非均衡的,不同产业在推动经济发展过程中的地位和作用不同,一些产业会对其他产业带来更大的带动作用。由于资源的稀缺性,发展中国家在资源有限,尤其是资本积累不足的情况下,不可能大规模地投资所有部门。为了保证国民经济较快增长,国家应该集中有限的人力、物力和财力,采取重点开发的方式优先发展少数"主导产业",尤其是"直接生产性活动"部门。非均衡发展理论也认为,不同产业间存在相互影响、相互依存的关系,这种内在的依存关系可以通过前向关联、后向关联和旁侧关联等"连锁效应"带动相关产业的发展,最终实现产业的协调和均衡发展。

虽然均衡发展理论和非均衡发展理论在促进经济发展的政策选择上差距很大,但两者都高度认同产业间固有的内在联系,认为必须借助产业间的内在联系,通过产业间的协同互动实现整体经济的和谐健康发展。

(三)产业结构优化理论

随着科学技术的日新月异和人类社会的不断进步,产业结构也在不断发展和优化。就三次产业而言,自农业从畜牧业中分离出来后,曾长期在国民经济中占据主导地位,工业和服务业不仅在国民经济中所占比重微不足道,而且其存在的价值和作用也主要是为农业生产提供配套服务。随着蒸汽机、内燃机以及电力的出现和大量使用,工业化进程改变了整个社会的产业结构。其中,以初级农产品为主要原料,与农业联系紧密的轻纺业首先发展起来。随后煤炭、石化、钢铁、造船、铁路、普通机械制造等基础工业也迅速发展起来,工业逐渐取代农业成为推动经济发展的主导产业。随着信息、互联网、新材料、新能源等为代表的第三次技术革命的展开,劳动生产率极大提升,人们的需求层次不断提高,现代商业、金融保险、房地产、通信、物流、交通、旅游等现代服务业快速发展起来，并在国民经济中逐渐取代工业成为新的主导产业。世界产业发展的一般规律表明，三次产业经历了由第一、二、三产业向第二、一、三产业，最后形成第三、二、一的产业发展格局。而这种格局既是产业结构持续优化的结果，也是产业结构高级化的表现。世界各国，尤其是发达国家都经历了这样一个产业结构持续优化的发展过程（以美国为例，2011年，美国三次产业的比例为1.2∶19.2∶79.6）。如果从生产要素的角度对产业发展进行划分，一般性的规律是产业将经历由劳动密集型向资本密集型转化，最终形成以知识密集型为主导的产业结构过程。

三 系统论、协同论的基本理论与方法

（一）系统论

系统论是20世纪40年代由美籍奥地利人、理论生物学家L. V. 贝塔朗菲创立，并经普利高津、哈肯、艾根等加以发展起来的。系统论通过研究各种系统的共同特征，用数学方法定量地描述其功能，寻求并确立适用于一切系统的原理、原则和数学模型，是具有逻辑和数学性质的一门新兴科学。

系统论认为，系统是由若干要素以一定结构形式联结构成的具有某种功能的有机整体，世界上任何事物都可以被看作一个系统。整体性、层次性、关联性、等级结构性、动态平衡性、时序性等是系统的基本特征。作为一个有机整体，系统并非各个部分的机械组合或简单相加。因此，系统论反对那种认为要素性能好，整体性能就一定好，以局部说明整体的机械论观点。系统论的核心是整体，系统内的要素间相互关联构成了一个不可分割的整体，系统则体现出各要素在孤立状态下所没有的新质，即"整体大于部分之和"。系统论把待研究和处理的对象当作一个系统，分析其结构和功能，研究系统、要素、环境三者的相互关系和变动的规律性并加以优化。系统论反映了现代科学的发展趋势和现代社会化大生产的特点，其理论和方法正得到越来越广泛的应用，不仅为现代科学研究提供了理论和方法，而且也为解决现代社会中的政治、经济、军事、科学、文化等方面的各种复杂问题提供了方法论，系统的概念已渗透到社会经济生活的每一个领域，

成为我们科学认识和有效解决矛盾的重要途径。

(二) 协同论

协同论亦称"协同学"或"协和学",20世纪70年代由联邦德国著名理论物理学家赫尔曼·哈肯创立,是研究开放系统通过内部子系统间的协同作用形成有序结构的机理和规律的科学,是系统科学的重要分支理论。哈肯指出,"协同论是一门横断科学,它研究系统中子系统之间怎样合作以产生宏观的空间结构、时间结构或功能结构,既处理确定过程也处理随机过程"。

协同论研究远离平衡状态的开放系统在与外界有物质或能量交换的情况下,如何通过自己内部协同作用,自发地形成时间、空间和功能上的有序结构。协同论用统一的观点去处理复杂系统,通过大量类比和严谨的分析,论证各种自然系统和社会系统从无序到有序的演化是组成系统各元素之间相互影响又协调一致的结果。协同论认为千差万别的系统,尽管其属性不同,但在整个环境中,各个系统间存在相互影响而又相互合作的关系。

协同论和系统论的思想要求我们在科学发展观的指导下,结合我国城乡二元结构矛盾突出的现实,将城市与乡村,农业、工业和服务业置于同一系统中,通过强化产业间的内在联系构建起协调的产业关系,实现我国经济的健康可持续发展。

第三节 国内外关于城乡关系和产业协调发展的研究述评

城市和乡村既是两类功能不同的生活空间,也是产业发展的空间载体。自从城市出现以来,城市和乡村就成为人类社会两个密不可分的组成部分,共同推动着社会经济的发展。从人类历史发展的普遍性来看,发达国家的城乡关系和产业发展都经历了由冲突到融合,由失衡到和谐的过程。了解国内外学者关于城乡关系和产业发展的论述,对加快促进我国产业协调发展无疑具有重要的启迪意义。

一 国外相关研究综述

(一) 马克思主义经典作家对城乡关系和三次产业关系的论述

马克思和恩格斯高度重视城乡关系，认为城乡关系影响着整个人类社会的经济发展。马克思在《哲学的贫困》中写道："城乡关系的面貌一改变，整个社会的面貌也跟着改变。"① 马克思和恩格斯关于城乡关系观点主要包括：第一，资本主义生产关系下城乡处于对立和不平等状态。城市在政治上统治乡村，在经济上剥削乡村。"资本主义社会不仅不能消灭这种对立，反而不得不使它日益尖锐化。"② 第二，和谐的城乡关系是历史发展的方向和趋势。马克思指出，"消灭城乡对立并不是空想，正如消除资本家与雇佣工人间的对立不是空想一样。消灭这种对立日益成为工业生产和农业生产的实际要求"③。和谐社会中是没有城乡差别和城乡对立的，城市不是农村的主宰，乡村也不是城市的附庸，二者是平等的。第三，首次提出了城乡融合的概念。恩格斯指出："通过消除旧的分工，进行生产教育、变换工种、共同享受大家创造出来的福利，以及城乡的融合，使社会全体成员的才能得到全面的发展……"④ 恩格斯进一步指出实现这一目标的两个标志：一是工人和农民之间的阶级差别消失；二是人口在城乡间分布不均衡现象的消失。⑤ 第四，强调和重视城市的积极作用。马克思认为："如果没有大城市，没有他们推动社会意识的发展，工人绝不会像现在进步得这样快。"⑥ 恩格斯曾高度赞扬城市在提高英国经济实力、创造生产力方面所发挥的巨大作用。"像伦敦这样的城市……这种大规模的集中，250万人集聚在一个地方使这250万人的力量增加了100倍；他们把伦敦变成了全世界的商业首都。"⑦ 列宁和斯大林则

---

① 《马克思恩格斯全集》第四卷，人民出版社1958年版，第159页。
② 《马克思恩格斯全集》第十八卷，人民出版社1964年版，第272页。
③ 同上书，第215页。
④ 《马克思恩格斯全集》第四卷，人民出版社1958年版，第371页。
⑤ 祝小宁、罗敏：《对马克思恩格斯城乡统筹发展理论体系的当代解读》，《西华师范大学学报》(哲学社会科学版) 2008年第5期。
⑥ 《马克思恩格斯全集》第二卷，人民出版社2005年版，第68页。
⑦ 《马克思恩格斯全集》第二卷下册，人民出版社2005年版，第303页。

认为，城乡关系是经济、社会和文化的结合，应该协调统一均衡发展，不能"城市走城市的路，乡村走乡村的路"①，不能割裂城乡间的经济社会联系。

关于产业间的关系，马克思早在100多年前就深刻地指出，农业发展到一定阶段，"从自然形态来说，农业已不存在于它自身内部，它自身的生产条件和作为独立部门的这些条件是存在于农业之外"。并提出一个产业部门"不变资本的节约"和"利润率的提高"，"要归功于另一个产业部门劳动生产力的发展"。② 马克思按照产成品的用途将社会生产分为两大部类（产业），指出，不管是社会简单再生产还是扩大再生产都必须得到价值和实物的补偿。因此，第一部类和第二部类的生产必须遵循其内在规律，实现按比例均衡协调发展。斯大林也指出："建设社会主义的经济基础，就是把农业和社会主义工业结合为一个整体经济，使农业服从社会主义工业的领导，在农产品和工业品交换的基础上调整城乡关系。"③

马克思主义者对城乡和产业关系的论述指出了城乡对立的原因，点明了城乡融合和产业协调发展的必然趋势，对我们更好地把握城乡和产业发展规律，指导城乡和产业协调发展具有重要的指导意义。但由于受历史发展阶段局限性的影响，他们研究的对象主要集中在当时较为发达的资本主义国家，没有也不可能对社会主义国家目前出现的城乡和产业问题进行研究。而且他们所处的时代，服务业尚处于萌芽阶段，在经济发展中的作用和贡献都较为有限。这些情况的变化都需要我们在有所继承的基础上，结合我国经济发展的具体情况做更进一步的深入研究，找到更适合于中国现阶段国情的产业协调发展道路。

（二）西方经济学家对城乡关系和三次产业关系的论述

英国古典政治经济学家大卫·李嘉图是最早研究城乡发展关系的学者之一。在1871年出版的《政治经济学及赋税原理》中，他指出，

---

① 《斯大林全集》第七卷，人民出版社1979年版，第106页。
② 吕政：《中国生产性服务业发展的战略选择——基于产业互动的研究视角》，《中国工业经济》2006年第8期。
③ 《斯大林全集》第七卷，人民出版社1979年版，第106页。

乡村和城市的差距将会随着经济的不断发展而逐渐加大，造成这一差距的主要原因是由于城市和乡村的产业特点。农村主要以传统农业部门为主，而农业天然具有投资收益递减的特点，农民为了增加收益只有开垦更加贫瘠的土地，这些土地的开垦意味着同样的投入在这些土地上只能获得更少的产出。而城市则以工业为主导，其效率不仅高于农业而且具有效益递增的特点。因此，李嘉图认为，以收益递减的农业为主导产业的农村必将衰落；而收益递增的工业则是社会经济发展的方向。同时，李嘉图指出，城市工业因效率较高可以支付给劳动者更多的报酬，因而能够吸引农村剩余劳动力不断流向城市。这种经济收入上的不平等，必然带来城市在政治、文化上对乡村的统治，工业在与农业的比较优势中占据主导地位。

缪尔达尔（1957）在《经济理论和不发达地区》中，系统提出了"地理二元结构"理论，成为城乡关系的经典理论。他认为，经济发展所引起的商品、资本、技术、劳动力等生产要素的流动会加剧城乡之间的差距，为此政府必须制定一些有助于帮助落后地区加快发展的优惠政策以缓解两者的差距。麦克·道格拉斯在对泰国东北部进行实证分析后也指出，建立连接城乡的区域网络系统有助于促进城乡经济共同繁荣。斯卡利特·爱泼斯坦与戴维·杰泽夫则以发展中国家的现实背景为出发点，提出应建立乡村增长区域、乡村增长中心和城市中心三位一体的城乡合作模型。毕雪纳·南达·巴拉查亚则提出发展中国家应更加重视小城镇的发展，通过强化小城镇与乡村的联系，搭建起城市与乡村沟通的桥梁，从而促进乡村的发展。乔根森认为，为了保持经济持续发展，避免低水平均衡陷阱，必须协调工业与农业的发展关系。这是由于必要的农业剩余是现代部门发展的前提，而农业剩余和工业部门技术进步又共同决定了农业劳动力向工业部门转移的速度。因此，工业和农业间存在相辅相成的内在关系，双方应该互相促进，协同发展。

普林斯顿对城乡间的关系进行了开创性的研究，他将城乡间的相互作用分为五类：人的运动、商品的运动、资本的运动、社会交易、行政和服务的供应。古尔德则认为，城乡相互作用是"人、商品、技术、货币、情报和思想在城乡间的双向流动","这些流动不仅是发展过程的特征,而且是乡村和城市本身的特征"。朗迪勒里等(1976)将区域系统中的城乡联系分为七类,即物质联系,经济联系,人口移动联系,技术联系,社会相互作用联系,服务传递联系,政治、行政和组织联系。[①] Tocali(1998)等在强调人流、物流、信息及资金流在联系城乡空间和部门之间重要性的同时指出:"全球社会、经济和政治变化加剧了城乡人口的社会分化和贫困程度,然而这仅是全球层面的;对于地方而言,它的城乡关系是历史、政治、社会文化、生态和经济演化的结果。"Cohen 和 Zysman 指出,制造业是服务业发展的基础和前提,如果制造业没有达到一定规模,对服务业的需求也会受到影响。

2004年,联合国秘书长安南在"世界人居日"献辞中指出,"不要将'城市'和'农村'看作是相互隔离的实体,而应将它们视为经济和社会整体中的组成部分,城市与农村在许多方面都是相互作用和影响的。尽管在城市和农村的发展中存在明显的差别,需要采取不同的干预方法,但是最终可持续发展不会也不应该完全偏重于一方,而忽视另一方……城市对于农村发展有着重要的贡献,也让我们在这种理解的基础之上去寻求一条整体发展之路。"[②] 这基本代表了近年来的一种主流认识,与以前具有城市偏向和城乡分割的认识和策略相比较,"统筹"和"协调"城乡发展已经被高层认识。[③]

我国学者周淑莲和金碚认为,西方经济学家在城乡关系的研究上主要作了以下努力:一是采取"局部处理"的方法,即假定其他关系既定,只是将某些关系抽取出来进行独立分析;二是创新了分析方法,如结构主义均衡方法,这些方法能较好地反映非均衡的经济结

---

① 段娟等:《近十五年国内外城乡互动发展研究述评》,《地理科学进展》2006年第4期。
② 安南:《世界人居日献辞》,《提高城乡联系与协调经济发展国际会议论文集》,2004年,第8页。
③ 叶超、陈明星:《国外城乡关系理论演变及其启示》,《中国人口资源与环境》2008年第18卷第1期。

构；三是针对不同类型的国家采取不同的方法，有区别地研究城乡经济关系问题；四是对城乡经济关系中的一些重要问题进行了深入研究，并在理论思路和分析方法上取得了重要突破，从不同侧面揭示和描述了城乡间的经济关系；五是针对城乡经济关系中的一些社会问题，较多地借用了其他学科尤其是社会学的研究成果和研究方法。[①]

二 国内相关研究综述

（一）党和国家领导人对城乡关系和产业关系的论述

我国历届领导人都非常关心城乡和产业发展的关系。在党的七届二中全会上，毛泽东提出："城乡必须兼顾，必须使城市工作和乡村工作，使工人和农民，使工业和农业紧密地联系起来，绝不可以丢掉乡村，仅顾城市，如果这样，那是完全错误的。"[②] 毛泽东在《关于正确处理人民内部矛盾的问题》中指出，"我国是一个农业大国，农村人口占全国人口的百分之八十以上，发展工业必须和发展农业同时并举，工业才有原料和市场，才有可能为建立强大的重工业积累较多的资金……没有农业，就没有轻工业"。[③] "必须实行工业与农业同时并举，逐步建立现代化的工业和现代化的农业。"[④] 1956 年，毛泽东在其著名的《论十大关系》中，针对我国城乡关系和产业发展的实际阐述了工农业的辩证统一关系。1957 年 1 月，在省市自治区党委书记会议上，他提出了"农业就是工业"的奇特命题。毛泽东指出："就是要使农业能够扩大再生产，使它作为工业的市场更大，作为积累的来源更多。先让农业本身积累多，然后才能为工业积累更多。只为工业积累，农业本身积累得太少或者没有积累，竭泽而渔，对于工业的发展反而不利。"[⑤] 早在 1949 年，周恩来也曾提出，没有农业基础，工业就无法前进；没有工业领导，农业就无法发展的对立统一观点。

[①] 周叔莲、金碚：《国外城乡经济关系理论比较研究》，经济管理出版社 1993 年版，第 17—18 页。
[②] 《毛泽东选集》第四卷，人民出版社 1991 年版，第 1427 页。
[③] 《毛泽东选集》第五卷，人民出版社 1977 年版，第 318—319 页。
[④] 同上书，第 373 页。
[⑤] 同上书，第 290 页。

邓小平的城乡发展思想中已经蕴含了统筹城乡的核心要素，即一方面要加强农村自身发展，强调农业是根本；另一方面也强调工业支持农业，壮大城市和工业的辐射和带动能力，实现以城带乡，以工促农。他指出："中国有百分之八十的人口在农村，中国社会能不能安定，中国经济能不能发展，首先要看农村能不能发展，农民生活是不是好起来。"① "城市搞得再漂亮，没有农村这一稳定的基础是不行的。"② 关于产业发展的关系，邓小平认为，工农发展必须协调，如果没有发达的农业，就没有发达的工业，同时工业应该支持农业，工业越发展，越要重视农业，没有农业的现代化就不可能有整个国民经济的现代化。他尤其强调，"工业的发展，商业的和其他的经济活动，不能建立在百分之八十人口贫困的基础之上"。③

江泽民继承和吸收了前两代领导人关于城乡和产业关系的思想。针对我国农业发展滞后的现实指出，农业、农村和农民问题关系改革开放和社会主义现代化事业大局，关系着党执政地位的巩固，关系着国家的长治久安，多次强调在建立社会主义市场经济体制的过程中，要继续坚定不移地贯彻以农业为基础的方针，坚定不移地把农业放在经济工作首位的观点。2004年，党的十六届四中全会上，胡锦涛针对我国三次产业发展的现实，提出了"两个趋向"的重要论断，即在工业化初始阶段，农业支持工业、为工业提供积累是带有普遍性的趋向；但在工业化达到相当程度以后，工业反哺农业、城市支持农村，实现工业与农业、城市与农村协调发展，也是带有普遍性的趋向。党的十七大报告更加明确地提出，促进经济增长要"由主要依靠第二产业带动向依靠第一、第二、第三产业协同带动转变"。④ 在十八届三中全会《中共中央关于全面深化改革若干重大问题的决定》中，习近平指出，城乡二元结构是制约城乡发展一体化的主要障碍，必须健全体制

---

① 《邓小平文选》第三卷，人民出版社2001年版，第65页。
② 同上。
③ 同上书，第117页。
④ 胡锦涛：《高举中国特色社会主义伟大旗帜　为夺取全面建设小康社会新胜利而奋斗——在中国共产党第十七次全国代表大会上的报告》，人民出版社2007年版。

机制，形成以工促农、以城带乡、工农互惠、城乡一体的新兴工业城乡关系。并多次强调，产业结构优化升级是提高我国经济综合竞争力的关键举措，要加快深化产业结构调整，构建现代产业发展新体系。

总体来看，我国城乡和产业关系演变经历了一个由非均衡到逐步均衡的变化过程。改革开放以前，我国经济发展的总体思路表现为在城乡关系中以城市为重点，在产业发展中以工业为重点。1978年党的十一届三中全会以来，我国从一味强调城市的重要性转为同时关注农村发展。2002年11月，党的十六大反思了过去"重工轻农、城乡分治"的指导思想，首次提出统筹城乡经济社会发展的新思路。2004年9月，党的十六届四中全会明确指出中国已经到了以工促农、以城带乡的发展阶段。2007年10月，党的十七大报告指出：统筹城乡发展，推进社会主义新农村建设。解决好农业、农村、农民问题，事关全面建设小康社会大局，必须始终作为全党工作重中之重。以此为标志，我国城乡关系和产业发展开始进入一个新的历史阶段。

（二）国内专家学者对城乡关系和产业发展的相关论述

改革开放后，随着城乡关系的日益密切，我国学者在马克思城乡关系理论指导下，开创性地提出了"城乡一体化"概念，并就城乡一体化目标、城乡关系阶段划分、城乡一体化的动力机制和实现路径等问题进行了理论研究和实证分析，取得了丰硕的成果。随着西方经济学理论的不断引入，以西方经济学基本框架分析我国城乡关系和产业发展的研究成果开始出现并迅速增加。一些学者借用二元经济理论对我国城乡二元结构的外在表现、形成原因以及解决对策等进行了深入分析。进入21世纪，以农民收入问题为核心的"三农"问题由于长期积累而趋向尖锐，城乡关系和产业发展成为理论研究的新热点。周叔莲和郭克莎（1994）认为，改革开放以来，我国城乡和产业发展陷入了新的失衡状态，主要表现为农业发展滞后于非农业，农村发展落后于城市。他们指出，改革开放后我国城乡经济和社会联系日益紧密，城乡商品、生产要素流动尤其是劳动力流动迅速增加。在经济发展水平不同的地区，城乡关系的表现形式差别很大。相对而言，东部沿海发达地区城乡关系更为协调，而西部不发达地区城乡和产业失衡矛盾更为突出，主要表现在以下五个方面：一是城乡产业发展关系不协调；二是城乡资源配置关系不协调；三是城乡商品流通和市场变动不协调；四是城乡收入和消费变动不协调；五是城乡社会关系不协调。[1] 顾益康（2003）认为，城乡统筹需要从根本上摒弃计划经济体制，彻底改变城市偏向的一系列政策制度，摆脱城乡分割、重工轻农、重经济总量增长轻结构优化、重投资轻消费的发展战略模式，要以城乡配套的大改革来促进城乡一体化的经济结构大调整。[2] 李悦等基于 Leontief 的产业关联理论提出了三次产业互动模式，指出三次产业间存在非常紧密的引致需求联系，彼此之间互有供求，互为市场。[3]

杜肯堂（2003）将城乡与产业关系结合在一起进行了研究。他认为，城乡相融必须以产业互动为经济内容，在当前城乡二元结构矛盾突出背景下的"产业互动"应包括两个内涵：一是用工业化来带动农业产业化，通过农业产业化实现农业和农村工业化；二是"产业互动"还应充分发挥第三产业推动第一、二产业发展的作用，分散在广大农村的第一产业和相对集中于城镇的第二、三产业之间应当建立起内在的技术经济联系，通过地域空间的演进来繁荣城乡经济。[4] 王其江（2005）认为，"我国城乡二元经济结构的实质是城乡产业分割，产业关联性不强，造成市场分割，经济要素不能正常流动……"[5] 刘恒茂（2006）则认为："造成'三农'问题的原因很多，其中的根源在于城乡二元造成的农村产业发展落后。"[6] 卢阳春（2009）强调产业互动在城乡关系中的作用，认为城乡产业互动发展是统筹城乡发展的重要切入点和突破口，是推进农业产业化，连接城乡产业和谐发展

---

[1] 周叔莲、金碚：《国外城乡经济关系理论比较研究》，经济管理出版社1993年版，第20页。
[2] 张华瑛：《成都统筹城乡发展的实证研究》，《重庆工商大学学报》2008年第1期。
[3] 李悦：《产业经济学》（第2版），中国人民大学出版社2004年版，第173页。
[4] 杜肯堂：《产业互动、城乡相融，加快县域经济发展》，《天府新论》2003年第1期。
[5] 王其江：《推进城乡产业融合，促进城乡统筹发展》，《中共郑州市委党校学报》2005年第4期。
[6] 刘恒茂：《城乡产业协调发展：解决"三农"问题的战略思考》，《中共四川省委党校学报》2006年第9期。

的桥梁；是加速推进城镇化的支撑；是建立以工促农，以城带乡长效机制，形成城乡经济社会发展一体化新格局的重要手段和途径，并对如何建立中国特色的城乡产业互动发展机制进行了较为深入的研究。①

一些学者对产业协调发展的内涵进行了比较深入的研究，如李京文、郑友敬（1989）认为，产业协调就是使各产业实现合理发展，并满足社会不断增长的需求过程。余利平（1992）认为："协调是使各经济要素、经济指标和经济利益等变量按一定方式或一定方向变化，最终实现预期目标的过程。"周振华则将产业间具有的相互转换能力和互补关系的和谐运动视为协调。龚仰军（2002）指出，协调是为了达成产业结构合理化的目标而采取的一种控制方式。吴姗姗（2001）认为，在一般的经济活动中，各产业都需要其他产业为自己提供一定的产出，以作为本产业的中间要素投入；与此同时，也将自身的产出作为一种要素输出，满足其他产业对中间要素的需求。正是由于这种错综复杂的供给与需求关系，各产业才得以在经济活动过程中生存和发展。产业间这种供给与需求关系的外在表象就是投入产出关系，而决定产业间这种特定投入产出关系的则是它们之间的产品和技术经济联系方式。

还有学者对产业关联进行了较为深入的研究。如吕涛、聂锐（2007）认为，产业关联是产业间以各种投入品和产出品为连接纽带的技术经济联系，包括产品（劳务）联系、生产技术联系、价格联系和投资联系等。一方面，这些联系是产业互动的基础；另一方面，产业互动又进一步深化了产业之间的产品、技术、价格和投资联系，促进了三次产业和谐发展。曾刚、林兰（2009）等认为，产业关联是指在社会再生产过程中，诸产业间以各种投入产出关系为连接纽带的产品联系和技术经济联系。产业联动在空间上大致可分为全球尺度、区域尺度和地区尺度这三个主要层次。其中，区域是介于全球和地区之间的一个中观尺度，兼有宏观与微观尺度产业联动的特征。② 杨小凯

---

① 卢阳春：《建立中国特色的城乡产业互动发展机制研究》，《经济论坛》2009年第6期。
② 曾刚、林兰：《长江三角洲区域产业联动的理论与实践》，《中国发展》2009年第1期。

通过研究发现，随着经济的发展，市场容量不断扩大，分工与专业化逐渐深化，经济效率越来越取决于在不同生产活动之间建立起来的互相联系，而不仅仅取决于生产活动本身的生产率状况。

综上所述，我国学者从不同角度，探讨了城乡和产业发展之间的内在关系。他们的研究结果表明，协调的产业关系既是经济发展规律作用的结果，也是在实践中落实科学发展观，实现城乡经济社会和谐发展的必然要求。

第四节 成都试验区城乡产业协调发展概述

成都市位于西部最富庶的川西平原，既是我国中西部地区最大的都市经济区——成渝经济区的重要中心城市，也是集大都市、大乡村于一体，二元结构矛盾突出的地区。2007年6月7日，成都被设立为国家统筹城乡综合配套改革试验区，这既是我国推动区域发展的重大战略部署，也是深入落实科学发展观、在二元结构矛盾突出现实背景下探索产业协调发展路径的重要举措，希望试验区的先行先试能为全国深化改革、实现科学发展与和谐发展发挥示范与带头作用。

一 基本区情

成都市位于四川省中部。东北与德阳市、东南与内江市毗邻，西南与雅安地区相接，西北与阿坝藏族羌族自治州接壤，南与眉山地区相连。东西最大横距192千米，南北最大纵距166千米。成都市既是西部地区最大中心城市之一，也是我国西南地区的科技、商贸、经济、文化中心和交通、通信枢纽。全市总面积1.239万平方千米，辖9个市辖区、6个县，代管4个县级市。耕地面积47.3万公顷，林地30.8万公顷，水域、草原等48万公顷。闻名天下的都江堰水利灌溉工程使沃野千里的成都平原拥有十分优越的农业生产条件，素有天府粮仓之称，是全国重要的商品粮油和蔬菜、水果、中药材生产基地。

近年来，成都市经济发展稳步提升，2014年，成都全市实现地区生产总值10056.6亿元，已跨入万亿元城市俱乐部；一、二、三产业比例关系为3.7∶45.3∶51.0，全年地方公共财政收入1025.2亿元，比2013年增长14.1%。2014年末，成都市常住人口1442.8万人，户籍人口1210.7万人。城镇居民人均可支配收入32665元，比2013年增长9.0%；农村居民人均纯收入14478元，增长11.5%。年末城乡居民储蓄存款余额8976.9亿元。全年固定资产投资6620.4亿元，比2013年增长1.8%。其中，第一产业完成投资57.3亿元，第二产业完成投资1412.2亿元，第三产业完成投资5150.9亿元。全年实现社会消费品零售总额4468.9亿元，比2013年增长12.0%。2014年末，成都市公路里程22789千米。其中，高速公路677千米。年末市区建成面积604.1平方千米，市辖区铺装道路面积12801万平方米。①

二　成都城乡统筹综合配套改革试验区的设立

（一）成都试验区设立的背景

统筹城乡发展是关系我国社会主义现代化进程和全面建成小康社会的大课题。在全面分析国际国内形势和我国所处发展阶段的基础上，党的十六大首次明确提出"统筹城乡经济社会发展"的战略思想，旨在缩小城乡差距，缓和日益突出的城乡二元结构矛盾。党的十七届三中全会强调，"必须统筹城乡经济社会发展，始终把着力构建新型工农、城乡关系作为加快推进现代化的重大战略"。统筹城乡发展是在我国二元结构矛盾日益突出，城乡差距持续扩大的背景下提出的。其根本目的在于把城市与乡村、农业与工业、农民与市民作为一个整体，把城市和农村经济社会发展中存在的问题及其相互关系综合起来考虑，统筹加以解决，建立有利于改变城乡二元结构的市场经济体制，实现以城带乡、以工促农、城乡一体的协调发展。西部地区地域辽阔，既是我国主要的贫困地区、民族地区、边疆地区和生态脆弱地区，也是我国"二元结构"矛盾最为突出，三次产业发展最为失衡的区域。因此，在西部选择具有重大影响和全局带动作用的特大中心城市设立国家统筹城乡综合配套改革试验区，对重大政策措施先行先

---

①　成都市统计局：《国家统计局成都调查队：2014年成都市国民经济和社会发展统计公报》，2015年4月28日。

试，是国家在新的历史时期推进西部大开发、推动区域和产业协调发展的重大战略部署。

由于我国城乡二元结构根深蒂固，产业间利益关系复杂，任何一项开创性的改革和创新都必须考虑到全局，否则不仅可能引起巨大的系统性风险，而且还可能使改革处于敏感而危险的境地，丧失经济社会发展已经取得的良好局面。因此，需要在局部地区"先行先试"，在探索中取得成功的经验和方法后，再将普适性原则向更大范围推广。以成都作为统筹城乡发展的试点地区，加快促进产业协调无疑具有先天优势和代表意义。首先，西部是我国城乡经济和产业发展矛盾最为突出的地区，成都作为西部地区最大的中心城市之一，是典型的"大城市带大农村"。虽然城乡地理距离很近，但经济社会落差很大，城乡二元结构矛盾十分突出。其次，成都拥有辐射西部547万平方千米近3亿人口的最佳经济区位，是我国西部地区最大经济区——成渝经济区的重要增长极，其发展首位度、要素聚集度和市场辐射力在西部首屈一指，经过改革开放30多年的发展，成都经济总量占西部12个省市区的十分之一，已经具备加快发展的基础条件。最后，成都市近年经济快速发展，统筹城乡和产业协调实践成绩斐然，得到了国家充分肯定。2006年，全市实现地区生产总值2750亿元，比2002年增长65.8%；全口径财政收入489亿元，其中地方财政收入278.4亿元，比2002年分别增长2.2倍和2.1倍；2006年全市农民人均纯收入达到4905元，比2002年增长了45.2%，城乡居民收入差距从2002年的2.61∶1缩小到2006年的2.51∶1，城乡收入差距扩大的趋势得到遏制。鉴于成都具有的以上优势，2007年6月7日，经国务院同意，国家发改委批准设立成都市为全国统筹城乡综合配套改革试验区。[①]

统筹城乡综合配套改革试验区设立的根本目的是遏制我国日益扩大的城乡经济社会发展差距，在建立城乡统一的行政管理体制、公共

---

① 毛志雄：《设立成都市全国统筹城乡综合配套改革试验区的重大意义》，《成都行政学院学报》2007年第4期。

服务和社会保障机制、统筹城乡建设及产业协调发展等方面，探索出一条具有普适性的综合配套改革路径。因此，从实际出发，全面加快推进各个领域的体制改革，并在重点领域和关键环节率先突破，针对城乡二元结构尽快形成统筹城乡和产业协调发展的体制机制，为推动全国深化改革，缩小城乡和产业发展差距，实现科学发展发挥示范和带动作用。成都市统筹城乡综合配套改革试验区的设立，对于进一步发挥成都特有的区位优势、经济优势、科技优势、市场优势和生态优势，强化城市带动功能和辐射作用，加速与长三角、珠三角和环渤海三大经济区相呼应的成渝经济区的崛起，对于进一步优化国家发展战略的空间布局，促进区域间的协调发展都具有重要意义。

（二）成都试验区的重要进程①

2002年11月，党的十六大报告首次提出"统筹城乡经济社会发展"。此后，十六届三中全会通过了《中共中央关于完善社会主义市场经济体制若干问题的决定》，提出以"统筹城乡发展"为首的"五个统筹"。2007年10月，党的十七大报告提出，"统筹城乡发展，推进社会主义新农村建设"。"建立以工促农、以城带乡长效机制，形成城乡经济社会发展一体化格局"。2008年10月，十七届三中全会进一步强调，"必须统筹城乡经济社会发展，始终把着力构建新型工农、城乡关系作为加快推进现代化的重大战略"。

成都统筹城乡产业协调发展的实践起始于2003年3月，以双流、大邑等五个区县为首先试点地区。2003年8月，成都市进一步将锦江区、青羊区、金牛区、武侯区和成华区五城区纳入试点范围。同年10月，成都市开始在全市推广双流等地推进城乡一体化的试点经验，以工业向园区集中，土地向业主集中，农民向城镇集中的"三个集中"为主要特点。2004年2月5日，成都市委、市政府发布了《关于统筹城乡经济社会发展推进城乡一体化的意见》，明确了统筹城乡经济社会发展的指导思想、目标任务、工作重点和政策要求。《意见》明确

---

① 俞可平：《统筹城乡的成都经验》，载《成都统筹城乡发展年度报告（2009）》，四川大学出版社2010年版。

指出："统筹城乡经济社会发展，推进城乡一体化是新形势下解决'三农'问题的根本途径，是探索西部大开发新路的有益尝试，是全面建设小康社会的重大举措，对于贯彻落实十六届三中全会精神，牢固树立科学发展观，推动成都经济社会事业全面协调和可持续发展具有重要的战略意义。"

2005年12月，成都市委提出把推进城乡一体化作为成都经济社会发展总体战略，次年纳入了成都国民经济和社会发展"十一五"规划。2006年3月，成都市委、市政府发布了《关于深入推进城乡一体化建设社会主义新农村的意见》。2007年6月7日，经国务院同意，国家发展改革委员会"以发改经体〔2007〕1248号文"下发《关于批准重庆市和成都市设立全国统筹城乡综合配套改革试验区的通知》。成都市成为继上海浦东新区、天津滨海新区之后又一国家综合配套改革试验区。同年7月，成都提出用"全域成都"理念实施城乡统筹。2009年5月，国务院正式批复了成都市上报的《成都市统筹城乡综合配套改革试验总体方案》，允许其在九个方面先行先试。2009年底，成都市根据统筹城乡发展的经验，提出建设"世界现代田园城市"的奋斗目标，力争用30—50年的时间，建设成为世界现代田园城市，进入世界二级城市行列。按照建设世界现代田园城市的目标定位，未来的成都将成为一座城乡一体化、全面现代化、充分国际化的区域枢纽和中心城市，城乡繁荣、产业发达、居民幸福、环境优美、文化多样、特色鲜明、独具魅力将成为其最显著的特征。

三 成都试验区促进城乡产业协调发展的实践与创新

2003年开始，成都市坚持以科学发展观统领经济社会发展全局，立足成都大城市带大郊区的现实，紧紧抓住三次产业发展非均衡的主要矛盾，将城乡统筹和产业协调发展相结合，逐渐形成了一条具有区域特色的产业协调发展道路。

（一）树立"全域成都"理念，以科学规划为指导

成都市非常重视科学规划在城乡统筹和产业协调发展中的指导作用，强调科学规划是科学发展和依法行政的基础。成都在规划方面突出了以下特点：一是打破城乡规划分割的传统做法，以"全域成都"

作为规划的对象。所谓"全域成都",是成都市委在2007年7月提出的概念,即将成都1.24万平方千米的区域作为整体进行统一规划,并按规划统一建设,逐步形成"一城两带四基地六走廊"的空间发展格局。"一城"即中心城,"两带"即龙泉山脉和龙门山脉,"四基地"即高新技术产业基地、现代制造业基地、现代服务业基地、现代农业基地,"六走廊"即中心城—华阳—正兴、中心城—双流—新津—浦江、中心城—温江—邛崃、中心城—郫县—都江堰、中心城—新都—青白江—金堂、中心城—龙泉。二是建立市、县(区)和乡(镇)三级规划行政管理机构和规划工作监督机制,实现城乡规划编制一盘棋,各项规划高度衔接。三是严格按照制定好的规划执行实施。规划将整个成都按照离中心城的距离划分为三个圈层:五城区及高新区为中心城;周边七个县市为近郊区,与中心城共同构成主城区;远郊区为八个区(市)县。通过明确不同分区的功能定位和产业发展重点,形成了特色分明、优势互补的产业发展格局。

为了保证整个市域范围内产业有序、协调发展,成都将城乡三次产业发展纳入同一系统,重新进行规划和定位,先后出台了《成都市工业发展布局规划纲要(2003—2020年)》《一区一主业产业发展规划》《产业集群发展规划》和《成都市产业功能区规划》等多项规划,并在规划中确立了电子信息、机械(含汽车)、医药、食品(含烟草)、冶金建材、石油化工六大行业为成都市着力发展的重点支柱产业。这些规划对于优化产业空间布局、明确发展重点、加快集约集群、促进产业协调发展起到了积极的推动作用。

(二)以"三个集中"为根本方法,促进城乡产业一体化

"三个集中"是指:按照走新型工业化道路的要求,推进工业集中集约集群发展;遵循"因地制宜、农民自愿、依法有偿、稳步推进"的原则,有组织分层次地引导具备条件的农民向城镇转移;以稳定农村家庭承包经营为基础,推进土地规模经营,发展现代农业,持续增加农民收入。成都着力推进的"三个集中"不是简单物理形态上的集中,它抓住了农业现代化、新兴工业化和现代服务业发展之间相互联系、相互促进的内在关系,是成都促进产业协调发展实践中的主

要手段。

首先，推进土地向规模经营集中，加快实现农业现代化。针对人多地少，人均土地不足1亩，耕地零碎化严重的现实，成都市坚持以稳定农村家庭承包经营为基础，按照依法、自愿、有偿的原则，稳步推进土地向龙头企业、农村集体经济组织、农民专业合作经济组织和种植大户集中，通过土地集中实现农业规模化、集约化经营。2013年成都市通过创新农业经营机制，放活土地经营权等方式，全市土地适度规模经营率达54.1%，高于全国平均水平28个百分点。土地的有效集中不仅解决了传统农业经营规模小、布局过于分散、效益差、抗风险能力弱的问题，而且深化了农业与工业、服务业的联系，降低了非农产业服务于农业的成本，提高了不同产业间互动的效率。其次，推进工业向集中发展区集中，促进新型工业化。针对成都市产业园区数量多、规模小、布局分散、主导产业不突出、产业特色不明显、基础设施不配套等园区发展中出现的问题，成都提出了以形成产业特色突出、配套功能完善、承载能力强、质量效益显著、可持续发展的工业集中发展区为目标，将原有的116个开发区整合为21个集中发展区和9个镇工业点，不仅从根本上改变了"村村点火，户户冒烟"的状况，而且节约了大量土地资源，在不减少农业用地的前提下为成都工业实现集中、集约发展奠定了基础。2015年成都规模以上工业增加值比上年同期增长7.3%，比全国平均水平高1.1个百分点。服务业实现增加值5704.5亿元，比上年同期增长9.0%，比全国平均水平高0.7%。三次产业结构更趋合理，三次产业结构为3.5∶43.7∶52.8。最后，引导农民向城镇有序转移，均衡服务业发展。成都市将城镇化进程与均衡服务业发展相结合，规划建立了由1个特大城市、8个中等城市、30个重点镇、60个新市镇和2000个农村新型社区构成的城镇体系。在城镇化推进过程中，成都市遵循"因地制宜、农民资源、依法有偿、稳步推进"的原则，根据不同区位经济发展和自然条件的差异，采取了不同方式推进农民向城镇集中。在中心城区，实行农村与城市社区完全接轨，按照城市社区标准建设新型社区，实现农民向市民的转变；在县城和区域中心镇，按照城市社区标准建设新型社区，引导农民向城镇有序集中；在农村地区，则按照发展性、相容性、多样性和共享性的要求，遵循"宜聚则聚，宜散则散"的原则，因地制宜地建设农民新居。2014 年，成都市城镇化率提高到 70.3%。在实现农民向城镇集中的同时，成都市不断完善服务业产业体系，大力发展金融、物流、会展、科技等生产性服务业，有效地提升了服务业对现代农业和新型工业的支撑作用。

（三）推进市场化改革，增强产业协调发展的可持续动力

首先，积极推进农村产权制度改革，将农村土地权利"赋权于民，还能于民"。成都积极推进对农村宅基地使用权、房屋所有权、村集体产权、农村土地承包经营权和林权的确权颁证工作。2010 年 2 月，成都市 90% 以上的农户参与了农村产权制度改革，80% 的土地完成了确权颁证。2010 年 6 月底，成都市农村产权制度改革确权颁证工作全面完成。成都市政府网 2010 年 9 月 13 日报道，成都市农村土地承包经营权确权颁证单项检查验收工作合格率为 100%。[1] 其次，深化农业投融资体制改革，建立农村多元化投入机制。成都市按照"政府引导、市场化运作"的方式，组建了市县两级现代农业发展投资公司。2014 年，成都市共引进重大项目 40 个，总投资 180 亿元，农业到位内资 90 亿元，带动了农村土地流转和农业发展的动力。"十三五"期间，成都市将实施重大农业项目超千个，投资总额超过 1500 亿元。最后，培育农业市场主体，构建农村市场经济发展基础。成都市非常重视龙头企业在农业产业化中的作用。通过设立农业经营主体培育专项资金、加大对各类经营主体的资金扶持力度初步形成扶持农业产业化龙头企业、农民合作社、家庭农场、涉农行业协会等新型农业经营主体的政策体系。

（四）统筹城乡基础设施建设，促进城乡基础设施一体化

完善的基础设施和公用设施是促进产业协调发展的基本条件。成都高度重视基础设施建设在其中的重要作用，在成都市《2010 年工

---

[1] 张迎春、吕厚磊、肖小明：《农村产权确权颁证后融资困境解决了吗——以成都市为例》，《农村经济》2012 年第 5 期。

业集中发展区重点基础和配套设施项目表》中，仅 2010 年成都市计划完成的园区基础和配套设施投资就达 140 亿元。以交通基础设施为例，成都实施了市域高速公路网、多通道路网、县道公路网、加密乡村公路网等"五网"建设，初步建成连接城区、覆盖乡村、城乡一体的交通基础设施体系，并率先在西部实现了县县通高速路、村村通水泥路和城乡客运一体化。不仅如此，成都还确立了打造西部最大的国家级综合交通枢纽的目标，正在加快构建一个覆盖全域成都的立体交通网络。即中心城与外围 8 个城市之间，将形成由轨道交通、高速公路、城市快速路及 4 车道以上干线道路共同组成的快速度、大容量、多方式交通走廊；30 个小城市及 60 个新市镇与所在区域的中等城市实现以 4 车道以上干线道路连接，600 个中心村对外通道实现双向 2 车道连接。这意味着成都市域内将全面实现"全域成都 1 小时交通网"。市域现代交通体系的建立，将极大地增强城市对农村的辐射、带动能力，显著提升产业协调发展的能力。

第二章 我国城乡关系与产业发展相关性分析

城市和乡村既是人们生产和生活的两种基本空间形态，也是产业发展的空间载体。尽管不同国家由于发展基础、历史条件、文化背景、经济体制等方面的差距，城乡关系发展的轨迹各有特色，但都经历了由对立到统一，由失衡到和谐的发展过程。我国既是传统的农业大国，也是世界上最大的发展中国家，人口众多，人均资源少，特殊的国情和历史条件使我国的城乡关系和产业发展演绎出一条独特的发展之路。

新中国成立以来，我国城乡关系和产业发展都发生了显著变化，从计划经济时代单向的农业支持工业，到逐渐与市场经济规律接轨，直至工业反哺农业，我国产业发展随着城乡关系的变化在不同时期呈现出不同的特点。对我国城乡关系和产业发展历程进行回顾，不仅可以很好地总结其中的经验教训，也有助于我们在构建新型城乡关系背景下，在科学发展观的指导中更深入地研究产业如何协同互动。

第一节 我国城乡关系的演进

我国城乡关系的演进历程与经济社会发展实践密不可分，在不同历史阶段呈现出不同的特点。新中国成立至今，我国城乡关系的演进大体可以划分为三个阶段：一是从新中国成立到改革开放前。这一阶段的政策特点是"城乡两策，以乡补城"，通过国家政策和指令性计划将城市与农村隔离开来，限制生产要素和城乡人口的自由流动。二是改革开放后到党的十六大前。计划手段逐渐被市场调节所取代,城市和乡村在市场机制作用下竞相发展,城乡经济的关联度逐渐增强。三是党的十六大以来,国家确立了统筹城乡发展的基本方略,将城乡发展统一在一个框架下,实行"工业反哺农业、城市支持农村"的方针,初步形成了城乡经济社会趋向一体化和三次产业逐步走向均衡发展的格局。

一 1949—1978年

1949年,新民主主义革命取得全国性的胜利,我国建立起工人阶级领导的、以工农联盟为基础的人民民主专政的国家政权,城乡发生历史性巨变。城市由以帝国主义和买办资产阶级占主导变为工人阶级占主导地位的城市,农村则经过一系列的土地改革将长期形成的封建地主阶级作为剥削阶级被彻底消灭。然而,从旧社会继承下来的是一个以传统农业为主,几乎没有现代工业,经济基础极为薄弱的落后农业大国。1952年,全国工业净产值占工农业净产值的比重仅为25.3%,工业劳动者占社会劳动者的比重只有6%。为了迅速改变我国落后的经济发展现状,同时出于国家安全考虑和历史条件的制约,在经过短暂的战后经济恢复阶段以后,我国选择了城乡分治的发展道路,建立起一套城乡分割的计划经济体制,即计划经济体制与农产品统购统销制度、人民公社制度和户籍管理制度,通过工农业产品价格"剪刀差"初步形成了比较完整的工业体系和国民经济体系。政府通过建立城乡各异的户籍管理制度、投融资体制以及就业、住房、医疗、教育、失业保险制度等将城市和农村人为地分割为两个部门,城市和乡村在各自封闭的系统中运行,城乡产品不能平等交易,生产要素不能自由流动,农村积累的资金和资源主要用于城市发展和现代工业体系的建设,而过剩的农村劳动力则被牢牢束缚在农村土地上,失去了在城乡间自由流动的权利。城乡关系表现为极其鲜明的城市剥夺农村,工业剥夺农业的特点,严重扭曲了正常的工农和城乡关系,不仅使农村难以分享城市化和工业化的发展成果,而且使农村原有的一点工业基础也停顿下来,农村发展越来越落后于城市,逐渐形成了城市—工业—市民和农村—农业—农民的二元发展格局。

这一时期，城市和乡村成为两个相互隔离的空间，国家将主要的财力、物力和农业剩余用于支持工业和城市发展，而绝大部分农民则被封闭在落后的乡村，固化在乡村土地上，从事单一的传统农业。不仅农村落后的生产方式和生活方式长期得不到改变，城市化进程也变得非常缓慢，甚至在一定时段上出现停滞和倒退。片面推行工业化战略和实行城乡分割二元管理体制的结果，使我国原有的城乡差距急剧扩大，城乡关系极不协调。这种畸形的城乡关系进一步导致城乡生产要素难以流动，产业发展失衡加剧。本应统一的商品和要素市场被人为隔离，城乡消费关系被分割，形成了城乡分离严重的二元经济结构：一方面是依靠国家投资和农业积累而逐步发展起来的城市，另一方面则仍是自然经济、半自然经济为显著特征的落后农村。①

二 1978—2002 年

"以乡补城"的发展方式违背了经济发展中的客观规律，不仅扭曲了城乡之间的内在关系，而且加大了城乡之间的发展差距。1952—1978 年，中国工业总产值增加了 15 倍，而农业总产值只增加了 1.3 倍，农业始终停留于传统的生产方式和半自给的自然状态中，成为国民经济中最落后的产业。1978 年，我国城市化率只有 17.9%，不仅远远低于世界平均水平，甚至低于我国南宋时期的城市化率。中国仍有 82.1% 的人口生活在农村，而当年农业总产值只占全社会总产值的 22.9%。1978 年中国农村居民人均纯收入 133.57 元，人均消费品 69.63 元，其中食品支出 46.59 元，以恩格尔系数衡量，农民处于绝对贫困状态。党的十一届三中全会后，改革开放为中国城乡关系注入了新的活力，农村和农业被剥夺的历史终于宣告结束。随着邓小平提出"中国社会是不是安定，中国经济能不能发展，首先要看农村能不能发展，农民生活是不是好起来"的论断和市场机制的不断完善，我国城乡关系开始进入一个全新的发展阶段，完全由政府主导的城乡关系越来越多地通过市场来调节，但是农业支持工业，乡村支持城市的总体导向并没有改变。随着统购统销制度的废止和农产品市场化的不

---

① 张雨林：《我国城乡关系的历史考察》（下），《中国农村经济》1989 年第 10 期。

断深入,通过直接剥夺农业剩余来支持工业化和城市发展的比重越来越低,而通过农民提供廉价劳动力和农村资源来支持工业和城市发展成为城乡关系最显著的变化。① 这种改变主要表现为以下三种形式:第一,农村为城市发展提供大量廉价的劳动力资源。改革开放使农民摆脱了土地的束缚,大量农民在市场机制的调节下由乡村进入城市,为城市尤其是沿海地区发展劳动密集型产业提供了充足的劳动力资源,但此时进入城市的农民工,不仅难以和城市居民同劳同酬,而且在社会保障、医疗卫生、教育培训等方面与城市居民存在巨大反差。第二,农村为城市扩张和基础设施建设提供了大量远低于市价的廉价土地资源,大大降低了城市扩张的成本。第三,通过发展乡镇企业和直接向城市投资的形式,将大量农村资金直接吸纳到城镇。这一时期,我国的城乡关系发生了巨大变化:一方面,城市发展突破了长期停滞徘徊的局面,呈现出加速发展的良好局面。城镇数量陆续增加,规模持续扩大,农村人口不断地进入城镇就业和定居。小城镇数量由1978年的2173个增加到1.82万个,加上4万多个乡政府所在地和2000多个国营农场所在地,以及一部分在行政村基础上发展起来的小城镇,总量已达5万多个。有超过100多万个乡镇企业聚集在各类工业小区和小城镇里。2003年,我国城镇人口比重达到40.5%。另一方面,随着农业生产率的提高和乡镇企业的兴起,农村富余劳动力大量由农业向工业和服务业转移,城乡分治的局面开始出现松动并最终被打破。

在这一背景下,城乡关系出现了较大变化。一方面,起始于农村的改革极大地激发了农民的创造力,农业生产力迅速提升,农民收入大幅提高,城乡要素分割的局面在一定程度上得到了改善;另一方面,随着市场化进程的不断深化,正如瑞典经济学家米尔达尔(1998)所指出:"市场力量的作用一般倾向于增加而非减少地区间的不平等。"由于城乡在基础设施等方面的巨大反差和农业本身固有

---

① 武力:《1949—2006年城乡关系演变的历史分析》,《中国经济史研究》2007年第1期。

的弱质性，使城乡发展差距在改革开放初期缩小后又被迅速拉大。因此，在改革开放30多年尤其是进入21世纪后，我国城乡发展失衡，产业不协调的问题再次显现，成为我国市场化进程中的副产品，这对重新审视我国城乡关系提出了新要求。

三 2002年至今

2002年，针对城乡差距在短暂缩小后又不断拉大的现实，党的十六大把解决"三农"问题作为全党工作的重中之重，提出统筹城乡经济社会发展的总体战略，在深入考察工农城乡关系发展史，深刻分析我国基本国情的基础上，党中央做出了"两个趋向"的重要论断，开启了破除城乡二元体制的历史进程。"工业反哺农业，城市支持农村"成为新时期"三农"工作的根本方针。2003年，党的十六届三中全会做出了《关于完善社会主义市场经济体制若干问题的决定》，把统筹城乡发展作为科学发展观的重要组成部分，摆在"五个统筹"之首，提出建立有利于缩小城乡差距，逐步改变城乡二元经济结构的发展战略。2008年，党的十七届三中全会对统筹城乡发展的制度建设和工作举措做出全面部署，强农支农惠农政策体系不断强化，初步搭建起城乡经济社会发展一体化的制度框架，并推出了一系列有助于农村和农业发展的新政策。如具有划时代意义的农村税费改革，对农民实行直接补贴；加快农村水、电、路、气等基础设施建设；全面实施农村义务教育经费保障机制改革；扩大新型农村合作医疗制度覆盖面；全面建立和完善农村最低生活保障制度；开展新型农村社会养老保险试点工作；公共财政覆盖农村的范围不断扩大；逐步放宽农民进城就业和居住的限制，取消了城乡分离的户籍管理制度；大力推进城乡居民平等就业，积极维护农民工合法权益等具体举措。党的十八届三中全会《决定》进一步提出，必须健全体制机制，形成以工促农、以城带乡、工农互惠、城乡一体的新型工农城乡关系，让广大农民平等参与现代化进程、共同分享现代化成果。通过统筹城乡来解决"三农"问题，建立新型工农和城乡关系成为2020年全面建成小康社会的重要保障和举措。

新中国成立以来我国城乡发展历程表明，城乡经济社会的交流和渗透应该是双向的，弱化城市与农村中的任何一方不仅难以实现城乡的协调发展，反而将恶化两者的关系，固化和加深城乡二元结构。国家统计局数据显示，2010年我国人均GDP已经达到29748元，已经建立起较为完善的产业体系，按照世界经济发展的普遍规律，我国已进入着力破除城乡二元结构、构建城乡经济社会发展一体化新格局的关键时期。统筹城乡发展作为破解二元结构，缩小城乡差距，构建和谐社会的重要举措，将成为未来指导我国城乡关系何去何从的基本方针。

第二节 我国产业发展及其相互关系回顾[①]

对应于城乡关系，产业关系是我国经济发展中另一对重要的经济关系。新中国成立以来，我国产业发展大致经历了三个阶段：一是改革开放前以指令性计划为主的产业非均衡发展阶段，其典型特点是"促工业，抑农商"；二是改革开放至党的十六大召开前，三次产业在市场机制主导下，以市场为导向各自为政、分头发展的阶段；三是党的十六大后，我国开始将"三农"作为经济发展的重点，更加注重产业间的协调关系，尤其是十六届三中全会后，在科学发展观指导下产业联系日益紧密、产业关系日益和谐的新阶段。我国经济社会发展历程表明，造成我国二元结构矛盾突出，城乡差距加大的主要原因在于三次产业发展失衡，没有形成优势互补、均衡发展的互动态势。因此，城乡统筹的关键和重点逐渐聚焦在推动和促进城乡产业协调发展。随着城乡统筹战略的不断深入，产业关系被赋予了新的含义，产业关系迎来了协调发展的历史性机遇。

一 计划经济下的产业关系

新中国成立之初，我国经济发展水平较低，产业结构落后，三次产业不论产值还是从业人员结构都呈现出"一、二、三"落后的分布

---

① 张爱民、易醇：《我国三次产业发展历程及政策启示》，《求实》2011年第2期。

格局。农业产值占整个国民经济的70%,从业人员占就业总人数的85%,在国民经济中占据绝对主导地位;工业整体薄弱而零散,几乎没有现代化的工业;服务业不仅规模小,而且主要集中在传统的商贸领域,三次产业的联系主要体现为在自然经济条件下的简单商品交换。1949年,全国人均社会总产值只有102.8元,约占10%的现代工业主要集中在少数几个大城市,其余90%则是分散、落后的农业和手工业。新中国的经济发展面临来自国内外的双重压力。一方面是基础设施薄弱、产业体系不健全、百业待兴的现实条件;另一方面是国内外敌对势力虎视眈眈,试图通过封锁、孤立等手段颠覆刚刚建立起来的社会主义新中国。为了在既无国际外援支持,又缺乏内部必要积累的情况下迅速发展经济,我国采取了优先发展工业的非均衡发展战略,人为割裂了三次产业间的内在联系,以高度集权的行政手段调控宏观经济。一方面,中央政府统一行使国民经济运行的管理、分配和监督权,将宏观、微观经济都统一纳入国民经济发展计划,由中央指令性计划推动;另一方面,对生产资料实行公有制,全民所有制工业企业几乎垄断了整个工业经济领域。这一时期,"促工业、抑农商"成为我国产业发展的主旋律,国家为此采取了一系列制度措施来加以保障和推动,如严格的户籍管理制度、农产品统购统销制度、城乡分离的劳动用工制度和有差别的社会保障制度等,并以工农产品"剪刀差"和征收农业税等手段,加快推动农业剩余向工业转移。1953—1978年,农业的投资比重除了3年调整时期达到26.2%外,其余几个五年计划时期都在16.0%以内,而重工业的投资比重却长期高于70.0%。其中"二五""三五"和"四五"时期工业投资都超过了75.0%。由于片面强调重工业而忽视轻工业的发展,工农业的内在联系被割断而被迫进行自我循环,农业内部结构变动相当缓慢,长期停留在以粮食为主的种植业领域。[1] 据统计,1950—1978年,通过城乡"剪刀差",农业向工业提供了大约5100亿元的无偿补贴,通过农业

---

[1] 周叔莲、郭克莎主编:《中国城乡经济及社会协调发展研究》,经济管理出版社1996年版。

税，农业为国家提供的税收达到978亿元，两者合计达到6078亿元。与此同时，国家限制第三产业的发展，经过近30年严格的行政管理，从事商贸经营的个体单位几乎全部被清除，形成了以国营商业和供销合作社独家采购、独家经营农副产品的局面。这一时期，工农产品不能通过市场进行平等交易，主要通过计划调拨的方式进行分配；资本、土地等生产要素完全由国家控制，不能自由流动，农村富余劳动力则被严格禁锢在土地上，产业发展政策主要通过国家行政手段进行调节，从而形成了我国极不合理的三次产业发展格局。1952—1978年，第一产业占GDP的比重从50.5%下降到28.1%，第二产业的比重由20.9%迅速增加到48.2%，第三产业则由28.6%降为23.7%。这一时期，工业尤其是重工业取得了爆发式增长，但却没有带动第一、三产业同步发展。农业发展非常缓慢，农产品短缺；服务业滞后，商品经济几乎完全被产品经济所取代，第三产业占GDP中的比重甚至比1952年还低4.9个百分点。1978年，第一、二、三次产业从业人员之比为70.5∶17.3∶12.2，第一产业虽然产值占比大幅下降，但从业人员数量依然庞大，第二产业的从业人员数量与其产值占GDP中的比重极不协调。这一期间，三次产业发展与相应从业人员数量变动情况如图2-1、图2-2所示。

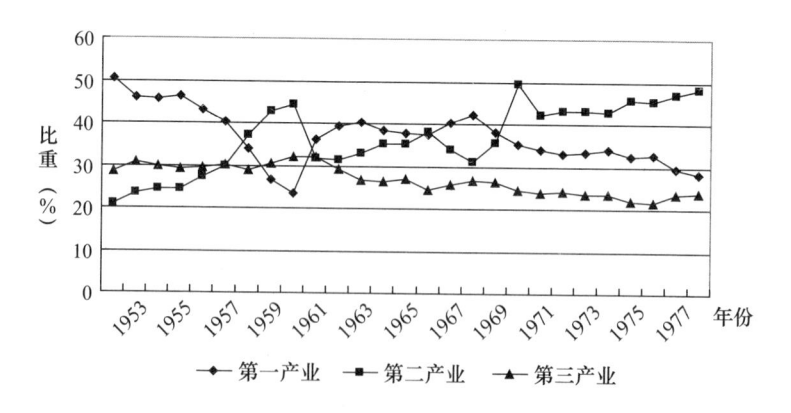

图2-1 根据国家历年统计年鉴数据整理后绘制

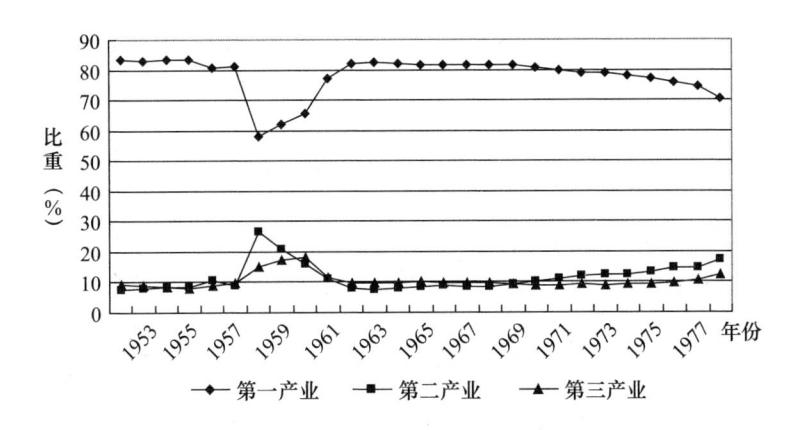

图 2-2　根据国家历年统计年鉴数据整理后绘制

二 改革开放后的产业关系

20 世纪 70 年代末，传统计划经济体制下我国三次产业关系发展失衡与脱节的矛盾日益突出。在工业快速发展的同时，农业始终停留在传统、落后的生产方式中。1978 年，占总就业人口 70.5% 的农业仅创造出 28.1% 的国内生产总值。同时，服务业持续萎缩，产值仅占当年 GDP 的 23.7%，大量劳动力处于失业或半失业状态。这种畸形的产业关系制约了劳动力、资本和技术等生产要素在不同产业间的合理流动，影响了我国产业的健康发展。在这种情况下，以党的十一届三中全会的召开为起点，我国开始了市场化取向的经济体制改革，传统的计划经济管理方式逐渐淡出，市场在资源配置中的基础性作用不断增强，三次产业关系由主要依靠政府行政力量推动转为以市场为主要调节手段。这种由发展战略调整和经济体制改革所带来的经济运行机制的变化，使我国三次产业发展格局发生了重大变化，焕发出新的活力。[1] 市场经济体制改革使农民重新获得了生产方式的自由选择权和剩余产品的自主支配权，多年来被禁锢在土地上的农村富余劳动力和潜在生产力得到大量释放，在家庭联产承包责任制和多劳多得等政

---

[1] 姜长云:《我国城乡发展的不协调及其深层原因》，《经济研究参考》2006 年第 9 期。

策的刺激下，农业生产率获得极大提高，并通过产业间的关联作用传导到第二、三产业，进一步推动了第二、三产业的发展。这一时期，许多乡镇企业如雨后春笋般发展起来，农业与工业联系逐渐加强，合作日益深化。改革开放前的农村农业、城市工业的二元结构转变为城市工业、农村工业、农村农业相结合的新型经济结构。[①] 农村富余劳动力开始向城镇集中，小城镇大量涌现并迅速发展，并进一步推动了物流、金融、商贸、房地产等第三产业的兴起。统计数据显示，1978—2002年，第一产业在GDP中的比重由28.1%降低为13.49%，从业人员比例由70.5%迅速降为50%，第二产业在GDP中的比重由48.2%变为44.79%，从业人员由17.3%增加到21.4%，第三产业在GDP中的比重由23.7%迅速提升到41.72%，从业人员由12.2%增加到28.6%。这一时期，三次产业间的联系日益紧密，产业结构和从业人员比重呈现出日趋合理的发展态势，如图2-3、图2-4所示。

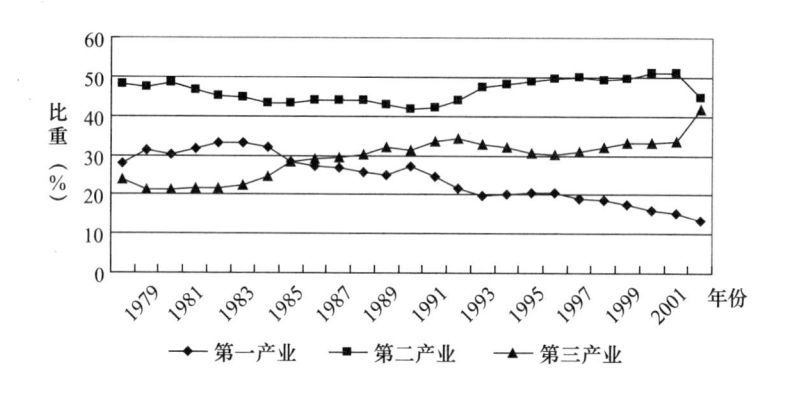

图2-3 根据国家历年统计年鉴数据整理后绘制

三 城乡统筹下产业关系的新变化

2003年，我国第二产业生产总值达到61274.1亿元，占国内生产总值的52.2%，其中工业生产总值53092.9亿元，占国内生产总值的

---

① 巫义钧、胡立君：《产业经济学》，中国财政经济出版社2002年版，第354—359页。

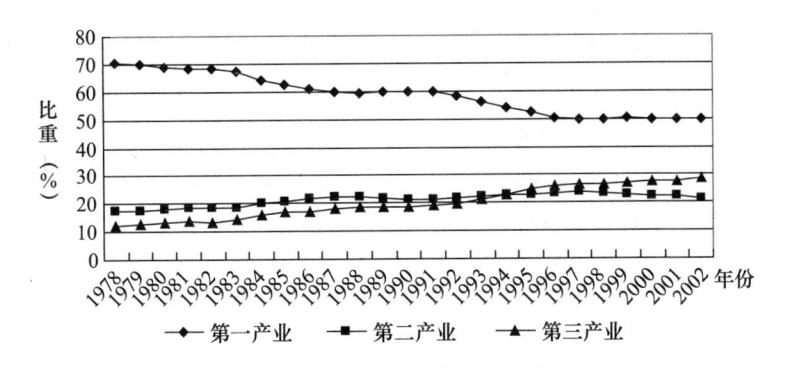

图 2-4 根据国家历年统计年鉴数据整理后绘制

45.2%，是第一产业的 3.1 倍，第三产业的 1.4 倍，三次产业呈现出"二、三、一"较为合理的分布结构。从生产出的工业品数量来衡量，我国已经是名副其实的制造业大国。然而，在产业演进规律、资本逐利性以及农业天然弱质性等规律的共同作用下，资本、土地、劳动力等生产要素纷纷由第一产业流向附加值更高的第二、三产业，在市场机制的洗礼下，工业依然是拉动经济增长的主要动力，农业的弱势地位似乎更加突出。与此同时，长期依靠资源大量投入为主的粗放式发展方式造成资源日益短缺，环境不断恶化，发展方式越来越不可持续。资本等生产要素向第二产业过度倾斜也导致第三产业发展缓慢，在 GDP 中的比重不仅远远低于发达国家，也低于世界第三产业发展的平均水平。针对三次产业发展中出现的严重失衡，2003 年 10 月，在党的十六届三中全会上，我国提出了"以人为本"的科学发展观，将三次产业置于国民经济大系统中，强调三次产业发展的均衡性、协调性和互动性。随着科学发展观的提出，也是为了解决工业化过程中出现的问题，我国提出了以信息化带动工业化，以工业化促进信息化，走出一条科技含量高、经济效益好、资源消耗低、环境污染少、人力资源优势得到充分发挥的新型工业化路子。同时，针对我国农业发展薄弱的现实，2005 年提出"以工哺农"的产业互动思路，通过工业对农业的反哺，实现产业间的互动发展。党的十七大进一步强调，要"促进经济增长由主要依靠第二产业带动向依靠第一、第二、第三产业协同带动转变……"① 新的战略思维更加重视产业间的内在联系，强调通过加强三次产业间的良性互动实现国民经济的健康发展。这一时期，三次产业发展与相应从业人员数量变动情况逐渐吻合。如图2-5、图2-6所示，从图上可以清晰地看出，从产值来看，2013年，我国服务业产值达到26.2万亿元，第一次超过第二产业，

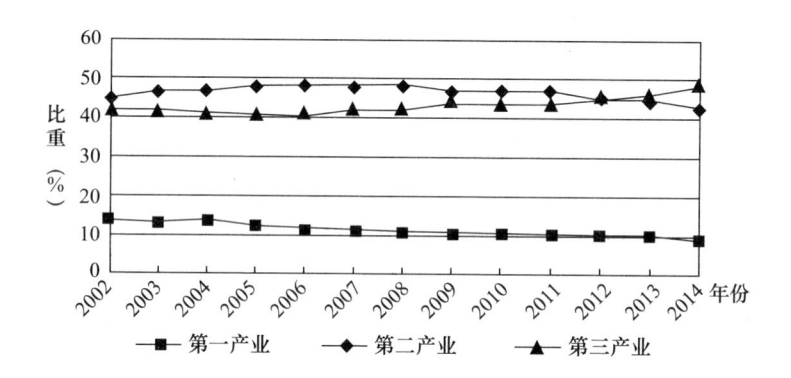

图2-5 2002—2014年三次产业占GDP比例变化

资料来源：历年国家统计年鉴。

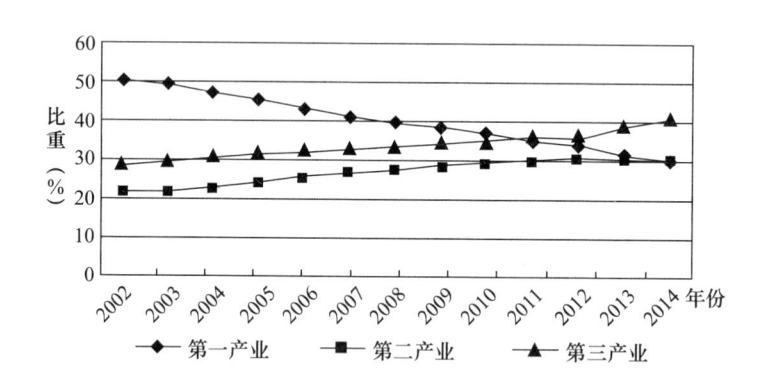

图2-6 2002—2014年我国三次产业从业人员变动情况

资料来源：历年国家统计年鉴。

---

① 胡锦涛：《坚定不移沿着中国特色社会主义道路前进 为全面建成小康社会而奋斗》，人民出版社2012年版。

成为拉动经济增长的主要动力。而农业在国民经济中的占比则不断下降,同时这种下降的趋势和幅度逐渐减缓,2014年农业在GDP中的占比仅为9.2%。从就业人员比重看,2014年,我国第三产业从业人员达到3.136亿人,超越农业从业人数,成为吸收劳动力就业的最大产业,而第二产业对就业人员的需求在经过前期较快增长后呈现逐渐减缓的趋势,农业就业人数则一直呈现不断减少的趋势。

回顾我国产业关系发展历程,可以得到这样的启示:一是产业之间有其内在客观规律,如果违背产业发展规律,人为割裂三次产业间的内在联系,孤立地发展某一产业不仅不利于该产业自身的发展,也会最终影响整个国民经济的健康、协调发展。二是产业协调必须立足我国城乡二元结构矛盾突出的现实,将促进我国产业协调发展的重点和关键落实在提升产业中最薄弱的环节,强化农业的战略性基础地位,加快发展现代农业。农业是"民生"产业,既关系到国家的粮食安全和社会稳定,也是工业和服务业稳定发展的基础。尽管随着经济的发展,农业在拉动国民经济增长中的贡献率不断下降,但其战略性基础地位不仅没有削弱,反而需要进一步得到强化。三是产业协调发展是一个复杂的社会系统工程,我国地大物博,各地发展非均衡的现实要求这一工程从设计到施工需要一个严密有序而又富有活力的动力系统,不仅要有覆盖全局的顶层设计,充分发挥政府的服务和引导作用,也要结合各地实际情况,调动人民群众的积极性和发挥市场配置资源的决定性作用。产业协调运行的主体是劳动者,特别是广大农民群众,必须充分尊重群众的意愿和选择,维护群众的合法权益,在稳定家庭承包经营基础上探索多种有利于提高农民组织化程度的产业组织形式。在社会主义市场经济条件下,既要运用"看不见的手",又要运用"看得见的手"。在统筹城乡发展初期和经济基础相对薄弱的地区,政府的正确引导和必要服务显得更为重要。要在遵循经济和产业发展规律的前提下,既不回到计划经济、审批经济,以行政行为代替市场配置资源;也不放任自流,任由市场自发倾向来决定产业发展格局。应当在产业规划、产业布局、产业对接、产业扶持等管理创新中结合区域实际情况,因地制宜、创造性地走出具有地区特色的城乡一体和产业协调发展道路。

第三节 城乡一体化进程中产业协调发展的内涵和意义

城乡一体化是工业化、城镇化发展到特定阶段的必然要求，是实现经济社会协调发展的有效途径。城乡一体化既不是以城市为中心，单纯推进城镇化、把农民变市民；也不是以乡村为中心，孤立地建设新农村、把农村变为城市，而是在尊重城乡发展内在规律的前提下，正视两者的差异性和互补性，把工业与农业、城市与乡村、市民与农民作为一个有机整体统筹推进，实现城乡在发展理念、规划布局、要素配置、产业协调、公共服务和生态环境等方面相互融合、共同促进。产业作为城乡经济发展的物质基础和动力源泉，既是城乡一体化的应有之意，也是加快推进城乡一体化进程的关键。因此，有效引导二、三产业的资金、人才、技术等现代生产要素向农业流动，实现农产品加工业、农业生产性服务业在农村合理布局，加快缩小城乡在产业发展水平上的差距显得尤为迫切。

一 我国产业发展的基底

(一) 产业结构失衡，未能有效互动

我国是世界上最大的发展中国家，城乡二元结构特征非常明显，这是我国产业发展的大背景，进行产业分析必须紧紧抓住而不能忽略这个特征。正如张培刚（1993）教授所指出，我国尚没有摆脱自给自足影响，依然采用传统生产方式的农业经济与市场化程度高、运用现代生产方式组织的城市经济并存及对立。城乡二元结构的存在引起我国三次产业发展的失衡。主要表现在以下三个方面：第一，三次产业对国民经济的贡献不合理。2013年我国第一、二、三次产业增加值的比例为10∶44∶46，以现代产业结构标准来看，农业在国民经济中占比过高，如美国、日本等发达国家农业在GDP中的占比仅有1%左右，农业现代化程度和水平远远滞后于工业和服务业；工业虽然在国民经济中所占比例较高，但缺乏应有的产业带动力，未能对传统农业提供应有的支撑；服务业发展严重滞后，在国民经济中占比过低，目前，发达国家第三产业比重大都在70%左右，大部分发展中国家也在50%左右，而我国第三产业比重长期徘徊在30%—40%之间。第二，劳动力分布不合理。2012年，我国三次产业就业人数比例为33.6∶30.3∶36.1，大量劳动力聚集于第一产业，过多劳动力沉淀在农业，不仅不利于农业现代化的推进，而且降低了农业生产率，制约了农民收入的增长。我国在工业化过程中重化工特征明显，第二产业吸收劳动力数量有限。同时，第三产业发展缓慢，未能有效吸纳闲置在第一产业和第二产业的劳动力资源。第三，我国产业空间分布失衡。其一是大量现代化工业和服务业集中在东部沿海地区；其二是三次产业城乡分离，现代化工业和服务业主要分布在城市，农村则主要布局传统农业，产业间互动不足。就产业内部而言，产业结构不合理同样明显。就农业而言：一是农业产业化水平低。大量农产品还停留在待加工或初加工阶段，初级农产品与深加工农产品比例失衡，高附加值农产品数量有限。二是农业布局不合理。各地农产品类同严重，没有形成特色鲜明、丰富多样的农产品布局。三是传统农业占比过大，而由现代科学技术支撑的生态农业、立体农业、绿色农业和循环农业发展滞后。由于我国耕地资源匮乏，人多地少矛盾突出，使我国政府高度重视粮食生产，因此造成我国农业产品结构单一，粮食在农产品中占有过高比例。我国工业部门则表现出重工业比重过高，工业空间布局不合理，各地产业布局同质化严重，产业结构不合理，产能过剩与需求不足同时存在，虽然获得了"世界工厂"的称号，但具有创新性的战略新兴产业和高新技术产业发展不足，比较优势主要依靠廉价劳动力获得。我国制造业总量规模占全球的6%，而研发投入仅占0.3%，研发投入严重匮乏，导致对国外核心技术和关键部件高度依赖。我国服务业失衡主要表现为生产性服务业和现代化服务业发展不足，商业餐饮、交通运输和房地产等传统服务业比重过大。不仅以信息、咨询、科技、金融等为代表的现代服务业发展不足，而且保鲜、包装、储运、销售等服务于现代农业的服务体系也严重滞后。此外,我国服务业产品创新不足,服务品质和技术水平不高,难以适应激烈的国际竞争需要。

总体来说,我国产业间联系互动不足,以工业和粗放式带动经济发展的模式尚未根本改变,物耗高、能耗高、污染高的"三高"问题依然突出,以要素投入为主拉动经济发展的方式尚未根本转变。

(二)城乡市场割裂,要素难以自由流动

这主要表现为城乡产品市场的分割。由于信息不对称和对市场的陌生,农产品与非农产品的交换存在事实上的不平等。农产品生产受自然条件制约,同时除具有时令性、难存储和运输成本高等因素外,生产者数量的众多更使农民缺乏应有的产品定价权,在农产品交换中处于劣势地位。在要素市场中,这种分割和不平等显现得更加严重。一是土地资源分割。我国土地目前采取两种所有制,城市土地归属国家所有,农村土地则属于农村集体所有,城乡土地所有权与使用权不能进行自由交换;城市土地可用于城市建设,农村土地则只能农用,城乡土地不能自由流转;城市土地市场化后可以多元化,而农村土地市场化要以不改变土地用途和保证农民的土地承包权为前提。二是劳动力市场的分割。虽然20世纪80年代中后期,我国政府对农村劳动力进入城市的行政控制逐步放松,越来越多的农村剩余劳动力进入城市,但乡村劳动力却很难获得与城市劳动力平等的发展机会,流入城市的农村劳动力大多从业于劳动强度大、劳动条件差、劳动报酬低,城市就业者不愿或很少从事的行业。即使做同样的工作,同工不同酬也是非常普遍的现象,城乡劳动者在工资收入、工作稳定性和获得提升机会等方面差距明显。不仅如此,许多行业对农民进入设置了诸如户籍身份、就业经验、工作年限等就业门槛。一些垄断性行业如金融保险、城市供应业、邮电、通信等行业则完全对农民封闭。这种情况的出现一方面是劳动者素质的差异,但更多的原因则是由城乡分割的劳动力市场造成的。三是城乡资本市场不协调。城乡资本市场不仅仅是分割的问题,还有单向流动的问题。由于农村金融资源利用效率低,经济发展要素难以充分发挥作用,在市场机制的作用下,寻求更高回报率的动机一方面使城市资金滞留在城市,另一方面农村积累的资金由于缺乏足够的吸引力而持续流向城市，农民的积蓄一般存储在银行，大多通过银行的贷款用于城市的发展，从而造成事实上城市对乡村资本的剥夺。

（三）城乡基础设施差距大

基础设施是经济发展的加速器，是加强区域联系、提高产业协同效率、增强经济活力的重要因素。基础设施是为社会生产和居民生活提供公共服务的物质工程设施，是社会赖以生存发展的一般物质条件，主要包括交通、邮电、通信、水电煤气、商业服务以及教育、科技、医疗卫生、体育、文化等社会性基础设施。改革开放后，我国基础设施实现了跨越式发展，多项基础设施指标位居世界前列，基础设施已从过去阻碍经济发展的"瓶颈"变为推动经济发展的加速器。尽管从总体上来看，我国基础设施改善很多，但区域间不平衡的问题也非常突出，主要表现为城乡差距巨大。与城市相比，乡村基础设施整体落后的矛盾依然突出：相当部分农村尤其是广大西部地区实行道路"村村通"任务还依然繁重；农村的路面大都质量较差，缺乏排水设施；电网设施亟待完善，许多地区农村的生产、生活用电缺乏保障；大部分农村地区的卫生、文体和休闲等生活服务设施不足，卫生设施与城市相比相差甚远，教育非均衡的现象依然明显，文化体育设施严重匮乏；有线电视和互联网普及率远低于城市。城市像欧洲、农村像非洲是对我国城乡基础设施巨大差距的形象描述。

城乡发展差距不断扩大是我国当前各类矛盾中最为突出的，其他许多矛盾如区域发展差距等，在某种程度上是城乡发展差距的反映。比如中西部落后于东部沿海地区主要表现为中西部的农村发展水平严重滞后于沿海农村，而中西部城市的发展水平与沿海地区相比差距并不大。造成我国产业发展失衡的原因有很多，但城乡二元结构无疑是其中最主要的因素，城乡二元结构的巨大反差直接反映为乡村农业和城市非农产业的失衡。因此，促进产业协调互动，逐步缩小城乡差距，既是贯彻落实科学发展观的迫切要求，也是支持国民经济持续健康发展的客观需要。目前，三次产业，尤其是农业与非农业在信息、资本、人才密度方面存在巨大的落差，一旦打开两者间的闸门，理顺产业间的关系，必然会形成巨大的"瀑布效应"，带动生产要素在产业间潮水般地涌动，在产业互动发展中释放出巨大的能量和活力。

二 城乡一体化进程中产业协调发展的内涵

长期以来，我国采取了非均衡的产业发展政策，工业一直是拉动我国经济增长的主要动力。经过改革开放30多年的快速发展，我国经济发展的宏观环境正在发生着巨大改变。一方面，世界经济仍处于阶段性筑底、蓄势上升的整固阶段，全球经济仍未摆脱深度调整压力，国际贸易冲突不断，贸易壁垒日益凸显。另一方面，我国经济进入一个新的历史时期，三期叠加带来较大的经济下行压力。这些问题的出现为经济可持续发展增加了难度，更加凸显了加快促进产业协调的紧迫性。如果此时选择正确的产业发展策略，实现产业间的合理互动，我国经济仍然有望继续保持快速发展的态势，为2020年全面建成小康社会打下坚实的基础；反之，则可能使经济增长出现波动甚至停滞。因此，根据我国当前产业的发展现状，抓住当前影响产业协调发展的主要矛盾和矛盾的主要方面，探索新形势下产业发展思路，对加快促进发展方式转变，实现经济又好又快发展具有重要意义。

（一）构建农业产业体系，促进农业现代化发展

农业既是经济发展的基础，也是当前我国产业发展中最薄弱和最需要加强的环节。构建现代农业产业体系就是开拓农业的多种功能，不断挖掘农业的广度和深度，促进农业结构不断优化升级的过程。现代农业产业体系包括农产品产业体系，多功能产业体系和现代农业支撑产业体系。构建现代农业产业体系作为发展现代农业的重要内容，是我国当前一项长期而又艰巨的历史任务。

构建农业产业体系就是以市场需求为导向，以经济效益为中心，以主导产业、产品为重点，优化组合各种生产要素，实行区域化布局、专业化生产、规模化建设、系列化加工、社会化服务、企业化管理，形成种养加、产供销、贸工农、农科教一体化经营体系，使农业走上自我发展、自我积累、自我约束、自我调节的良性发展轨道的现代化经营方式和产业组织形式。[①] 农业产业化既是促进农村发展，提

---

① 百度百科，http://baike.baidu.com/view/95101.htm#sub95101。

高农业效益,增加农民收入的根本途径;也是加快统筹城乡发展,保障农业战略基础性地位,实现农业现代化的前提。农业产业化滞后已经影响了我国现代农业产业体系的构建,主要表现为:一是缺乏有实力的龙头企业。我国现有涉农企业大多规模小、实力弱,带动力不强,与农户间的利益联结不紧密;二是优势主导产业基地规模小,基础条件差,积聚作用不明显;三是农民专业化合作组织和行业协会总体规模小,数量少,实力弱,服务功能不完善;四是农产品科技含量低,自动化、专业化水平不高,农产品产业链条短,深、精加工不足。针对这种情况,必须因地制宜地采取差异性措施,加快扶持和发展有较大带动作用的农业龙头企业,引导龙头企业向优势产区集中,形成一批相互配套、功能互补、联系紧密的龙头企业集群,通过龙头企业带动农业产业化发展。如在经济发展水平比较高的地区,积极探索农地使用权流转形式,通过转包、出租、借用、互换、转让、入股等多种形式加大农地使用权的流转力度,不断扩大农业生产经营规模。在具体实践中可结合地区实际采取以下措施:一是通过贴息补助、投资参股和税收优惠等政策,加大财政支持力度,促进农产品加工业发展;二是各地应结合本地区优势,发展具有地方特色主导农业产品体系;三是依靠科技进步,鼓励龙头企业加大科技投入,建立研发机构,加强与科研院所和大专院校合作,发挥龙头企业在现代农业产业技术体系中的主体作用,提高农业产业化经营的科技含量,充分利用现有科技力量和科技成果,提高农产品生产和加工企业的科技水平,提升农业产品的科技含量,提高其市场竞争力;四是健全社会化服务体系,如加大对农民生产技能和农业知识培训,培育和完善市场流通体系,支持大型农产品批发市场改造升级,促进高效畅通安全的现代流通体系建设,发展新型流通业态,通过品牌建设形成农产品种养加、产供销、农工贸一体化的现代产业体系。

(二)加快发展涉农产业,提高农业技术装备水平和生产效率

涉农产业是指从事农产品生产、加工、销售等活动或其自身发展与农业生产紧密相关的产业。按照与农业生产的关系,主要可以分为三类:第一类是农产品加工业,该产业的发展能够直接促进对农产品

的有效需求，主要涉及一些以初级农产品为原材料进行深度加工的产业，如食品加工业、棉纺业、服装业、烟草业、家具生产等行业。第二类是指其产成品或服务主要用于农业生产，有助于提高农业生产效率和农产品质量的产业。既包括农用物资和设备等生产性行业，如种子、化肥、农药、农用薄膜和农机设备等生产性企业，也包括一些专为农业产前、产中和产后提供服务的服务型产业。第三类是农产品流通业。与产业关系比较协调的发达国家相比，我国涉农产业整体发展滞后，对农业发展的促进和带动作用有限。以农业生产性服务业为例，我国目前的农业生产性服务业不仅规模小，而且专业化程度低，这些少量的服务业主要集中于生产中环节，而涉及农业产前和产后的科技服务、市场信息服务、农民培训服务和农业金融服务以及农产品质量安全和检验检疫服务等都明显不足。此外，我国现有的产业政策对涉农企业发展扶持不足，一些农产品深加工企业税赋明显偏高。《农产品征税范围注释》中免税的产品过少。如棉花加工成棉纱，黄豆加工成豆酱或酱油，原材料适用13%税率，加工环节适用17%的税率，加工环节与原材料进项抵扣有4个百分点的差异，造成"高征低扣"，企业的增值税高于其他行业，显然不利于农产品的深加工发展。鉴于此，我国应将大力发展涉农产业提高到与发展现代农业同样的战略高度，积极发展新型肥料、低毒高效农药、多功能农业机械及可降解农膜等新型农业投入品。优化肥料结构，加快发展适合不同土壤、不同作物特点的专用肥、缓释肥。加大对新农药创制工程支持力度，推进农药产品更新换代。加快农机行业技术创新和结构调整，重点发展大中型拖拉机、多功能通用型高效联合收割机及各种专用农机产品。同时，尽快制定有利于涉农产业发展的支持政策。对农膜、化肥、种子、种苗、农药、农机等农业生产资料实行增值税优惠政策，增加对良种、农机具生产和重大农业技术推广专项补贴，加快推进涉农产业做大做强。

（三）以行政调节和政策为引导，加大非涉农产业对现代农业的支持力度

产业协调不仅表现为不同产业在产品和原材料供给方面的直接联

系，也表现为生产要素在不同产业间的合理配置，尤其是资本的配置是推动产业协调发展的重要途径。与工业和服务业相比，较长的生产周期和较小的收入需求弹性使农业成为天然的弱质性产业，农业的这种自然特性使农业在与其他产业的竞争中处于劣势。因此，仅依靠农业自身积累不仅难以使农业保持与其他非农产业同样的发展速度，更不用说达到同样的发展水平。纵观世界产业发展历程，尤其是发达国家产业发展的经验表明，进入工业化中后期后，各国纷纷采取各种手段，通过强化产业间的内在联系加大非农产业对农业的支持和帮助。其中，最常见的方式是通过国家税收和转移支付等手段，将部分非农产业剩余转移给农业，用于支持农业现代化发展。在我国，这种方式显得更为必要，这主要源于以下两个原因：其一，我国非农产业，尤其是工业的快速发展很大程度上得益于对农业剩余的长期占有。统计数据显示：1953—1978 年，通过工农产品"剪刀差"，农业为工业提供了 6000 亿—8000 亿元的积累，相当于同期国有工业部门自产原值的 90%；1979—1994 年，国家又从农业提取了 15000 亿元收入，平均每年 937.5 亿元，是同期农业税收 1755 亿元的 8.5 倍。① 其二，我国现有产业布局重工业化特征明显。在国民经济中占有相当比重的产业如钢铁、冶金、汽车、建材、房地产业等并不与农业直接关联，很难直接支持农业的发展。因此，有必要通过国家宏观调控，借助税收调节等必要的行政手段，将这些产业的部分剩余转移到农业。如国家可通过立法规定占用农地的房地产开发项目应提取相当比例的资金用于支持农业发展，从而为加快发展现代农业提供必要的资金支持。

三 城乡一体化与产业协调发展的内在联系

城乡一体化就是将城市与乡村、工业与农业、市民与村民作为整体加以统筹谋划，实现城乡在规划建设、产业发展、政策措施、生态环境和社会事业的协调发展，以缩小城乡差距，共享发展成果为目标。协调的产业关系既是城乡一体化的主要内容，也是推动其实现的

---

① 陶良虎、向阳：《工业反哺农业的路径选择与政策建议》，《理论视野》2008 年第 3 期。

有效路径。

(一) 城乡一体化的推进为产业协调带来新机遇

改革开放以来,我国经济社会取得了举世瞩目的巨大成就,十几亿人的温饱问题得以解决,总体小康基本实现。但同时,发展中不平衡、不协调、不可持续问题日益突出,主要表现为城乡差距加大,三次产业发展失衡,结构不合理。农业现代化程度不高,发展水平整体滞后于工业和服务业。城乡一体化突破了将城乡割裂的传统思维方式,将城乡经济、社会、文化、环境等置于统一整体中,通过体制改革和政策调整,实现城乡在政策上平等、产业上互补、国民待遇上一致,城乡一体化首先要解决经济发展的一体化,构建良好的产业关系成为城乡一体化的应有之意。

城乡一体化强调全面发展、均衡发展和可持续发展,经济协调是城乡一体化的重要内容。就产业发展而言,城乡一体化是对我国传统产业政策的重大调整,即由过去片面强调工业逐步转为更加注重农业、工业与服务业协调发展。实现"经济增长由主要依靠第二产业带动向依靠第一、第二、第三产业协同带动转变"。为了迅速缩小传统农业与第二、第三产业间的巨大差距,从2003年起,中央一号文件连续13年聚焦"三农",旨在解决农业发展中出现的问题。2014年国家一号文件指出必须"坚持农业基础地位不动摇,加快推进农业现代化。"党的十八大报告强调,要"加快完善城乡发展一体化体制机制,着力在城乡规划、基础设施、公共服务等方面推进一体化,促进城乡要素平等交换和公共资源均衡配置,形成以工促农、以城带乡工农互惠、城乡一体的新型工农、城乡关系"。这些政策的出台对加快发展现代农业,不断缩小农业与第二、第三产业间差距,促进产业协调发展带来了新机遇。

城乡一体化将更广大的人民利益置于同一系统中,更加关注城乡居民的获得感,以实现最广大人民群众的根本利益为出发点,让广大人民群众共享发展成果。我国是传统的农业大国,有大量从事农业和居住在农村的人口,城乡差距巨大,只要农业现代化没有实现,大量从事农业生产的农民就不可能从根本上实现生活的改变。因此,"以人为本"首先要实现城乡居民共享现代化发展成果,不断缩小由于历史积淀和政策倾斜带来的城乡发展差距,将城乡居民生活和收入差距控制在合理范围内。尽管我国政府一直高度重视农业生产,并将农业列为国家战略性基础产业,但天然的弱质性特征却导致大量的生产要素不断从农业流出,在发展中落后于其他产业。城乡一体化要求我们将农业置于国民经济社会发展的完整框架中,通过统筹协调制订出更有利于加快实现农业现代化的宏观政策和具体措施,不断缩小三次产业发展差距。这不仅已经在国家大政方针中体现出来,也必将在城乡一体化的实践中得到更加彻底的贯彻和执行。

(二)产业协调是城乡一体化的重要内容

我国正处于并将长期处于社会主义初级阶段的现实,以及世界经济发展的经验和教训都说明,经济虽然不是发展的全部内涵,却是当下我国所有发展问题的核心和关键。鉴于这一判断,党的十八大报告指出:"以经济建设为中心是兴国之要,发展仍是解决我国所有问题的关键。只有推动经济持续健康发展,才能筑牢国家繁荣富强、人民幸福安康、社会和谐稳定的物质基础。必须坚持发展是硬道理的战略思想,决不能有丝毫动摇。"我国经济经过30多年的高速发展,已经成为世界第二大经济体后,经济发展的主要问题不是"量"而是质,尤其是产业发展失衡,结构不合理已经成为制约我国经济健康发展的最主要障碍,这不仅在微观上表现为某类产业或行业产能过剩,更在宏观上表现为三次产业发展失衡。2015年,我国三次产业贡献率分别为8.9∶40.9∶50.2,但三次产业就业人数比却是28.3∶29.3∶42.4,该数值一方面说明我国从事农业劳动力的人数过大,接近总就业人数的1/3;另一方面,也说明我国农业生产效率低,农业现代化水平不高,三次产业缺乏有效互动。城乡一体化将城乡经济视为一个整体,通过三次产业有效互动实现不同产业间的优势互补,避免因为产业的失衡导致城乡经济差距加大。因此,协调的产业关系既是城乡一体化的内在要求,也是在产业发展层面的具体体现。

(三)城乡一体化有助于促进产业间的协调发展

城乡一体化是一项重大而深刻的社会变革,不仅是思想观念的更新和政策措施的变化，也是发展思路的变化和产业关系的重构。随着2010年中国超过日本成为世界第二大经济实体，我国经济发展的中心问题开始出现转化，如何在经济总量不断增加的基础上实现经济结构优化，不断缩小不同产业间的发展水平差距，成为当前我国经济发展中最突出的问题。产业作为经济发展的载体，实现不同产业间的协调互动无疑成为实现城乡一体化的关键和核心。

从产业发展的起源来看，农业作为最先出现的基础性产业，为人们提供了生存必需的衣食住行和工业兴起所必需的原材料；工业的繁荣则为农业提供了更加先进的机器设备和技术，大大加快了农业现代化的进程；服务业作为促进工农业发展的催化剂，在三次产业发展中起到了"灰泥"和"润滑"的作用，显著提高了整个社会经济运行的效率。发达国家经济发展的经验和我国经济发展的实践告诉我们，协调的产业关系有助于促进生产要素在不同产业间的合理流动，实现资源的有效配置和高效使用，从而提升整个社会的生产效率和总体效益。随着科学技术日新月异，愈加精细的产业分工导致产业间的联系日益紧密，每一个产业都只有通过与其他产业建立起互动的关系才能实现自身的发展，可持续的经济发展越来越依赖于不同产业间的良性互动，仅仅依靠某一产业单兵独进的发展方式已经难以为继。一旦产业间的有机联系被割裂或产业失衡，不仅国民经济的健康发展受到影响，还可能引发一系列社会问题。

当前，我国产业发展的突出问题在于三次产业城乡空间分布失衡、发展水平脱节、发展后劲不足。具体表现为：农业根基不稳，人多地少、小生产大市场矛盾突出，缺少第二、第三产业的有力支撑；工业整体不强，科技含量不高，产品附加值低，对第一、第三产业拉动不足；服务业发展严重滞后，总体规模小，结构层次低，对第一、第二产业的促进作用有限。鉴于此，党的十七大提出："经济增长由主要依靠第二产业带动向依靠第一、第二、第三产业协同带动转变，由主要依靠增加物质资源消耗向主要依靠科技进步、劳动者素质提高、管理创新转变。"其目的就是要通过加强产业间的联系，实现产业协调发展。从某种意义上说，城乡一体化的过程就是在城乡不同产业间建立起一种高度融合、优势互补、分工明确、布局合理、共生共荣的新型产业关系。

四 产业协调发展的重要意义

经过改革开放 30 多年的发展，我国已整体进入工业化中期后半阶段。这一阶段最明显的特征是：就城乡关系而言，城市化进程加速，经济发展在更大程度上依赖于城市化的推进；就产业关系而言，农业发展趋于稳定，工业和服务业呈现快速发展的态势，推动经济增长的动力主要来自非农产业。[①] 当前，我国产业间缺乏有效联系，彼此脱离已经成为制约我国经济社会健康发展的主要"瓶颈"。不同产业间不仅交易条件不平等，而且还存在商品、服务短缺和不匹配等问题。这些因素在削弱农业基础地位的同时，也影响了工业及服务业的健康发展，成为我国实现经济发展方式转变的最大障碍。在目前我国倡导科学发展、和谐发展和可持续发展的大背景下，产业协调发展要求突破不同产业相互分离的弊端，这既是彻底解决"三农"问题，实现经济发展方式转变的根本方法，又是构建和谐社会、全面建成小康社会的必然要求，具有重大的现实意义。

（一）有利于加快转变经济发展方式，实现经济社会可持续发展

协调的经济关系是城乡一体化的重要内容，它不仅意味着经济规模和数量的扩大，而且包括产业结构的优化和升级、经济运行质量和效益的提高，以及经济社会发展的协调与和谐等各方面，其实质是全面追求和实现国民经济更好、更快地发展。经济本身由不同的产业构成，产业间的关系决定着经济发展的质量。新中国成立初期，由于特殊的历史背景，我国采取的是非均衡发展战略，选择了优先发展城市和工业的超越式发展方式，在迅速构建起我国工业体系的同时也造成城乡之间、产业之间发展失衡。改革开放后，我国坚持以"经济建设为中心"的发展思路，社会主义市场经济逐步替代了传统的计划经济，虽然以乡村支持城市、农业支持工业的政策发生改变，但在市场

---

① ［美］钱纳里：《工业化和经济增长的比较研究》，吴奇等译，上海三联书店 1993 年版。

追求利润最大化和地方政府单纯追求地区 GDP 增长的共同作用下，大量的生产要素资源依然不断地由第一产业向第二、第三产业转移。这种生产要素的单向流动使原来行政主导的城乡二元结构还远没有完全打破之前，又形成市场主导下新的二元结构，这种叠加效应进一步加剧了城乡差距，在产业关系上则表现为产业协调互动不足，农业落后，工业不强，服务业发展滞后的局面进一步加剧。

产业协调发展就是要突破单一产业的固有界限，将不同产业置于国民经济发展的大系统中，以系统的观点和协同论的方法来审视产业关系。通过土地、资本、劳动力、信息技术等生产要素在不同产业间的合理流动，实现经济效益的最大化。目前，我国经济正处于"三期叠加"的关键节点，推动我国经济稳步发展的内外环境、影响因素、增长动力与作用机制都在发生一系列重大变化。支撑经济发展多年的"人口红利"和"低成本竞争"优势正在逐步减弱；自然资源和生态环境已难以支撑以"三高一低"为特点的粗放式发展方式；区域和城乡差距不断拉大。同时，随着对外开放程度的日益加深，我国经济与外界的联系日益紧密，影响我国经济发展的因素不再局限于某一单一产业的增长，已扩展和涉及整个国民经济结构和产业体系的发展。为此，党的十七大提出加快转变经济发展方式，提高发展的全面性、协调性、稳定性和可持续性，把经济结构战略性调整作为加快转变经济发展方式的主攻方向。在拉动经济增长方式上，要从过度依赖投资和出口转变为由消费、投资、出口协同拉动；在产业结构上，要从过度依赖第二产业转变到第一、第二、第三产业协调发展，加快推进农业现代化，着力发展第三产业，提高第三产业占 GDP 的比重；在生产要素结构调整上，要改变经济增长过度依赖物质资源消耗的状况，主要通过技术进步、提高劳动者素质和管理创新来拉动经济增长，其实质上就是要通过产业间的协调互动实现发展方式的根本转变。

(二) 有利于消除二元经济结构，促进社会和谐发展

刘易斯的二元经济结构理论指出，发展中国家工业化过程中普遍存在以社会化生产为主要特点的城市经济和以小生产为主要特点的农村经济并存的经济结构。这既是发展中国家经济发展中的突出问题，

也是制约这些国家经济现代化、实现和谐发展的主要障碍。我国是世界上最大的发展中国家，也是城乡二元经济结构矛盾较为突出的国家，除了在产业组成、基础设施、公共服务等方面的巨大差距外，还表现在城乡居民收入水平上的巨大差距。国家社科院的研究显示，改革开放后我国城乡居民收入差距呈现不断加大的趋势，城乡收入差距由1985年的1.86∶1迅速扩大到2008年的3.3∶1，如果将城市居民的住房、教育、医疗等隐形收入加上，城乡居民收入实际差距已超过6∶1。从收入绝对数值来看，2010年农民平均收入为5919元，城镇居民为19109元，相差13190元。根据世界银行公布的数据显示，我国居民收入中的基尼系数已由改革开放前的0.16上升到目前的0.47，不仅超过世界所有发达国家的水平，也超过国际公认0.4的警戒线。巨大的收入差距将城市与乡村、农业与非农业对立起来，加剧了城市与农村、农民与市民之间的矛盾，影响了社会和谐的基础，与科学发展观倡导的"以人为本"的发展目标相背离。从某种意义上说，这种差距既是产业间缺乏互动的表现，更是产业发展失衡的必然结果。协调的产业关系能促进各类生产要素在不同产业合理流动，共享新思维、新技术、新产品带来的变化，有助于财富在不同产业、不同地区的合理分配，是实现社会公平正义、构建和谐社会的重要途径。

（三）有利于扩大内需，增强发展稳定性

2008年，由美国次贷危机引发的金融危机已经引发了大萧条以来全球规模最大、破坏力最强、危害最久的经济衰退。面对国际金融危机带来的巨大冲击，世界各国积极推进经济和产业结构调整。如美国政府明确提出重振实体经济，大力发展以高新技术为特征的新兴产业，加大本国产品对外出口。同时，金融危机还导致国际贸易保护主义重新抬头，贸易壁垒不断提升，全球范围的国际贸易总量持续下滑。2008年上半年，我国对美国出口从保持7年连续两位数增长的高位回落，首现个位数增长率。全国39个工业行业中有31个行业增速减弱，31个省、区、市中有23个省、区、市工业增速放缓，我国出口导向型增长方式受到严峻挑战。2009年1月，我国出口额仅为904.5亿美元，较2008年同期的1096.4亿美元减少了191.9亿美元。

面对国际贸易环境的日益恶化,过去依赖出口拉动经济增长的方式难以为继,通过扩大内需促进经济稳步增长的发展方式显得不仅重要,而且日益迫切。

作为全球人口最多、发展速度最快的发展中国家,在经济全球化的背景下,我国经济发展当然离不开与国际市场的对接。但同时,作为全球最大的发展中国家,过度依赖外部市场不仅增加了我国经济发展的风险,而且事实证明也无法持续。巨大的生产和消费能力使我国实际上成为影响国际商品价格的重要因素,一个最直接的表现就是,我国在国际市场上采购什么物质,这种物质就飞涨;我国在国际市场上提供什么产品,这种产品就降价。这要求我们对国际市场的依赖必须控制在合理的范围内。在我国对外依存度不断扩大的现实中,不断加强产业间的内在联系,通过产业协调互动促进内需增长成为确保我国经济可持续发展的必然逻辑。以农业为例,由于目前产业联系松散,我国大多农产品未经过深加工,或仅经过简单加工就由生产环节进入消费环节,这不仅造成我国农产品附加值低,影响了农民的收入,而且缺乏深加工的初级农产品减少了对工业设备的采购和使用需求,影响了工业尤其是涉农工业的发展。通过延伸农业生产链实现农业与工业的有效对接,不仅能丰富已有的农产品种类,实现农民增收,同时也能显著增加对工业设备和技术的使用数量。此外,产业协调还能催生新的业态,激发人们新的消费需求。如农业与旅游业的互动,形成了兼有农业与旅游服务业特点的观光休闲农业旅游。许多地方以体验农事为特色的"农家乐"休闲度假方式已成为连接城乡生活方式和推动农村经济发展的重要途径。其次,产业协调发展促生新的行业能创造出更多就业机会,进而拉动消费需求。经济发展规律表明,单一产业发展对劳动力就业和实现增收作用极为有限,产业协调则能发挥不同产业间的互补作用,通过产业关联放大拉动经济增长的效果,有利于扩大就业,增加内需,有效应对全球金融危机对我国经济发展带来的冲击,降低因国际市场变化对我国经济影响的幅度。

(四)产业协调有利于优化产业结构

产业结构优化是推动特定区域产业结构合理化和产业结构高度化

的过程，是实现产业结构与资源供给、技术结构、需求结构相适应的状态，是产业协调发展的核心内容。现代产业之间既有明确的社会分工，又有密切的技术经济联系，正是这种分工和联系才使社会再生产得以顺利进行，也是这种联系促进了产业的持续发展。马克思的两大部类分析，西方学者的三次产业演进，我国国民经济中的农业、工业和服务业发展实践，都从不同角度表明协调的产业关系是推动经济发展的前提和条件。如农业为工业、服务业的发展提供必要的劳动力和原材料，工业发展能为农业提供更好的设施装备，加快农业现代化进程。而服务业作为不同产业关系的黏合剂和经济发展的润滑剂，在降低生产成本，提高经济运行效率方面起着重要作用。协调发展以产业间的内在联系为基础，通过促进生产要素在不同产业间的合理流动和有效配置，能够有效改善供需关系，增强产业关联度和互补效应，减少引起经济波动的结构性因素。虽然我国已经形成了较为完善的产业体系，然而与发达国家相比，我国的产业结构还有许多有待完善的空间，产业发展失衡的矛盾还没有得到根本性解决。根据我国经济发展的现实情况，结合产业发展的内在规律，当前我国优化产业结构的方向是夯实农业基础地位，加快发展现代农业；调整提升工业，着力加强能源，交通等基础设施和基础工业；积极发展现代服务业，提高服务业在国民经济中的比重。

第三章 产业协调发展的影响因素及其实现途径

我国作为世界上最大的发展中国家，最突出的国情是城乡二元结构矛盾突出，城乡发展差距巨大。这一现状使我国促进产业协调发展的路径具有一定的特殊性。一方面，要遵循产业发展的普遍规律，学习借鉴发达国家的先进经验；另一方面，也要充分考虑国情的特殊性，因地制宜地采取差别化策略。在当今城乡二元经济反差强烈，工业反哺农业趋向也已到来的条件下，实施城乡统筹，协调产业发展可以从两个层面展开：一是在宏观层面，即在工业化、城镇化进程中，同步推进农业现代化，在三产互动中加快现代农业发展，消除现代工业部门与传统农业部门的技术断层与效率反差；二是在农村层面，即在传统农业向现代农业转变的同时，加快发展农村第二、第三产业，特别是农产品加工业、涉农工业和直接为农业生产、农民生活服务的第三产业，繁荣农村经济。

第一节 产业协调发展的判定和影响因素

现代产业之间既有明确的社会分工，又有密切的技术经济联系，正是这种分工和联系才使社会再生产得以顺利进行。世界产业发展的普遍规律表明，随着人类社会的不断发展，农业在国民总经济中的比例呈现不断下降的趋势，但是否农业占国民经济中的比重越低就越好，如果农业比例在产业结构中低到可以忽略不计，可能对世界大部分国家来说，不仅是难以接受的，更可能是灾难性的。一些国家和地区不顾自身资源禀赋和技术条件，盲目以发达国家的产业发展格局为标准进行套用，不仅没有实现产业协调发展的目标，反而恶化了现有的产业关系。因此，产业关系是否协调，既不能以他国的经验和数据来评判，更不能用静态的数据来度量，只有抓住产业协调发展的基本特征，同时与所在地区的实际相结合，才可能形成适合于特定地区的产业协调判定标准。

一 产业发展不协调的基本特征与主要表现

（一）产业不协调的基本特征

1. 产业比例不合理

无论是马克思在社会扩大再生产中对两大部类的分析，还是西方经济学者对投入产出的分析，抑或是在七届全国人大四次会议上政府工作报告中将"协调发展"阐述为"按比例发展"。虽然表述方式不同，但都共同指出，协调的产业关系首先表现为在量上呈现出合理的比例。虽然由于不同地区自然资源禀赋和所处发展阶段的差异，这个比例不可能也不应该是一个固定值，但可以确定的是一定存在这样一个产业比例变动空间。按照世界产业发展经验，三次产业的比例关系有一个经验值，其中，第三产业所占比例的大小与产业结构的高度化紧密相关。但这只是一个规律性结论。如果各地不顾自身实际，一味追求产业结构高度化，追求高比例的服务业，不仅会使服务业发展由于缺乏物质基础而难以持续，而且最终也会影响整个产业体系的健康发展。按照产业发展的一般规律，农业在国民经济中所占比重应逐渐下降，而工业则是先上升后稳定并逐渐有所回落，服务业所占比重则显著上升，但一般性并不代表对所有地区都适用，一些面积较小的国家，比如新加坡，其特殊的地理位置导致其农业在国民经济中的比例很小，几乎到了微不足道的地步。因此，合理的产业比例应根据不同区域资源禀赋和经济发展所处阶段而有所差异。但不管怎样，农业、工业和服务业比例失衡一定是产业不协调的最基本特征。

2. 供求结构扭曲

产业不协调的第二个表现是不同产业间的产成品与需求物不相适应，这意味着某一产业的产出没有得到合理利用，经济资源被浪费了。人类社会不断发展的结果是出现更加精细的分工，涌现出联系更加紧密的产业，这些产业共同组成完整的国民经济体系，他们之间存在相互依托、互为条件的内在联系，每一个产业都要依靠其他产业为其提供供给或市场。因此，只有当某一产业的需求与其他产业对其的供给相匹配，同时本产业的产出也能够被其他产业利用，才能实现整个社会的供需平衡。一般而言，产业间的扭曲主要有三种表现形式：一是供给在数量上不能满足需求的变化；二是供给在时间上无法满足需求的变化，供给在时间点上过度滞后或超前于需求；三是供给对需求的变化反应过度，极少的需求导致大量的供给或相反。这三种情况都会导致供需失衡。当然，无论产业关系如何协调，供给与需求在时间和量上的绝对相等只是一个理想状态，大部分时候是两者间存在着差异，但这种差异是在一个不影响彼此发展的范围内，一旦超出这个范围，供求结构出现扭曲，产业发展就必然出现不协调。

3. 总体效益较低

从某种程度上说，产业体系可以看作是资源转化器，协调的产业关系有助于发挥产业间的关联效应，高效利用经济资源，实现经济社会效益的最大化。与之相反，产业失衡不仅造成产业聚合力度和聚合质量降低，而且还导致资源转换能力下降，产业间不是互补和互促，而是互相抵消。一方面，消耗了大量的经济资源；另一方面，经济效益却始终维持在较低水平。

4. 产业联动能力不足

产业协调发展是一个互促的过程，即某一产业的发展会带动或促进其他产业提升，从而形成区域产业体系整体优化的格局。从理论上说，产业协调能够形成较好的互动机制，促进产业之间以及产业内部各要素之间有序发展。但如果产业发展失衡，必然造成产业的联动能力不足，一个突出的表现就是产业分割，共生效益较低，虽然某些产业可能在一段时期发展较好、较快，但这种产业发展缺乏相应配套产业的支撑，属于单兵突进式的发展，始终难以摆脱产业低水平发展的陷阱，既无法有效带动和提升区域产业体系的发展，也使区域产业发展的总体经济效益较低。

(二) 我国产业发展不协调的主要表现[①]

1. 三次产业产出比例失衡，产业内部结构不合理（见图3-1）

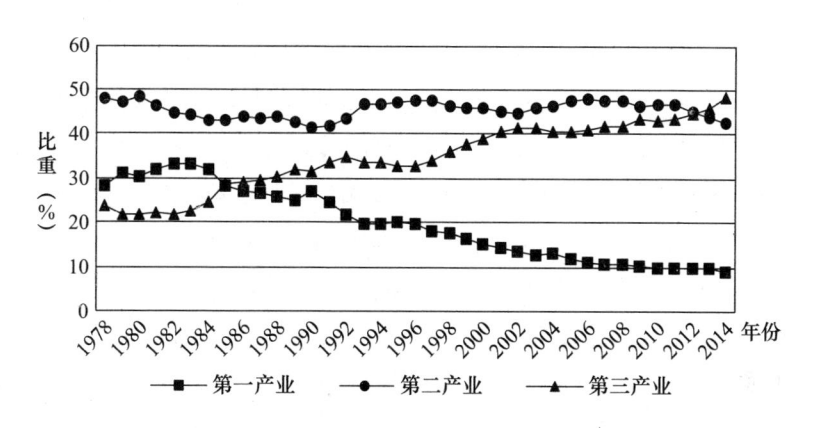

图3-1 1978—2014年三次产业在GDP占比

2009年，我国人均GDP超过3500美元，三次产业对GDP的贡献之比为10.6∶46.8∶42.6，虽然经济总量已经超过日本，跃居为世界第二大经济体，但与其他国家相比，三次产业结构尚存在较大的差距。如2003年，日本三次产业对GDP的贡献比为1.3∶30.4∶68.3；韩国为3.2∶34.6∶62.2；同为"金砖四国"的巴西，三次产业占GDP的比重为5.8∶19.1∶75.1。通过比较可以发现，我国三次产业总体结构不平衡矛盾突出，主要表现为第二产业占GDP比重过高，第三产业占GDP比重过低。以第三产业为例，我国第三产业在GDP中的占比不仅远低于世界发达国家，甚至也低于世界第三产业发展的平均水平。据2000年世界银行抽样调查统计，34个低收入国家的第三产业增加值占国内生产总值的平均水平为43.5%，48个中等收入国家为61%，22个高收入国家为71%，美国等少数发达国家和地区甚至达到了80%以上，而同年我国第三产业比重还不到40%。不仅如此，我国三次产业内部结构也极不合理。以农业为例，1978年，种植业占

[①] 易醇、张爱民：《"十二五"期间我国三次产业结构调整的对策研究》，《经济纵横》2011年第4期。

农业比重为80%，远远超过渔业、牧业和林业；2013年，我国种植业、林业、牧业和渔业增加值的比例为64.7:4.8:28.1:2.4，种植业依然占据了整个农业的一大半。此外，我国农业中初级产品与加工品比例也不协调。目前，发达国家的农产品加工业产值与农业产值之比大都在2:1以上，而我国只有0.43:1，与国外发达国家相比差距较大。服务业也同样存在内部结构不合理的问题。2007年，我国生产性服务业占全部服务业的比重只有45%，而且主要集中在商贸、餐饮、交通运输和居民生活等传统性服务业领域，而以现代物流、技术研发、金融保险、软件和信息服务业为代表的现代服务业发展明显不足。

2. 三次产业从业人员比例失衡（见图3-2）

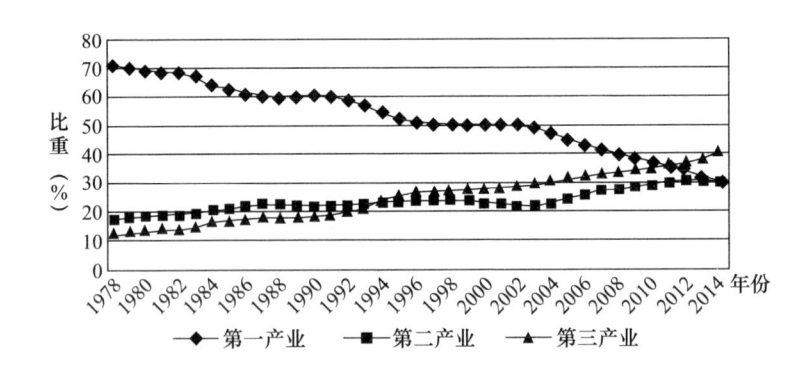

图3-2 1978—2014年三次产业就业人数变化

资料来源：国家历年统计年鉴。

我国三次产业从业人员比例长期失衡。首先，农业吸纳就业人员的比例过高。2013年，农业值仅占10.01%的第一产业吸纳了31.4%的就业人员，总数达到24170.8万人，而一些发达国家如美国第一产业从业人员占总就业人数比例一直保持在3%左右，差距非常明显。其次，从图3-2可以看出，随着资本有机构成的不断提高，我国第二产业吸纳劳动力就业的能力逐渐下降，工业从业人员相对数量不断下降，甚至出现就业流出的趋势。最后，我国服务业吸纳从业人员迅速增加，但就业人数所占比例依然偏低。西方发达国家服务业就业比重普遍达到70%左右，少数发达国家甚至达到80%以上。如1999年，大部分发展中国家服务业劳动力占全部就业劳动力的比重平均达到40%以上，而同年我国服务业从业人员仅占总从业人数的26.9%。第三产业不仅吸纳劳动力就业能力长期滞后，而且大都集中在商贸、餐饮、运输等传统服务业，现代物流、金融保险、产品设计等生产性服务业发展明显不足。

3. 三次产业间平均劳动生产率差距日益扩大（见图3-3）

库兹涅茨定律表明，随着人均收入水平的提高，第一产业的比较劳动生产率会先趋于稳定，进入较高收入水平后则明显上升，当第一产业的比较劳动生产率接近第二、第三产业的比较劳动生产率时，产业结构的总体效益水平较高。改革开放30多年来，尽管我国三次产业劳动生产率整体提升很快，全社会平均劳动生产率由1978年的917元/人增加到2014年的82386元/人，但三次产业间的增长速度却差异较大，尤其是第一产业劳动生产率增长较慢，尚不及全社会平均劳动生产率的一半，与第二、第三产业相比差距日益加大，而且这种趋势不仅没有改变的迹象，反而呈现持续扩大的趋势。与此同时，第二、三产业的劳动生产率差距也呈现逐渐扩大的趋势。

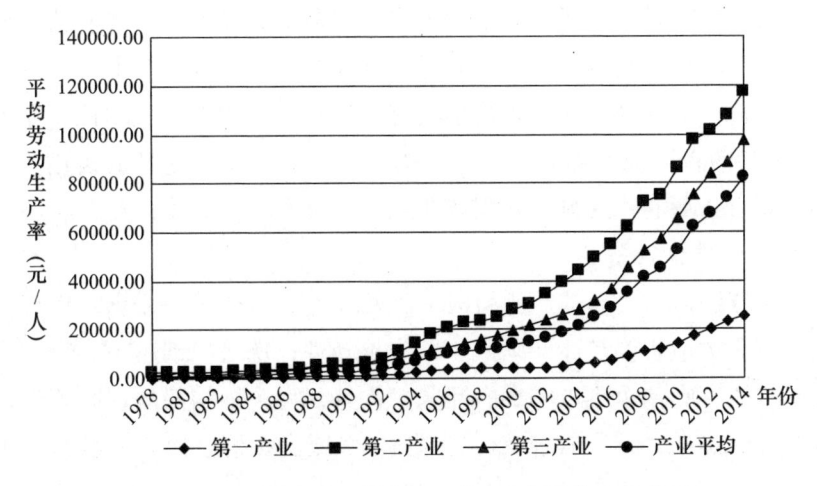

图3-3　1978—2014年我国三次产业平均劳动生产率

资料来源：根据国家历年统计年鉴数据整理后绘制。

二 产业协调发展的判定标准

（一）关于产业协调发展的有关研究

目前，产业协调发展研究主要集中在对产业结构合理性的判定上。现有文献主要从两方面进行考察：一是从"质"的角度动态地揭示产业间技术经济联系与联系方式不断发展变化的趋势，揭示国民经济各产业部门中，起主导或支配地位的产业部门不断替代的规律及其相应的"结构"效益；二是从"量"的角度静态地研究和分析一定时期内产业间联系与联系方式的技术经济数量比例关系，即产业间"投入"与"产出"的量的比例关系。[①] 目前，关于产业是否协调，主要有以下三种判定方式：

1. "标准结构"基准

国际上广泛采用的"标准结构"是美国经济学家库兹涅茨在对世界上20多个国家经济发展统计数据进行研究的基础上，归纳出不同国家产业发展过程中具有规律性的比例关系（如表3-1所示）。由于这些数据较为客观地反映了产业结构演进过程中的普遍规律，因此被许多国家作为判定其产业结构系统是否合理的参照系。但是这种判定的不足也显而易见。一方面，因为各个国家自然资源、技术水平和经济发展所处阶段存在巨大差异，鲜有两个国家的发展状况相同；另一方面，库兹涅茨的分析是基于半个多世纪前的数据得出的经验值，随着信息化和经济全球化时代的到来，已经极大地改变了产业发展的条件，当时的数据还在多大程度上具有指导意义值得商榷。因此，这种"标准参照系"只能给我们产业结构是否协调一个轮廓性的描述，而不能完全依照它作为判定我国产业发展是否协调的标准。

2. 供求结构基准

该方法认为合理的产业结构主要表现为产出结构与需求结构相适应，两者适应程度越高，则产业结构越合理；反之，则越不合理。但这一方法存在两个难以解决的问题：首先，需求结构的变动必须是正常的、合理的，如果需求结构受到扭曲，或者在信息传递过程中出现

[①] 苏东水：《产业经济学》（第2版），高等教育出版社2005年版，第169页。

表 3-1　　　　　　　　农业、工业、服务业标准结构①

各部门所占 GDP 比重		人均 GDP 的基准点价值（1958 年　美元）					平均数
		70	150	300	500	1000	
农业部门	大国结构	45.8	36.1	26.5	19.4	10.9	27.8
	小国结构	50.7	37	26.7	20.4	14.2	29.8
工业部门	大国结构	21	28.4	36.9	42.4	48.4	35.4
	小国结构	21.1	26.5	31.4	38.1	48.7	33.2
服务业部门	大国结构	33.2	35.5	36.6	38.1	40.7	36.8
	小国结构	28.2	36.5	41.9	41.5	37.1	37

信息失真或滞后，没有能够准确、及时地反映经济变动的真实情况，则依次对产业结构进行调整将进一步加剧产业失衡。其次，现实经济是动态经济，总是处于不断变化和调整的过程中，产出结构与需求结构完全相同只是一个理想状态，两者完全适应是偶然的和短暂的，出现一定的偏差则是常态。不仅如此，在经济发展的现实中，由于需求结构在统计上的困难，目前世界上还没有任何一个国家或地区编制出需求结构表。因此，这种方法更多地停留在理论研究上，在实际中只能作为产业结构是否协调的定性判定依据。

3. 效果判定基准

该方法以不同产业功能的差异性为出发点，认为判断产业结构合理化的标准是能够充分发挥各产业功能，充分有效地利用本国或地区的人力、财力与物力资源，分享国际分工带来的好处，实现产业整体经济效益最大化。该观点认为，产业结构合理化是一个动态而相对的渐进过程，极限状态是产业结构的最优状态。从某种意义上说，这种判定基准具有较强的合理性和解释力，然而目前的研究既缺乏明晰的判定标准，也没有形成统一的观点，因而实际应用比较困难。②

---

① [美]西蒙·库兹涅茨：《各国的经济增长》（第 2 版），商务印书馆 1999 年版，第 137 页。

② 韩德超：《产业协调发展与工业结构升级研究》，博士学位论文，华中科技大学，2009 年。

上述几种判定方式反映了目前学术界对产业协调发展的不同理解，都有其各自的合理性和局限性。实际上，产业协调发展既是一种必然趋势又是指导方针，既是产业发展方向又是运作方法，既有一般的判识标准又不能简单照搬照抄。由于经济基础、技术水平、自然禀赋等差异性的广泛存在，不同地区产业协调应有不同的表现形式和比例关系。因此，很难甚至无法用一组统一的数据来衡量，他国的经验数据更多是作为一种参考。世界产业发展的普遍规律也表明，农业在国民总经济中的比例呈现不断下降的趋势，但是否农业占国民经济中的比重越低就越好，如果农业比例在产业结构中低到可以忽略不计，可能对世界大部分国家来说，不仅是难以接受，更可能是灾难性的。许多国家和地区不顾自身资源禀赋和技术条件，盲目以发达国家的产业发展为标准进行套用，不仅没有实现产业协调发展的目标，反而恶化了现有的产业关系，这样的教训不可谓不深刻。因此，产业关系是否协调，关键在于产业间能否相互促进，并在约束条件相同的情况下产生一种大于各产业能力之和的整体效应。

（二）产业协调发展的一个理论判定模型[①]

根据经济学理论，产业结构调整应当拥有与之相适应的就业结构。在经济发展过程中，稀缺资源与经济要素首先由农业向工业转移，然后再转向服务业，最终合意的结果表现为产业结构与就业结构都达到均衡。本模型假定某产业由很多同质的企业构成，产业内所有的企业都以追求利润最大化为目标。为了便于分析，这里假定产业成本只涉及劳动力，而不考虑其他影响因素，这里，工资率为 W，劳动力数量为 L，产业的收益是吸收劳动力 L 的函数为 $R(L)$。因此，产业的利润为：

$$\pi = R(L) - W \cdot L$$

对 L 求一阶导数并使其等于 0，则得到利润最大化的条件：

$$R'(L) = W$$

[①] 刘涛、张爱民：《西北民族地区产业结构调整的实证研究》，《西南民族大学学报》（人文社会科学版）2011年第3期。

假定有三个产业 H、I 和 J 时，劳动力在三个产业中流动，劳动力能够自由流动，劳动力流动的方向为由工资低的产业向工资高的产业流动，可知当三个产业的工资率相等时停止相互流动，达到均衡。均衡时：

$$W_H = W_I = W_J = W$$

此时三个产业的边际收益相等为：

$$R_H{}'(L_H) = R_I{}'(L_I) = R_J{}'(L_J) = W$$

假定资本的流动方向遵循由单位收益低的产业向单位收益高的产业流动，可知此时产业的边际收益相等，也达到均衡。在均衡状态，三个产业的就业量分别为：L_H、L_I 和 L_J，总就业量：

$$L = L_H + L_I + L_J$$

此时三个产业的产出分别为 $Q_H = L_H R_H{}'(L_H)$，$Q_I = L_I R_I{}'(L_I)$ 和 $Q_J = L_J R_J{}'(L_J)$，则总产出：

$$Q = Q_H + Q_I + Q_J = L_H R_H{}'(L_H) + L_I R_I{}'(L_I) + L_J R_J{}'(L_J) = L \cdot W$$

因此在均衡时：

$$\frac{Q_H}{Q} = \frac{L_H R_H{}'(L_H)}{L \cdot W} = \frac{L_H}{L}$$

$$\frac{Q_I}{Q} = \frac{L_I R_I{}'(L_I)}{L \cdot W} = \frac{L_I}{L}$$

$$\frac{Q_J}{Q} = \frac{L_J R_J{}'(L_J)}{L \cdot W} = \frac{L_J}{L}$$

以上三个等式是在忽略其他因素对产业发展成本的影响，仅考虑劳动力成本时三次产业均衡发展的条件。此时产值比和就业比相等，说明在处于均衡状态时，不同产业间的边际产出和劳动力的工资水平都相等，当三个条件同时满足时，就是一个帕累托最优的结果。这种分析具有理论上意义，然而由于前设假定过于苛刻，实际上影响产业成本的因素不仅取决于劳动力的雇佣数量，还与许多其他因素密切相关，如劳动力的素质，劳动力在不同行业的转移成本等。有时这些未考虑的因素还可能在其中是最为关键的因素，因而本模型主要用于理论上的分析论证，也不具备实际操作的可能性。

(三) 产业协调发展的基本标志

1. 产业间的比例结构与所处经济发展阶段相适应，产业偏离度小

产业协调表现为产业结构的合理化。即产业结构与资源供给结构、技术结构、需求结构相适应，产业间保持符合产业发展规律和内在联系的比例。在经济发展的不同阶段，各产业在国民经济中的地位作用以及各自的增长速度是不同的，产业间的技术与经济联系使各产业间形成了符合相应发展阶段特征的比例关系。如在人类社会初期，农业是经济发展中的主导和支柱产业，而工业尚处于孕育和萌芽阶段，这一时期，农业在国民经济中占据绝对主导地位，是推动区域经济增长的主要力量，不论是产值还是就业人数都远远超过工商业，在经济发展中占有绝对优势地位。随着工业化进程的到来和不断深入，工业先是在发展速度上超过农业，进而在对经济拉动的作用和贡献上全面超越农业，这一趋势会随着服务业的兴起呈现出新的结构特征。如果在某一特定时期，不同产业间主次不明、轻重无序，甚至出现产业结构逆转，则说明产业关系失调。

2. 新发明、新技术能在产业间有效推广

产业协调还表现为结构的高级化。三次产业间的内在联系使产业间能够通过技术的共同进步提升产业的整体素质和效率，促使新发明、新技术、新方法在不同产业间有效推广和扩散，不同产业间技术发展水平相近，彼此间不存在技术水平断层和劳动生产率的强烈反差。一旦产业间出现明显技术断层或劳动生产率呈现出强烈反差，产业之间就会产生较大的摩擦，从而影响产业间的正常关系。通常情况下，产业间的协调程度可以通过比较劳动生产率来进行衡量，如果各产业的比较劳动生产率数值差距不大，层次性较强，则说明各产业间关系的比较协调。反之，如果各产业的比较劳动生产率数值相差太大，排列无序，则说明产业发展欠协调。从发达国家产业发展经验来看，由于农业是三次产业中最弱势的产业，因此，农业现代化水平的高低往往是衡量三次产业关系是否协调的重要指标。

3. 产业间能够相互服务、相互促进

协调的产业关系有两个基本特征：一是彼此间可以相互服务。即

各产业在投入产出内在联系的基础上能互补互动，互为支撑。如现代化的农业能为工业提供素质更高、数量更多的劳动力资源和更加丰富优质的原材料，工业新技术的出现则能为农业提供效率和自动化程度更高的现代化装备，为服务业的兴起和发展提供雄厚的物质基础。二是彼此间可以相互促进。某一产业的发展不仅不以其他产业的停滞或削弱为代价，反而在自身发展的同时能够促进其他产业更好发展，起到相得益彰、共进共荣的效果。如果各产业之间能够做到相互服务和彼此促进，那么产业关系就越和谐；反之，则体现为产业关系扭曲，产业发展失衡。

4. 能够有效利用资源，实现经济效益最大化

产业协调发展的本质在于能够产生整体大于部分之和的经济效益。产业协调发展产生的经济效益可以通过一个简单模型来说明，这里分别用 $F(A)$、$F(I)$、$F(S)$ 表示农业、工业和服务业单独作用产生的经济效益，用 $F(A+I+S)$ 表示上述产业处于协调发展状态所产生的经济效益，则有 $F(A+I+S) > F(A) + F(I) + F(S)$，即协调的产业关系有助于提高资源的总体利用效率，实现不同产业间合作共赢，最终体现为整体经济效益的最大化。总之，协调的产业关系能有效利用本国现有的人力、物力、财力以及国际分工的好处，用有限的资源最大限度地满足经济社会的需求，推动国民经济持续健康增长，有利于实现人口、资源、环境的可持续健康发展。

三　产业协调发展的影响因素分析

农业、工业和服务业共同构成了完整的国民经济体系，三者能否协调发展受多种因素的影响和制约。其中，政府宏观调控的科学性、市场机制的有效性、科学技术发展水平和基础设施的完善程度是其中最重要的四个影响因素。

（一）政府的宏观调控方式

宏观调控是政府为了促进市场发育，规范市场运行、提高经济运行效率，运用政策、法规、计划等手段对经济运行状态和经济关系进行调节和干预以保证国民经济持续、健康、协调发展。宏观调控的主要目的是促进经济增长，增加就业，稳定物价和保持国际收支平衡。

自宏观调控的观念被提出后，不论发达国家还是发展中国家，都将宏观调控作为管理经济的重要手段，在弥补市场不足方面发挥了巨大的作用。产业是介于宏观经济单位（国民经济）与微观经济细胞（企业和家庭消费者）之间的若干集合，作为在经济发展中承上启下的中间部分，产业发展不可避免地受到国家宏观经济政策的影响。世界经济发展实践表明，现实中既不存在完全的市场经济，也没有完全的计划经济，而是兼有计划和市场双重属性的混合经济，只是不同国家的政府对经济干预程度存在差别。政府作为经济发展的管理者和协调者，一方面负有推动国民经济持续发展的职责；另一方面，政府所具有的财政资源和国家强制力也使其能够有效引导甚至干预产业的发展，尤其是在高风险、不确定性强、投入周期长，市场力量不愿进入或作用有限的领域。尽管政府在推动经济和产业发展中扮演着重要角色，发挥着巨大作用，但这并不意味着政府可以随心所欲地干预产业发展，政府的行为必须以遵循产业发展内在规律为前提，以引导性间接调控为主。尤其是对我国这种曾经对经济发展实施过巨大影响的政府而言，厘清政府与市场的界限，学会适度克制更为重要。宏观调控既不能过分重新回到计划经济时代，以计划和安排来替代市场；也不能放任自流，任由市场来决定产业发展的格局。而是要充分发挥经济组织者和推动者的作用，通过制度体系建设和管理创新，构建起有利于产业发展的利益协调机制，实现资源和生产要素在产业间的合理、有序流动。政府的作用主要体现在以下几个方面：一是弥补市场失灵缺陷，制定并出台有利于促进产业协调发展的政策，加快实现产业结构的合理化和高级化；二是建立规范、有序、高效的市场环境，为产业的有序竞争和健康发展保驾护航。不断完善商品、资本、技术、劳动力和信息等市场体系，促进生产要素和商品在产业间自由流动、合理竞争；三是根据国家战略发展需要和产业发展趋势，结合本地区在国际产业发展体系中的分工，把握产业发展趋势和重点，制定出既有利于扶持弱质产业，又能抢占产业发展制高点的政策方针；四是提供公共产品，为产业协同互动创造条件。

(二) 市场机制的决定性作用

产业协调互动形式多样，既可以是不同产业间生产要素和产品的转移，如农业富余劳动力有序转移到工业和服务业；也可以是产业空间上的协调，如将农产品深加工业延伸到农产品生产地，通过缩短原材料生产地与加工企业间的距离，促进产业协调发展；还可以是不同产业相互融合形成新的业态，如农业与旅游业相结合形成的观光休闲农业。此外，将某一产业创造的利润、技术、生产理念等要素资源转移到其他产业，也是促进产业协调发展的重要方式。不论任何一种互动形式，都必须有效充分高效地利用现有资源。经济学理论认为，市场机制是迄今为止资源配置效率最高的方式，它通过价格机制、供求机制和竞争机制，引导资源合理配置，达到调节经济运行，协调产业发展的目的。首先，价格机制以市场形成的价格信息来反映供求关系，并通过价格信息来调节生产和流通实现资源优化配置；其次，供求机制通过供给与需求在不平衡状态时形成的各种商品的市场价格，并通过价格、市场供给量和需求量等市场信号来调节社会生产和需求，以实现供求之间的基本平衡；最后，通过不同微观主体间的竞争，按照趋利避害、优胜劣汰的法则来调节市场运行。人类社会经济发展历程一再表明，市场机制所具有的价格形成功能、资源优化配置功能、供求关系的平衡功能以及信息有效传递功能使其成为促进产业协调和经济成长过程中最重要的因素。

(三) 科学技术发展水平和推广程度

科学技术是科学发展及成果在实践中的应用，不仅是先进生产力的集中体现，也是推动经济社会发展的根本动力。科学技术通过渗透到劳动者、劳动资料、劳动工具和劳动对象中并引起这些要素变化而转化为直接的生产力。在工业化时代前，劳动力、资本和自然资源的投入是促进生产力发展和经济增长的主要因素，随着知识经济时代的到来，科学技术、智力资源日益成为现代社会生产力发展和经济增长的决定性要素。为了强调科学技术在社会生产中的重要性，一些专家学者将科学技术同生产力各要素的关系，用下列公式表示：

生产力 = 科学技术 × (劳动力 + 劳动工具 + 劳动对象 + 生产管理)

上式说明，科学技术对社会生产力的影响具有乘数效应，它的发展水平决定了产业协调发展的方式和深度。从作用机理上来看，科学技术主要通过以下方式推动产业协调。首先，科学技术的发展和应用本身就极大地提高了产业生产效率，丰富了产品的数量，提升了产品质量，为产业互动提供了更加充足的物质供给。如科学技术在农业的推广应用极大地提高了农业生产效率，从而能以相同的资源生产出数量更多、质量更好的农产品，为以农产品为原材料的工业生产提供了有力支撑。其次，科学技术的普及和应用能有效提升劳动者素质。如农业机械化的广泛使用提高了农民的技术和技能，为传统农民转化为产业工人提供了可能。最后，科学技术尤其是信息技术的飞速发展，不仅加快了现代新兴技术在不同产业间的传播和应用，而且深刻改变了过去传统的生产方式，有力促进了产业间的融合。如气象技术，最初主要服务于人们的日常生活，现在已被广泛应用于农业生产，对提高农业产量、安排农事活动和增加农民收入提供了极大的帮助。此外，科学技术的广泛使用能拓展人们视野，对改变人们依靠单一产业孤立发展的观念具有积极的推动作用。

（四）基础设施的完善程度

基础设施是指为促进社会生产和方便人们生活的公共服务设施，是保证国家或地区社会经济活动正常进行的公共服务系统，是社会赖以生存和发展的基础性物质条件，包括铁路、公路、通信、能源、供水等。基础设施对产业协调发展的支撑主要表现在两个方面：一是基础设施对产业协调发展的直接作用。产业协调涉及大量资金、信息、技术、劳动力等生产要素和产品在不同空间的流动，如工业原材料和产成品在产出地和生产地间的转移，劳动力、资本、信息等在乡村与城市间以及不同产业间的流动……这些要素的有效转移都需要以完善的基础设施来支撑。良好的基础设施能改善要素流动条件，增加产业间互动半径和空间，提高生产要素在不同地区和产业间转移的效率，深化了产业间的联系，有利于产业的协调发展。如铁路、高速公路、航空等现代交通运输方式的发展，不仅提高了不同地区间的通达性，而且显著降低了生产要素和产品在不同地区转移的成本，有利于产业向综合交通运输条件优越的地区集聚,使产业布局能在更广阔的地域空间进行选择。二是基础设施的间接作用。基础设施完善的地区具有更强的外部经济性,这种外部经济性有助于促进生产要素更高效地流动,有利于形成要素积聚效应,从而促进产业关系更加协调。从世界范围来看,产业关系彼此和谐的国家和地区,都有相对更完善的基础设施。如美国高速公路的里程已超过10万千米,是世界上高速公路里程最多的国家;日本的道路长度超过115万千米,平均每平方千米有3千米的道路;韩国在促进城乡产业协调发展的新村运动中,也是从大量修建乡村道路、桥梁、水利、电力等基础设施开始的。与发达国家相比,我国基础设施建设差距较大,农村则显得尤为薄弱。因此,加强基础设施尤其是农村基础设施建设是有效促进我国产业协调发展的重要途径。

第二节 我国产业发展中的不协调分析

改革开放以来,我国经济社会发展取得了举世瞩目的成绩。2014年,国内生产总值636463亿元,是1978年3624亿元的175.6倍。三次产业在GDP的占比由新中国成立初期的"一、二、三"转变为"三、二、一"。现代产业结构特征日益显现。但同时,一些深层次的结构矛盾也日益突出,主要表现为三次产业发展失衡,现代化的科学技术未能在产业间有效转移,农业尤其薄弱,难以对工业和服务业形成有效支撑;工业单兵独进,对农业和服务业带动不足;服务业发展整体滞后,制约了农业和工业的发展,经济增长长期依靠第二产业带动的局面尚未根本改变。不仅如此,产业内部结构不合理的问题也很突出。

一 农业依然薄弱,难以对工业和服务业形成有效支撑[1]

当前,我国第一产业严重滞后的现状已经成为影响第二、第三产

---

[1] 张爱民、易醇:《统筹城乡发展背景下三次产业互动发展路径研究》,《软科学》2011年第2期。

业发展的"瓶颈"。正如习近平所指出,在我国同步推进新型工业化、信息化、城镇化、农业现代化过程中,薄弱环节是农业现代化。因此,要着眼于加快农业现代化步伐,在稳定粮食和重要农产品产量、保障国家粮食安全和重要农产品有效供给的同时,加快转变农业发展方式,加快农业技术创新步伐,走出一条集约、高效、安全、持续的现代农业发展道路。我国农业现代化的落后主要表现为:一是农业依靠人力投入和以家庭为单位的小农生产方式依然普遍,这种传统的生产方式以劳动力密集为特征,将大量劳动力束缚在落后的农业生产中,制约了农村劳动力向第二、第三产业的有效转移。2013年,我国从事农业生产的劳动力为24 170.8万人,占三次产业从业人数的31.4%,而发达国家如美国从事农业的劳动力不足总就业人口的3%。二是我国农业生产规模小、效率低,农产品产量不稳、质量不高。弱质的农业难以为第二、第三产业发展提供充足和高质量的原材料供应。家庭联产承包责任制给我国农村带来巨大改变的同时,也使我国的耕地过于分散,每家农户都占有一点土地,使土地的规模化生产和现代化进程很难推进。三是低效的农业生产方式占用了大量稀缺的土地资源,我国单位耕地的产出率远远低于国外发达国家,不仅影响了农业发展和农民致富,也制约了我国的城市化进程,并进一步影响了工业和服务业的发展。四是落后的农业降低了对第二、第三产业产品和服务的有效需求。一方面,大量的人力投入替代了农业对农机产品的需求,制约了工业尤其是与农业生产资料相关产业的发展;另一方面,我国人口中超过一半是农民,农业薄弱致使农民收入过低,难以形成对第二、第三产业产品和服务的有效需求,内需不足已经成为制约我国经济健康发展的重要原因。五是尽管我国目前劳动力总量过剩,但大多数劳动力知识文化程度较低,劳动技能不足,无法适应现代化工业和服务业发展的需要。

二 工业一马当先,对农业、服务业发展带动性不足

工业一直是支撑我国国民经济的主体,经过新中国成立以来特别是改革开放后的快速发展,我国工业发展取得了举世瞩目的成就。2009年,我国实现工业增加值13.5万亿元,有210种工业品产量居

世界第一，已经成为具有全球影响力的制造业大国。但工业发展却没有有效带动第一、第三产业同步发展，承上启下作用有限。主要表现为：一是工业的先进技术和设备没有充分应用到农业生产中，农业现代化程度不高。以农业机械化为例，截至2004年，我国农业综合机械化水平只有30%左右，其中机耕、机播和机收水平分别为47%、27%和20%。农机行业仍然处于初级阶段，仅相当于法国20世纪50年代，韩国20世纪70年代末80年代初的水平。[①] 二是我国现代工业的发展成果没有有效渗透到农业深加工环节，农业初级产品与深加工产品比例不协调，农产品附加值低。目前，发达国家的农产品加工业产值与农业产值之比大都在2∶1以上，而我国只有0.43∶1。三是我国工业过于强调发展以资本和技术密集型为主要特征的重化工业，工业重型化的直接后果是解决农村富余劳动力就业不足。四是我国工业企业大多将产品研发、市场调查、产品宣传、物流运输和售后服务等非核心业务保留在企业内部，这种"大而全"的企业发展方式严重挤压了生产性服务业的发展空间，导致我国生产性服务业整体发展滞后。

三 现代服务业发展整体滞后，制约了工业和农业发展

现代服务业是衡量经济和社会现代化水平的重要指标，也是促进和实现人的全面发展，走向知识社会的必要条件。首先，我国服务业在国民经济中的比重明显偏低。据2000年世界银行抽样调查统计，34个低收入国家的服务业增加值占国内生产总值的平均水平为43.5%，48个中等收入国家为61%，22个高收入国家为71%，美国等少数发达国家和地区甚至达到了80%以上。而中国2014年服务业增加值的比重还只有48.2%，尚不足总产值的50%。服务业发展不足使其难以发挥黏合第一、第二次产业的"灰泥"作用。其次，第三产业内部结构不合理，主要表现为生产性服务业和现代化服务业发展水平较低。生产性服务业是20世纪70年代提出的概念，是指从企业内部生产服务部门分离和独立发展起来的，主要为生产经营主体而非

---

① 王晶：《浅谈中国农业机械化》，《农业与技术》2007年第10期。

直接向消费者提供的服务，本质上是一种中间投入。统计显示，2010年，我国生产性服务业占全部服务业的比重只有46%，占国内生产总值的比重不到20%。而发达国家生产性服务业占全部服务业的比重普遍在60%—70%之间，占国内生产总值比重大多在43%左右。其中，对第一、第二产业发展具有较大拉动作用的现代物流、技术研发、金融保险、软件和信息服务业等高端服务业发展明显不足，尤其是农业教育发展滞后造成我国农民整体素质偏低，难以适应现代化经济社会发展的需要。生产性服务业发展滞后、比例偏低，大力发展生产性服务业已成为全社会的共识。最后，生产性服务业的内部供给现象严重，外部化、专业化发展不足。我国生产性服务业大多是从制造业分离衍生出来的，但企业"大而全"的思想根深蒂固，再加上知识产权制度和信用环境不够完善，导致企业服务大量依赖内部供给[①]，尤其是许多上规模的企业，"肥水不流外人田"的思想依然大行其道，"麻雀虽小，五脏俱全"是我国许多企业的真实写照。

　　上述现象的存在，表面上是产业自身发展过程中出现的问题，其根源则在于我国市场化程度不高，产业发展脱节，彼此间缺乏协调互动，没有形成相互补充、相互促进的良性发展格局。随着社会分工不断细化，市场已由单个企业间的竞争过渡到整个产业链中多个企业的协同竞争，区域间也由单个产业层面的竞争发展为产业集群和产业链层面的竞争。因此，摒弃单一的产业发展模式，将不同产业置于同一系统中，通过产业协调既解决了产业自身发展中的问题，也是深入落实科学发展观，实现全面协调可持续发展的关键和核心。

第三节　促进产业协调发展的路径

　　当前，我国产业发展不协调的主要原因在于：一是产业间开放度

---

① 夏杰长、吴家森：《我国生产性服务业发展的差距、潜力与政策建议》，《中国经贸导刊》2009年第2期。

不够，彼此间缺乏有机联系的纽带，没有形成稳定有效的利益共享和风险共担机制；二是缺乏促进产业协调发展的支撑平台，尤其是资本、土地、劳动力和技术等要素转移成本较高，信息交流不畅；三是城乡产业空间布局分离，拥有现代技术的工业和服务业大量布局在城市，而以传统生产方式为主的农业主要分布在广大农村，难以实现产业间的无缝对接。鉴于此，我国产业协调发展的具体途径为：一是通过拓展产业链，提高产业间的开放度，强化不同产业间的内在联系。如通过构建"种养加""贸工农"等产业链，不仅强化了不同产业间的内在联系，而且可以使弱质的农业通过产业链拓展分享更多的利益；二是要加快发展园区经济，提高土地、资金、技术、劳动力等生产要素的集聚度，实现产业发展的集聚效益和规模效益；三是要优化产业空间布局。如在现代城市加快发展都市农业，在广大农村合理布局农产品加工业和生产性服务业，为产业协调互动创造条件。

一　拓展产业链条，深化城乡产业内在联系

产业链是指各个产业部门之间基于一定的技术经济关联，并依据特定的逻辑关系和时空布局关系客观形成的链条式关联关系形态。[①]产业链的各个组成部分共同构成一个有机整体，这些组成部分间不仅存在着大量物质、技术、信息和价值方面的交换关系，而且相互影响、相互制约、互为因果。如上游环节向下游环节输送产品或服务，下游环节向上游环节反馈要求信息。产业链的形成主要是基于不同产业在功能上的差异性和互补性，通过发挥各自的比较优势，借助产业间的内在联系，实现不同产业间的协调发展。按照产业链的构成方式，可分为贯通式的产业链和延伸式产业链。前者是指将一定地域空间范围内断续的产业部门（通常是产业链的断环和孤环形式）借助某种形式串联起来；后者则是将一条已经存在的产业链尽可能地向上下游拓展延伸。

"贸工农"是通过拓展产业链条实现不同产业协同互动的典型模式，它以国内外市场需求为导向，以提高经济效益为中心，对当地农

---

① 百度百科，http://baike.baidu.com/view/479661.htm。

业的支柱产业和主导产品，实行区域化布局、专业化生产、一体化经营、社会化服务、企业化管理，形成一条龙的经营体制。[①]"贸工农"产业链涵盖订单农业、加工制造和商业贸易，通过把以农户为单位的分散经营与社会化大市场有机联系起来，改变了"产加销脱节，贸工农分离"的状态。目前，我国农业薄弱，农产品附加值低的一个重要原因在于农产品的生产、加工和销售相互脱节，农产品多以未经加工的"农业原产品"或仅经过简单粗加工的初级产品和半成品形式进入市场。根据我国农业发展现状，"贸工农"产业链的构建应重点在以下方面实现突破：一是突破传统农业生产观念束缚，树立"贸工农"一体化的产业链意识。通过专业性产业组织的协作发挥分工优势，加强农业在生产、加工、储运、销售、服务等环节的联系，提高农业组织化程度和市场竞争能力。二是大力扶持农业专业化组织和产业化龙头企业。农业专业化组织和产业化龙头企业具有开拓市场、引导生产、加工增值和提供服务的综合功能，是联系农产品生产与市场需求的纽带，龙头企业的发展不仅有助于解决小生产与大市场的矛盾，还可以有效缓解农业比较效益低的问题，是构建"贸工农"产业链的关键。目前，我国这类组织和企业普遍规模偏小，竞争力不强，尚处在发展起步阶段。国家应从政策制定、资金支持和技术转移等多个方面加强对这些组织的扶持，如制定优惠政策积极引导社会资源投向龙头企业，形成全社会共同关注农业发展的良好局面；创新金融支持手段，通过采取资金补贴、贴息贷款、以奖代补等多种手段实现财政资金"四两拨千斤"的倍增效应；加大应用型技术向龙头企业的无偿转移，加快培养科技人才和先进技术设备的引进等。三是完善、优化"贸工农"产业链内部运转机制。"贸工农"产业链包括农产品的销售、加工和生产等多个环节，农业、工业和服务业等多个领域，涉及企业、农户、基地、市场多种经营主体，只有建立和完善产业链中各参与主体的利益分配机制、风险分担机制、竞争合作机制和约束保护机制，才能形成"贸工农"产业链的良性稳定机制。

---

① 《论农业产业化》，《人民日报》1995年12月11日。

二 发展园区经济，实现产业集聚

园区是指在特定范围内，通过科学规划、优惠政策、完善管理、配套服务和优美环境等措施，实现项目、资金、人才、技术的聚焦效应和规模经济效益，从而形成一个相对独立完整的产业和产业集群。园区经济是产业集聚理论在实践中的具体运用。产业集聚最早出现在19世纪初期，由于特定的地理环境、资源禀赋和历史文化形成了最初的产业集聚，如瑞士的钟表业、法国波尔多的葡萄酒业、中国景德镇的瓷器业等。到了工业化中期的大机器时代，涌现出更多以大企业为核心的产业集群，如美国底特律的汽车制造业、匹兹堡的钢铁工业等。苏东水认为，产业集群是在一个特定区域内，生产某种产品的若干个同类企业、为这些企业配套的上下游企业，以及相关服务业高密度地聚集在一起形成的产业群，是产业发展适应经济全球化和竞争日益激烈的新趋势，具有群体竞争优势和集聚发展的效益。[1]

园区在产业协调中的主要作用是提供区位优势更加明显，基础设施更加完善，资源流动更加便利，分工协作更加科学的空间载体。通过精心营造发展环境，实施招商引资等优惠政策，为要素集聚和产业互动发展搭建一个平台。园区特有的聚集效应、扩散效应、催化效应和辐射效应，能够实现土地、资金、人才、技术和信息等要素的集聚效应和规模效益。发达地区园区经济的成功经验表明，通过企业集中和连片式发展，规模在5平方千米以上，用地可减少30%，基础设施建设投入可减少20%—30%，能源消耗可减少40%，行政管理费用可减少40%，利润可提高20%。由于园区能带来巨大的经济效应，自1951年美国斯坦福大学创立世界上第一个开发园区——斯坦福研究园并形成"硅谷"以来，世界上许多国家和地区纷纷效仿。目前，通过建设园区，形成企业集群来推动区域经济发展，不仅成为承载企业、创造就业、技术升级、制度创新和增加税收的重要模式[2]，更是

---

[1] 苏东水主编：《产业经济学》（第2版），高等教育出版社2005年版。
[2] 张永军、郑少峰、谢毅：《园区经济发展模式：提升农村工业化水平的高效途径》，《西北工业大学学报》（社会科学版）2006年第3期。

促进产业协调互动的有效途径。如日本在全国选择了一批立地条件比较优越、适合工业开发、投资效果较好的中小型城市作为产业集聚的重点,通过引导产业向这些城市集聚,达到了促进产业发展和产业新都市形成、带动区域经济发展的目的。① 近年来,我国也出现了许多以产业集群为特点的园区,其中一些不仅在国内,甚至在国际上已形成一定的竞争力,但目前大多数园区带有较强的计划经济色彩,行政分割严重,行业布局类同,产业定位不清。"有企业,没产业"和"有集聚,缺共生"的矛盾突出,园区内产业链条多而短,产业间关联度不高。同时,许多园区过于注重发展核心产业本身,而金融、研发、营销、广告等相关生产性服务业发展滞后,没有形成三次产业互动发展的良性格局。

就我国产业发展而言,农业是我国三次产业中最薄弱的环节,也是积聚经济发展最不足的领域。农业园区能有效集聚土地、资金、科技、人才等要素,是加快发展现代农业的重要载体。② 因此,加快建设农业产业园区成为改变农业落后现状,推动我国三次产业协调发展的重要内容。由于农业自身的特殊性,农业园区的建设要注重以下几点:一是加强对园区的整体规划,坚持集聚发展。协调好政府引导和市场选择的关系,加大产业园区平台建设力度,在符合规划和充分考虑所在区域经济发展水平和资源禀赋特点的前提下,对现有园区进行优化扩容和整合提升。对园区的发展定位、功能分区、基础设施布局、产业结构调整和可持续发展等做出科学合理的规划,突出不同产业园区的差异性和独特性。二是完善园区配套基础设施建设。园区不仅是生产的集聚地,也是生活的所在地。因此,园区除了应具备良好的产业发展环境外,还应该充分考虑人们的生活和发展需要,完善包括教育、文化休闲设施和医疗设施在内的相关生活配套设施。三是在现有基础上对园区进行优化提升、扩充整合,着力拓展农业产业园区

---

① 卢阳春:《城乡产业互动的国际经验与可持续发展机制》,《现代经济探讨》2009 年第 7 期。
② 《省政府办公厅关于推进现代农业产业园区建设的通知》,苏政办发 [2010] 1 号,2010 年 1 月 1 日。

的上、下游产业。既要大力发展农产品生产基地，通过延伸上游产业为农业产业园区的健康发展提供原材料保障，也要加快发展物流配送业，加强农业园区与外部市场的联系，实现园区内产品与外部市场的无缝对接。

三 优化产业城乡空间布局

（一）在城市发展"都市农业"

"都市农业"是20世纪五六十年代由美国的一些经济学家首先提出来的。它是指地处都市及其延伸地带，紧密依托并服务于都市的农业。[1] 都市农业不仅可以提供用于消费的农产品，还可以为人们休闲旅游、农事体验和了解乡村提供场所。目前，都市农业主要有以下几种类型：一是观光农园，即开放成熟的果园、菜园、花圃等，让游客入内采果、摘菜、赏花，享受田园乐趣；二是市民农园，即由农民提供小块农地，让市民通过亲身耕作体验农事的园地；三是休闲农场，这是一种将农业与服务业融合在一起的综合性休闲农业区，游客不仅可以在这里观光、采果、体验农作，了解农民生活，而且还可以住宿、度假、游乐。此外，还有高科技农业园区、农业公园、教育农园、森林公园等其他类型。

不同于传统农业，"都市农业"突破了农村和城市的传统功能界限，深化了不同产业间的内在联系，将现代化城市与农业生产紧密联系在一起，城市乡村相得益彰。在地域空间上表现为"田园中嵌城市，城市里有田园"，是促进产业协调互动的重要途径。一般而言，城市是各类生产要素高密度集聚区，拥有现代化的工业和服务业，而农业则相对薄弱，随着城市化进程的加快，许多城市的农业生产甚至已经趋于消失。"都市农业"的出现则改变了这一现状，它不仅能够充分接受城市现代化工业和服务业对其的辐射作用，大大缩短了农业生产与消费间的距离，密切了不同产业间的关系，而且也拓宽了农业发展的传统空间，促进了农业的现代化进程。随着城市化进程的不断

---

[1] 舒惠国：《关于促进发展重庆市都市农业发展的几点建议》，《中国农学通讯》（增刊）2009年第3期。

深入，城市数量越来越多，规模越来越大，世界许多发达国家如日本、荷兰、新加坡都在积极发展都市农业，都市农业的兴起，改变了传统城乡的关系，使农业与现代工业和服务业间实现了真正的无缝对接，极大地促进了产业间的协调发展。

（二）在农村发展农产品加工业

农产品加工业是指以农产品为原料进行工业生产活动的总和。广义的农产品加工业，是指以人工生产的农业物料和野生动物资源及其加工品为原料所进行的工业生产活动；狭义的农产品加工业，是指以农、林、牧、渔产品及其加工品为原料所进行的工业生产活动。① 国际上通常将农产品加工业划分为5类，即食品、饮料和烟草加工；纺织、服装和皮革工业；木材和木材产品，包括家具制造；纸张和纸产品加工、印刷和出版；橡胶产品加工。

农产品加工业是传统农业产业链的延伸，是农业与第二、第三产业联系最紧密、能显著提高农产品附加值的部分。不仅对支持农业发展、增加农民收益、调整与优化农村经济结构和加快发展现代农业等方面具有积极作用，而且也是促进产业协调发展的重要途径。目前，从农产品的总产量来看，我国已是名副其实的农业生产大国，但从农产品加工业的发展和农产品结构来看，尚有巨大的发展空间。目前发达国家农产品加工率在90%左右，而我国只有45%左右（初加工以上）；发达国家农产品深加工（二次以上加工）占80%，我国只有30%左右；发达国家农产品加工产值与农业产值之比为2—4∶1，我国仅为1.1∶1。以粮油加工中的专用粉为例，日本有60多种产品，英国有70多种，美国达100多种，而中国仅有20种左右；在食用油方面，日本专用油脂达到400多种，而中国仅有几种。因此，加快发展农产品加工业，不仅是农业自身发展的需要，也是产业协调发展的内在要求，更是满足人们追求更好生活品质的需求。根据我国农业发展现状，我国农产品加工业应在坚持以市场为导向、发挥区域比较优势、适度规模经营和广泛采用先进技术的原则下，在以下重点领域首

---

① 张伟：《农产品加工业的内容和分类标准》，《农产品加工》2004年第2期。

先实现突破：一是大力发展粮、棉、油等重要农产品精深加工，提高各类专用粮油产品和营养、经济、方便的食品加工；二是积极发展"菜篮子"产品加工；三是巩固发展糖、茶、丝、麻和皮革等传统农产品加工业。

（三）加快发展农业生产性服务业

农业生产性服务业是为提高农业劳动生产率而向农业生产活动提供中间投入服务的产业。它贯穿于农业生产的全过程，为农业的产前、产中和产后提供服务。农业产前生产性服务主要包括良种供应、现代化农业机械、优质化肥、农药、饲料等农用物资的生产供应方面的服务；产中生产性服务主要包括农业新技术推广和应用以及信息咨询等方面的服务；产后生产性服务主要涉及农产品供求信息、质量检测、存储、加工、包装、售卖等方面的服务。[1] 作为现代农业的重要组成部分，农业生产性服务业在延伸农业产业链条、拓展农业外部功能、提升农业产业地位等方面至关重要，对转变农业发展方式、促进产业协调和城乡统筹发展具有积极作用。

党的十七届三中全会明确指出，加快建设覆盖全程、综合配套、便捷高效的社会化服务体系，是发展现代农业的必然要求。这一论述为我国农业生产性服务业的发展带来了新机遇。目前，我国农业生产性服务业发展很快，呈现出以下特点：一是生产性服务业主体数量增长较快，但规模偏小、带动力不强；二是在服务领域上，主要集中在生产中环节，而在农业产前、产后的生产性服务业发展不足；三是在发展潜力上，普遍存在人才匮乏、农村资金外流严重、金融支持和创新力度不够、政策扶持不够等问题；四是从服务方式看，规模化、契约化和一体化趋势明显，但行业自律、规范运作方面有待加强。

农业生产性服务业的发展应与农业本身的发展要求、产业发展规律相符合。我国目前应围绕农业生产的产前、产中、产后服务，加快构建和完善以信息服务、金融服务和生产销售服务为主体的农村社会

---

[1] 关凤利、裴瑱：《我国农业生产性服务业的发展对策》，《经济纵横》2010年第4期。

化服务体系：一是农业信息服务体系。通过整合已有的信息化资源，加快建设功能完善、综合统一的农业信息平台，使信息供给由分散、滞后走向集中、及时，基本实现农业决策、管理和服务的信息化。二是农业金融服务体系。加强农村金融体系建设，充分发挥农村商业金融、合作金融、政策性金融和其他金融组织的作用，增强对"三农"的金融服务。为龙头企业、农民专业化合作社和专业大户等不同需求主体提供差别化、个性化服务，解决农业贷款难、担保难问题。加快发展多渠道、多形式的农业保险，建立农业再保险和巨灾风险分担机制，探索发展"小额参与、联合投保"的农产品保险品种。三是农产品销售服务体系。加快完善农副产品流通体系，发展各类流通中介组织，培育一批大型涉农商贸企业集团，以龙头企业、合作社为重点，开展产品分级、包装和初加工服务，配备包括冷链系统在内的仓储、运销设施，切实解决农副产品销售难的问题。通过实施"万村千乡"的市场工程，鼓励农民专业合作社的鲜活农产品参与"农超对接""农校对接""农市对接"，或在城镇建立连锁店、直销点、专柜、代销点，促进产销衔接。

第四节 成都试验区促进产业协调发展的实践与启示[①]

2007年6月，国务院正式批准成都、重庆设立"全国统筹城乡综合配套改革试验区"，要求两地"全面推进各个领域的体制改革，并在重点领域和关键环节率先突破，大胆创新，尽快形成统筹城乡发展的体制机制，促进城乡经济社会协调发展，为推动全国深化改革，实现科学发展与和谐发展，发挥示范和带动作用"。实际上，成都市早在2003年就开始了对城乡统筹路径的探索，并确立了"三次产业

---

① 张爱民、易醇：《成都市促进三次产业互动发展的实践与启示》，《西南民族大学学报》2010年第11期。

互动,城乡经济相融"的发展思路。在实践中,成都逐步形成了以产业协调发展为突破口,以"三个集中"为根本方法,联动推进以新型工业化、农业现代化和城镇化促进服务业均衡发展的创新之路。"三个集中"是成都市统筹城乡发展的重要途径,是指工业向集中发展区集中,农民向城镇集中,土地向规模经营集中。"三个集中"顺应经济社会发展规律,打破了城乡固有的界限,促进了生产要素的合理流动,是在城乡二元结构矛盾突出的现实背景下促进产业协调互动的有益尝试。

一 推进土地向规模经营集中,走农业现代化道路

土地既是不可再生的稀缺资源,也是推动产业协调发展的基础性要素。改革开放以来,我国实行的是家庭联产承包责任制下的土地经营方式,即农户以家庭为单位向集体组织承包土地等生产资料和生产任务,在保留集体经济统一经营的同时,承包户根据承包合同规定的权限,独立做出经营决策。随着市场经济的发展和土地使用权的流转,现行的土地家庭经营承包制度的边际效用急剧递减,呈现出许多问题。特别突出的是土地作为重要的生产要素难以自由流转,分散在农户手中零散的土地既不利于产业分工,也不利于农业规模化和专业化生产,更不利于发展现代农业,已经成为影响城乡统筹和产业协调发展的难点。针对这一问题,成都市通过三步走,有效解决了农村土地难以流转的困境,为农业现代化的加快推进奠定了良好的基础。

首先,成都市提出将农村土地"赋权于民,还能于民"的理念,对农村宅基地使用权、房屋所有权、村集体产权、农村土地承包权经营权和林权进行了确权颁证工作,创造土地流转的条件。成都市将土地整理项目——"金土地"工程与农村土地流转有机结合,以土地整理为契机推进土地大范围流转。通过向村民颁发"农村土地产权使用证",建立起较为清晰的土地产权和责任义务关系。明确持证人在不改变农村土地集体所有制和农户承包权的基础上,具有土地的使用权、流转权、转让权和收益权。在产权期限内,遵循依法、自愿、有偿的原则,可按规定用途依法使用、经营、流转土地,也可作价、折股作为资本从事股份经营、合作经营或抵押担保,为土地的有序流转创造了条件。至 2009 年 4 月底，成都市共有 238 个乡镇、1916 个村开展农村产权制度改革工作，涉及农户 140.69 万户，累计颁发集体所有证、集体土地使用证、房屋所有权证等各类证书 176.38 万本。

其次，设立专门机构加强对土地的流转管理。成都市在市、区（市）县、乡镇各级农业部门和政府设立了土地承包流转服务中心，全面负责土地承包和土地流转监督管理。主要工作涉及收集、发布农村土地流转信息，指导、规范农户和业主签订流转合同，建立完善土地承包和土地流转台账，加强土地承包和土地流转管理，监督土地流转合同的履行情况等。针对土地流转过程中可能出现的风险，成都市采取了双向收取保证金的方式加以确保。一方面，为了防范业主因经营困难无法履约，在签订土地流转合同后，由业主每年交纳一定数额的风险保证金。另一方面，为了防范业主流转期内农户单方面毁约，在业主交纳的土地流转租金中，每年提取一定比例的信用保证金，两项"保证金"制度的实施有效规避了土地流转中可能出现的风险，促进了土地的加速流转。此外，成都市建立了复耕保障机制，对个别业主因生产需要而改变耕地农业用途的，须按照规定向国土部门交纳耕地复耕保障金，这既提高了业主改变耕地使用的成本，也为今后的复耕提供了必要的资金保障。

最后，制定优惠政策推动土地流转和规模化经营，鼓励并扶持农业专业化经济组织和产业化龙头企业开展规模化经营，并将其纳入农业综合开发项目予以优先支持。在土地规模经营中生产销售的农产品，按农民自产、自销、自用对待，兴办的经济实体与民营企业享受同等的优惠政策。为了保证农地性质不改变，成都市还相继开展了耕地保护制度改革，建立了耕地保护基金，制定了《耕地保护基金使用管理办法（试行）》，将耕地保护落实到行政管理与经济调节双重管理的轨道上。

截至 2008 年底，全市累计农用地流转面积达 303 万亩，占农用地总面积的 28.7%。全市 50 亩以上土地规模经营总面积达 197.35 万亩，占总流转农村土地面积的 65.19%。土地流转提高了土地集约度，促进了农业规模化经营，形成了以农业企业、新型集体经济组织和农民专业化合作社为主,农业规模经营和农业产业化可持续发展的良好格局。2008年底,成都市规模以上龙头企业657家,其中国家级重点龙头企业18家,年销售收入亿元以上龙头企业78家,10亿元以上龙头企业10家。在经营业主的带动下,成都市各区(市)县都形成了具有一定经营规模的优势产业带和基地。如龙泉驿区的近20万亩伏季水果生产带,双流县的15万亩枇杷和4万亩草莓基地,彭州20万亩蔬菜基地,温江区10万亩苗木基地等。特别是蒲江县复兴乡通过土地的有效整理和流转,已成为目前亚洲最大的猕猴桃产销基地。

二 推进工业向集中发展区集中,走新型工业化道路

园区经济作为推动区域经济发展的创新模式,是承载企业、创造就业、技术升级、制度创新和增加税收的重要区域。园区具有的聚集效应、扩散效应、催化效应和辐射效应,能够实现土地、资金、人才、技术和信息等要素的集聚效应和规模经济效益,不仅是推动区域经济发展的重要力量,也是促进三次产业协调发展的有效途径。成都市在推进工业向发展区集中过程中,充分利用和发挥了园区积聚要素、节约资源、互补性强的特点,按照"工业向园区集中,土地集约利用,产业集群发展"的总体思路,坚持以科学规划为指导,走出了一条以园区为载体的工业集聚发展道路。

首先,整合园区资源,提高园区的规模优势和集聚作用。针对成都市已有产业园区数量多、规模小、布局分散、主导产业不突出、产业特色不明显、基础设施不配套等问题,提出了以形成产业特色突出、配套功能完善、承载能力强、质量效益显著、可持续发展的工业集中发展区为目标,将成都市原有的116个开发区整合为21个集中发展区和9个镇工业点,从根本上改变了"村村点火,户户冒烟"的状况,为成都工业在空间上实现集中、集约发展奠定了基础。

其次,完善产业空间布局,优化产业发展结构。为了形成全市统一的产业发展格局,避免区域内部恶性竞争,成都确立了"一区一主业"的发展目标,引导区(市)县按照"错位竞争、优势互补、产业协调、共同发展的原则",将整合后的园区进行分类指导,旨在突出不同区域的发展方向和发展重点,形成相互联系、各具特色、有一

定梯度和层次的工业经济区域。第一层面包括成都高新区和成都经济技术开发区两个国家级开发区，重点对重大产业化项目的落户给予引导，对重大招商引资项目给予推荐，对基础设施建设给予大力支持；第二层面是19个工业集中发展区，重点按照产业定位，对集中发展区基础设施建设和招商引资给予指导，并帮助协调解决园区发展中出现的土地、电力供应等方面的问题。上述两级工业园区，重点打造电子信息、机械（含汽车）、医药、食品（含烟草）、冶金建材、石油化工六大工业基地，以期逐渐形成高新技术产业、现代制造业和区域特色产业三大工业经济区域。第三层面，对适合发展特色工业的集中区着重指导制订产业布局规划，发展特色优势产业。

最后，加强不同地区产业间的对接，创新发展"飞地工业"。成都市产业规划充分考虑了历史对现实的影响，整体和局部的关系，今天和明天的发展。在产业空间规划上根据实际情况实现了"远交近合"。一是鼓励中心城区与近、远郊区两地政府通过签订合同方式合作建设工业集中发展区，双方共同投资、共享利益。二是鼓励相邻区（市）县突破行政区划界限，按产业链共同建立工业集中发展区，形成区位优势互补。通过这两种方式，成都市先后将青羊区和蒲江县、锦江区和金堂县、成华区和大邑县、武侯区和崇州市实现"工业对接"。如崇州市承接武侯区鞋业转移，将武侯区的品牌、技术优势和崇州市的劳动力资源优势相结合，双方共同打造中国女鞋之都——崇州生产基地。

通过几年的发展，成都市工业发展呈现出优势互补、错位竞争和共同发展的良好格局，截至2008年底，工业集中发展区规模以上企业由2005年底的974户增加到1775户，实现工业增加值由2005年末的314亿元增加到871.64亿元；工业增加值集中度由2005年的56.2%提高到68.2%，年均提高4个百分点。初步形成了电子信息、机械（含汽车、航空航天）、食品（含烟草）、医药、冶金建材、石油化工六大主导产业。2008年，六大主导产业完成工业增加值993.54亿元，占全市工业增加值的比重达到77.7%。同时，调查显示，工业集中发展区企业用地比过去分散布局节约用地50%以上，在增加工业产值的同时，也为发展现代农业节约了更多的农业用地和资源要素。2014年，成都市实现地区生产总值10056.6亿元，成为继广州、深圳后第三个跻身进入万亿元俱乐部的副省级城市。

三 引导农民向城镇转移，促进服务业均衡发展

与工农业的生产不同，服务行业的许多产品和服务无法储存，生产与消费常常同步发生。因此，拥有一定规模的人口数量和人口密度往往是服务业蓬勃发展的前提。成都市遵循"因地制宜、农民自愿、依法有偿、稳步推进"的原则，通过实施"新居工程"和构建城乡一体的劳动就业和社会保障体系，引导农民向城镇有序集中，不仅节约了土地，更主要的是集聚了人气，为三次产业尤其是服务业的快速发展提供了广阔的空间。

成都市将加快城镇化进程与推进新农村建设相结合，规划建立了由1个特大城市、8个中等城市、30个重点镇、60个新市镇和2000个农村新型社区构成的城镇体系。并根据不同区位经济发展水平和自然条件的差异，采取了不同方式推进农民向城镇有序集中。在中心城区，实行农村与城市社区完全接轨，按照城市社区标准建设新型社区，实现农民向市民的转变；在中心外围区，以县城和区域中心镇为重点，按照城市社区标准建设新型社区，引导农民向城镇集中；在有条件的农村地区，按照发展性、相容性、多样性和共享性的要求，参照城镇社区的标准建设农村新型社区，为农民提供更加便利和舒适的生活环境。

农民向城镇转移不仅仅是居住地点的变化，还包括思维理念、生活方式和谋生手段的变化，只有在充分消除农民后顾之忧的前提下，让农民在转移过程中真正得到实惠才能顺利推进，这不仅关系到农民的生计问题，更涉及社会的安全和稳定。成都通过以下措施有效实现了农民向城镇集中的目标：首先，从改善居住条件着手，妥善解决农民的居住问题。2004年，成都市按照统一规划、统一供地、统一标准、统一配套、统一建设、统一管理的"六统一"原则启动了旨在实现农村居民向城市居民转变、农村社区向城市社区管理体制转变、促进城乡繁荣发展的"新居工程"，不仅使农民住有所居，而且居住条

件显著提高。其次，有效解决入城农民的就业难题。民以食为天，民生问题是最基本的问题。成都通过建立覆盖城乡的人力资源信息网络，对农村劳动力转移就业进行引导性培训，实施就业援助制度、鼓励扶持"家庭创业"和社区灵活就业等方式使农民在城镇有业可就，有事可做。最后，解决了农民医疗、养老等社会保障问题，使实现身份转换的农民无后顾之忧。通过健全完善征地农转非人员社会保险制度、农民工综合社会保险制度和新型农村合作医疗制度，先行先试新型农民养老保险等措施，保证了进入城镇的农民病有所医、老有所养。

2014年，成都市城镇化率已达到70.3%，共有12.87万农业人口落户城镇。2014年，成都完成城乡市政基础设施建设投资560亿元，新增建城区面积23.5平方千米，完成新区城市市政公用设施投资262亿元。全市17个试点镇完成市政公司设施和产业项目109个，完成投资40亿元，吸纳转移农业人口39698人；完成农房建设45822户，当年共有12.87万农业人口落户城镇。截至2014年12月底，成都市城乡居民养老保险参保人数达到323.79万人；共有146.99万名农民工参加了城镇联工社会保险。全市城镇职工基本医疗保险参保人数达到586.85万人；城镇居民基本医疗保险参保人数达到699.43万人。按照《成都市新型城镇化规划（2015—2020年）》，2020年，成都城镇化率将达到77%，常住人口约1650万人。基本建成国际性区域中心城市。

四 成都市促进产业协调发展的启示

就我国的现实国情而言，产业协调发展就是让农村和农业摆脱传统形态与发展模式，让农民真正富裕起来，最终实现城乡产业一体化发展。城乡一体化的根本是让一切生产要素，包括资本、技术、经营管理、信息尤其是劳动力，都可以按照人本思想和逐利的原则，在增长和发展的过程中流动起来，可以在资本的黏合下，实现要素收入的最大化，并且在这个过程中使不同市场主体、不同要素所有者在同一起点上实现公平竞争。实现这一要旨的关键是打破长期以来计划经济所形成的城乡产业相互分离的发展格局，成都市以"三个集中"为突破口,联动推进新型工业化、新型城镇化和农业现代化,在统筹城乡产业协调发展道路上进行了有益探索,总结成都的实践探索,可以得出以下启示:

(一) 产业协调是统筹城乡经济社会发展的根本途径

现存的城乡二元经济结构矛盾是我国构建和谐社会,全面建成小康社会面临的最大难题,日益加大的城乡经济发展水平差距不仅影响了我国现代化和城镇化进程,也为我国经济社会和谐稳定埋下了隐患。一般而言,缩小城乡经济发展差距主要有两条途径:一是来自外部的力量,如通过增加投入的方式提高对农村的供给,在国家政策上进行倾斜或增加财政支持力度促进农村发展;二是提高农村自身经济的发展能力,如通过提高农村产业发展水平,优化农村产业结构缩小城乡差距。第一种思路主要通过行政干预的手段,在一定程度上可以缓解目前城乡差距继续扩大的趋势,但却无法从根本上实现城乡一体。原因在于两点:一是我国目前仍然是世界上最大的发展中国家,财力物力相对有限,尚不具备以财政贴补为主要手段来支持农村发展的经济实力;二是我国农村幅员广阔,农业基础薄弱,各地发展极不平衡,需要国家财政支持的缺口较大,财政投资对于整个农村经济发展的需要无异于杯水车薪。此外,通过财政补贴的方式还容易使农村产生"等、靠、要"等负面效应,过强的行政手段可能产生新的不公平。成都在统筹城乡发展实践中,以"三个集中"为根本方法,联动推进新型工业化、农业现代化和以城镇化促进服务业均衡发展的实践表明:三次产业协调发展能够有效规避外部投入不足的缺陷,它以产业间的内在联系为基础,通过促进生产要素在城乡产业间的合理流动,一方面可以让农业分享非农产业发展的成果,加快农业发展;另一方面,产业协调发展加强了城乡之间的经济联系,有利于形成可持续的发展机制,从根本上促进城乡经济协调发展。

(二) 产业协调发展必须以科学规划为前提

产业协调发展是一个长期、复杂的系统工程。不同地区由于经济和产业发展水平、政府财力、城乡建设基础和资源禀赋不同,促进产业协调发展的方式可能大相径庭。即使是同一地区在不同时期,发展形式也会有很大不同。因此，因地制宜地制定科学、系统的产业发展规划，做好顶层设计和系列配套规划成为三次产业协调发展的关键。长期以来，我国产业发展中的主要问题是三次产业发展失衡和脱节，造成这种现象的一个重要原因就在于缺乏对三次产业协调发展的整体规划。从成都市的实践来看，成都始终将规划作为科学发展和依法行政的基础，作为城乡建设和管理的基本依据。[①] 为此，成都市专门出台了《中共成都市委成都市人民政府关于进一步加强城乡规划工作的意见》，对规划的编制工作和流程进行规范。为了促进成都产业协调有序发展，成都市先后出台了《成都市工业发展布局规划纲要（2003—2020年）》《成都市农业和农村经济发展第十二个五年规划》《成都市现代农业发展规划》《一区一主业产业发展规划》和《产业集群发展规划》等多项规划，并在规划中确立了电子信息、机械（含汽车）、医药、食品（含烟草）、冶金建材、石油化工六大行业为成都市着力发展的重点支柱产业。这些规划的出台对于明确产业发展空间布局，突出不同区域产业发展方向和重点，加快产业集约集群起到了重要的指导作用。

（三）产业协调发展必须以体制机制创新为持续动力

体制机制创新，是有效推动"三个集中"，实现产业协调发展的主要推动力。成都市在这方面做了大量探索：一是大力推进农村产权制度改革。在确保耕地总量不减少，质量不下降的前提下，成都市逐步建立了归属清晰、权责明确、保护严格、流转顺畅的现代农村产权制度。通过对农村土地和房屋确权，推动了农村集体所有权、林权等各类生产要素的市场化配置水平，实现了农村资产资本化，为各类生产要素在城乡之间有序流动创造了条件。二是深入规范服务型政府建设。政府是推动"三个集中"和产业协调发展的主要推动力，政府的效率和决心也是最终决定能否实现城乡统筹的根本保障。成都市高度重视政府在推动"三个集中"和产业发展中的作用，制定了一系列政

---

① 《中共成都市委成都市人民政府关于进一步加强城乡规划工作的意见》，成委发[2006] 60号。

策措施来保证"三个集中"的推行。通过着眼于提高行政效能,大力简化和规范行政审批,全面推行并联审批和集中服务,较好地解决了政府管理缺位、越位和不到位的问题,进一步提升了公共服务的质量和水平。成都市先后对规划、农业、水务、交通、林业和园林等涉及32个部门的管理体制进行了改革和整合,建立起城乡一体的大部门管理体制。三是加快推进城乡公共服务改革。首先对城乡户籍和就业制度进行了改革,建立起城乡一元化的户籍制度和城乡一体的劳动力市场;其次通过推进城乡社会保障制度改革,建立了多层次的社会保险制度和城乡一体的社会救助体系,基本实现了城乡社会保险制度全覆盖;最后是推进城乡教育、卫生等公共服务体制改革。在加大对农村教育、卫生等事业投入的同时,显著提高了劳动者素质,为三次产业的协调发展提供了高素质的人力资源。

(四)产业协调发展的关键是建立政府与市场的协调机制

以工业向园区集中,土地向规模经营集中,农民向城镇集中的"三个集中",涉及政府、企业、农民、要素所有者等多个利益主体,如果缺乏政府的大力推动和有效引导不可能顺利推进。与此同时,"三个集中"需要大量的资金为基础,仅靠政府的投入也难以持续。成都市充分意识到政府与社会、计划与市场的作用缺一不可,两者的有效协调是实现"三个集中",推进产业协调发展必不可少的前提。因此,成都市将政府职能主要定位在制定产业发展规划,出台优惠政策,营造市场环境,培育市场主体等方面,通过创新投融资方式,吸引金融资金、社会资本参与园区建设,积极引导社会资金参与现代农业发展和城镇体系建设;通过建立和完善以产权为纽带的利益联结机制,探索通过专业合作、股份合作为主要形式的各类新型农村集体组织着力发展农村新型集体经济组织。引导和支持农民通过土地承包经营权入股、资金入股等方式组建合作社,开展股份合作经营,提高农民的组织化程度。

以"三个集中"为突破口,联动推进新型工业化、农业现代化和以城镇化促进服务业均衡发展,是一条没有现成经验可以学习和借鉴的创新之路,成都市在推进过程中出现一些问题也属正常。如一些工业园区项目开发不足，有些项目只是简单的异地重建，离新型工业化要求还有较大差距；在城镇化建设过程中，成都重点镇平均人口不到3万，不仅一般小城镇存在规模不经济，而且14个优先发展重点镇和都江堰、彭州、崇州、邛崃等4个建制市也同样存在规模不经济的现象。同时，产业协调发展的模式也有待进一步在实践中继续创新和改善。但瑕不掩瑜，成都市以产业协调为突破口推动城乡统筹发展，践行科学发展观的努力和探索已经取得了重大突破，作为国家统筹城乡综合配套改革试验区，成都市的探索将对促进我国产业协调发展，加快实现城乡一体化起到积极的推动作用。

第四章　在城乡产业协调互动中加快发展现代农业

农业是国民经济的基础。马克思曾指出："社会为生产小麦、牲畜等等所需要的实践越少，它所赢得的从事其他生产，物质的或精神的生产的时间就越多。"① 农业作为其他产业的基础，其源头和母体不仅没有因流域的宽广和繁衍的丰茂而枯竭老化，反而更加活水奔涌、青春焕发。中国是全球最大的发展中国家，也是世界第一人口大国，农业的重要性不言而喻。然而，由于历史等多方面的原因，农业在我国三次产业中却最为薄弱，不仅影响了农民从事农业生产的积极性，也成为制约产业协调发展的瓶颈。因此，加快推进农业现代化进程，迅速缩小与二、三产业的发展差距，走出一条集约、高效、安全、可持续的现代农业道路，已成为城乡一体化进程中实现产业协调的关键所在。三次产业之间既有明确的生产分工，又有密切的技术和经济联系，这种内在联系决定了农业现代化的可能性和实现路径。即在农业内部，要顺应市场需求变化，优化产品产业结构、统筹调整粮经饲三元种植结构，推进种养加协调发展；要立足比较优势，优化区域布局，依托粮食生产功能区、重要农产品生产保护区、特色农产品优势区建设，引导农产品生产加工向生产区、优势区转移集聚，把区域资源优势转化为产品产业竞争优势；要积极发展适度规模经营，优化经营结构，以农户家自经营为基础，培育新型农业经营主体和服务主体。在三次产业之间，则要拓展提升农业产业链价值链，培育壮大农村电商、休闲农业、乡村旅游等新产业、新业态；做强一产、做优二

---

① 《马克思恩格斯全集》第四十六卷上册，人民出版社2003年版，第120页。

产、做活三产，推进三次产业融合发展；要发展现代食品加工业，提高农产品加工率和附加值；要挖掘农业的多种功能、培育宜居宜业的特色村镇。

第一节 农业特性及其在产业协调发展中的重要地位

农业是人类历史上最早出现的物质生产部门，它不仅能为人类社会发展提供必需品，而且还能为许多工业尤其是轻工业生产提供原材料，是人类生存和发展的基础产业。经验数据显示：1%的农业产值将会带动10%—15%的食品加工、现代物流等相关产值，1个农业产业工人将带动10个左右的农业服务业就业岗位。[①] 从世界产业发展的趋势看，农业不仅与许多轻工业尤其是食品加工业紧密相关，而且与生态、观光、休闲等服务业的联系也日趋紧密。世界经济发展经验表明，几乎所有发达国家都拥有现代化的农业，而大多数发展中国家却受到农业落后的困扰。因此，加快发展现代农业，尽快实现农业现代化既是我国彻底破解"三农"问题，从根本上消除城乡差距的重要途径，也是实现产业协调发展的关键和突破口。

一 农业及农产品的特点

（一）兼有基础性与弱质性双重产业特性

农业是指人们利用动植物的生长机能，采取人工培养和养殖的办法，把自然界的物质转化为人类需要产品的生产部门。作为最古老的产业，农业既是国民经济的基础性产业，也是一切非农产业的源头和母体。农业的基础性地位主要体现在以下几个方面：首先，农业是人类衣食之源，生存之本。它为解决人类生存提供了基本保障，即使在工业化程度高度发达的国家，农业提供生存必需品的功能也不会减

---

① 柳建平、张永丽：《现代农业发展：一个多层面的解析》，《科技进步与对策》2008年第8期。

弱，反而会随着人们生活品质的提高而增强。其次，农业是整个国民经济的重要组成部分，可以为其他产业的发展提供必要的生产要素，是工业、服务业和社会经济平稳发展的基石。我国是传统的农业大国，有超过8亿从事农业生产的农民，农业是我国最主要和最大的经济部门，它不仅为工业生产提供大量原材料，而且也是维持我国13亿人口生存的基本保障。从历史发展看，农业兴，则百业兴。综观世界各国农业的发展，有不少国家在推进工业化、城市化的进程中，都曾因一度忽视农业而导致农业衰退、农村凋敝，致使整个国家的发展和稳定为此付出了沉重代价。再次，农业所提供的巨大市场需求为其他产业扩大再生产创造了条件。最后，农业再生产过程总是同自然再生产过程交织在一起的，农业的每一构成部分实际上都是生态系统物质和能量循环转化过程中的一个环节。从某种意义上说，农业提供的生态产品构成了人类生存和发展的生态基础。农业基础地位是否牢固，不仅关系到人民的切身利益，社会的安定和整个国民经济的发展，而且关系到我国在国际竞争中能否保持独立自主。由此可见，在经济发展的任何阶段，农业的基础地位都只能加强，不能削弱。

农业虽然是国民经济中的基础产业，但同时也是弱质性产业。它的弱质性主要表现在以下几个方面：一是农业对土壤、水源、气候等自然资源和外在环境具有较强的依赖性。尽管近年来新的科学技术层出不穷，农业生产效率和质量都显著提高，但到目前为止，人类对自然资源的配置还只能总体适应或仅在局部做些改善，如自流灌溉和大棚生产。因此，农业生产易受自然灾害的影响而出现不稳定特征，往往在风调雨顺时丰产丰收，一旦遇到自然灾害，则减产减收甚至颗粒无收。二是农产品生产周期较长，具有较强的季节性，许多产品只在特定的季节形成，很难像工业品那样实行定制生产。同时，农产品所具有的鲜活性、价值低、体积大、易变质、难储运等特点大大增加了农产品的市场风险。三是农业整体科技水平不高。农业生产经营方式传统落后，农业产业链短而细，集约化程度低，规模效益小，农产品加工增值率低，农业生产经营风险大。四是农产品尤其是大宗农产品差异性小，产业进入壁垒低，众多分散的生产者使农产品市场近乎完全的竞争市场，同时由于农产品是生活必需品，需求弹性较小，当产品供过于求时，会出现增产不增收现象；同时，农业主产品——粮食又属于极度重要的战略性产品，一旦出现短缺，不仅会引发严重的社会问题，甚至可能危及国家安全等。这些特征使农业成为国民经济中的最重要的"弱质产业"。

（二）农产品是基本生活必需品和工业原料的供给来源

农业是国民经济的基础，在国民经济中占有重要地位。从农产品自身的特点来看，它具有双重属性：一方面，农产品是衣食之源，生存之本，人们的衣食冷暖都与农业息息相关，农产品中的粮食、棉花、肉油、蛋奶、蔬菜、瓜果等是维持人们生存需要的基本保证。一旦这些产品得不到保证，轻则导致饥荒及人口的流动和迁徙，影响正常的经济社会发展，重则会危及社会稳定和国家安全。古往今来，由于农业问题引起生活必需品不足最后导致政权变更的事例比比皆是。另一方面，许多农产品同时也是工业，尤其是轻工业生产必需的重要原材料来源。如木材、棉花、橡胶等。统计数据显示，我国工业原料的40%、轻工业原料的70%来自农业。许多与人们生活息息相关的工业部门，如纺织业、服装业、食品加工业、日用品工业更是直接以农业提供的产品为原材料，尤其是在工业化的初级阶段，农产品对经济发展的作用更为明显，农业的丰歉不仅直接影响了这类工业的发展，甚至引起整个国家经济社会的波动。世界经济发展历程表明，绝大多数发达国家，尤其是大国经济的工业化进程都是奠定在农业稳定发展的基础之上。

二 农业在产业协调发展中的基础地位

农业作为最古老的经济部门，既是人类进行一切生产活动的起点，也是一切非农产业的源头和母体。农业的发展、农业劳动生产率的提高和剩余产品的不断增加，是社会其他一切部门存在和发展的共同基础。马克思曾指出："超过劳动者个人所需要的农业劳动生产率是一切社会的基础。"[①] 世界经济发展的经验也表明，几乎所有先进国

---

① 《马克思恩格斯全集》第二十五卷（下），人民出版社2001年版，第885页。

家都拥有相对发达的现代农业,而广大发展中国家则农业落后。因此,提高农业发展水平,加快实现农业现代化,是实现产业协调发展的基础和前提。1961年,美国经济学家、诺贝尔经济学奖获得者西蒙·库兹涅茨在其传世之作《经济增长与农业的贡献》一书中,对农业在国民经济中的作用进行了高度概括,指出农业在国民经济中的基础性作用表现为对经济增长的四种主要"贡献",即产品(包括粮食和原料)贡献、市场贡献、要素贡献(包括剩余劳动力和剩余资本)以及通过出口国内农产品获得的外汇收入贡献。实际上,除了以上四种基本贡献,农业还在保持生态、审美体验和传承文化环境等方面具有重要作用。我国是传统的农业大国,农村人口众多,农业在推动其他产业发展中的作用更为突出,只有解决好农业问题,实现农业现代化,才能最终实现整体经济的可持续发展。

(一)农业为工业和服务业发展奠定物质基础

农业在产业协调发展中的基础性作用首先表现为农业能为国民经济其他产业发展提供必要供给,按用途不同可分为食品贡献和原材料贡献。就前者而言,"民以食为天",食品是维持人们社会基本生存和发展的保障和前提,具有其他产业产品不可替代的特点。拉尼斯—费景汉的研究表明,农业剩余将直接影响工业化发展的速度,如果农业提供的粮食不足以满足工业部门的需求,那么工业和服务业发展所需的劳动力就无法得到必需的食品,阻碍农业劳动力向工业和服务业有效转移。此外,农业发展滞后会使粮食供给长期无法满足对粮食的需求,从而导致粮食价格上涨,并进一步推动工业和服务业的成本上升,也会影响工业和服务业的发展。世界产业发展历程表明,只有农业生产者生产的食品超过维持自身生存需要而有剩余时,国民经济的其他产业部门才能得以发展。虽然从纯市场理论的角度上说,粮食生产不足可以通过国际贸易来加以解决,但实际上粮食大量进口将受到世界政治、社会和经济格局等多种因素的制约,作为人口大国,保持自给自足的粮食生产既是我国国民经济顺利发展的基本前提,也是作为负责任大国的具体表现,无法想象占世界人口比例最高的国家缺失了农业的后果。从发达国家产业发展的经验来看,几乎所有发达国家尤其是大国都以发达的农业为基础，才逐步实现了工业化过程，并相继进入更高层次的服务业经济时代。

(二) 农业为工业和服务业发展提供了广阔的市场空间

农业市场贡献主要包括两个方面：一方面是农业作为供给方，为工业、服务业等非农业产业提供生活类产品和生产用原材料。如农业通过提供橡胶、棉花、粮油、烟草、瓜果蔬菜、奶肉蛋鱼等农产品满足工业、服务业生产和人们生活所需。另一方面，农业作为需求方，需要从工业和服务业购入大量生产要素和中间产品，从而刺激和推动其他非农产业的扩张和发展。如农业通过购买农机、化肥、农药、地膜、家电、服装等生产和生活必需品，推动了工业发展。对仍处于工业化阶段的发展中国家，农业部门绝对规模往往较大，这决定了农业不仅是工业和服务业产品的主要市场，也往往是社会经济的支柱性部门。以轻工业的产品销售为例，我国轻工业产品约有 2/3 的市场在农村。同时，随着农业生产的发展，农业的市场贡献将继续扩大。一方面，随着农业现代化推进，农业机械化、电气化、知识化、智能化水平不断提高，会促进对农用工业品需求和工业生产的发展；另一方面，农业生产使农民收入不断提高，从而增加对工业消费品的需求，促进工业生产发展。正如党的十七届三中全会明确指出，加快建设覆盖全程、综合配套、便捷高效的社会化服务体系，是发展现代农业的必然要求。随着我国农业现代化进程的加快，农业对新技术和信息的巨大需求将有力推动农业生产性服务业的发展，物流业、培训业、信息咨询业等服务业将由于现代农业的崛起而获得更大的发展空间。

(三) 农业为非农产业发展提供必要的生产要素

所谓要素贡献，是指农业部门的生产要素转移到工业和服务业，进而推动这些产业的发展。按照生产要素的种类，主要表现为资本、劳动力和土地三个方面。首先，农业在资本方面的贡献主要源于以下方面：第一，在工业化初期，非农产业还很弱小，农业作为国民经济中的最大部门，几乎是国内储蓄和投资的唯一来源，这一时期农业积累往往是其他非农产业发展的基础和前提。以我国改革开放前的工农业产品"剪刀差"为例，著名"三农"问题专家陈锡文在对农业贡献深入研究后指出，从1953年实行农产品的统购统销到1985年取消统购统销期间，农业对工业化的贡献是6000亿—8000亿元。① 第二，与非农产业相比，农业资本收益率和收入需求弹性都相对较低，在市场机制的调节下，资本的逐利性使其更倾向于流向资本收益率更高、收入需求弹性较大的非农产业，这就使得资本不断从农业中流出而进入工业和服务业。第三，对非农产业的投资往往也会给农业带来间接收益，这无疑加大了农业资本流出的动力。如交通状况、基础设施的改善、技术的进步、教育的普及都会进一步提高农业的产出效率。

其次，农业为工业和服务业提供了发展所需劳动力。农业富余劳动力几乎是所有产业劳动力的直接来源。从我国情况来看，长期以来，农业一直是我国劳动就业最多的产业。2013年，我国农业就业人员比例依然高达31.4%，随着农业生产率的不断提高，劳动力的过剩成为一种必然趋势，这些庞大的溢出劳动力为非农产业发展提供了充足的后备军，其转化的速度既取决于农业生产效率提高的程度，也决定了非农产业发展的速度。随着科学技术在农业的广泛应用，农业劳动生产率不断提高，大量富余劳动力从土地上解放出来，转移到城镇和非农产业中。② 统计数据显示，目前全国约有1.5亿农业劳动力转移到非农产业，成为填补我国第二、第三产业劳动力缺口，推动工业和服务业发展的重要力量。

最后，土地是产业发展最重要的生产要素。目前，我国正处于工业化、城镇化快速发展时期，工业和服务业的快速发展需要大量解决生产和生活所需的土地，这都有赖于从农业中获取更多的土地资源。在市场经济条件下，新增土地需要花费较大的代价才能取得，这必然会大大增加工业和服务业的发展成本。我国目前土地的获得主要通过无偿划拨或有限补偿，工业和服务业往往支付较小的代价就能从农业中取得所需土地。一些学者通过研究发现，仅改革开放以来，我国从

---

① 毕泗生：《中国农业农村农民前沿问题报告》，人民日报出版社2003年版。
② 毕世杰主编：《发展经济学》，高等教育出版社2002年版，第159页。

农村转移出的土地就约有3亿亩,而绝大多数土地都用于工业和服务业的快速发展中。

三 落后农业是我国产业发展失衡的主要表现和基本原因

协调的产业关系是国民经济健康发展的基础。目前,我国产业失衡的主要表现是农业现代化水平不足,不论是农业劳动生产率还是现代科学技术的应用都与工业和服务业差距较大,落后的农业难以与工业和服务业在同一平台互动。就经营规模而言,以家庭为单位的小农生产依然在我国农业生产中占据主导。数据显示,我国农业经营规模仅为日本和韩国的1/3,欧盟的1/40,美国的1/400;就劳动生产率而言,尽管近年我国农业劳动生产率提高很快,但与工业和服务业相比劳动生产率差距仍呈现不断扩大的趋势。2008年,我国农业劳动生产率为11092元/人,社会平均劳动生产率为38806元/人,工业劳动生产率为69252元/人,服务业为46851元/人,我国农业劳动生产率不到社会平均劳动生产率的1/3,远低于工业劳动生产率,农业过于落后已经成为制约三次产业协调发展的主要因素。

(一)落后农业阻碍了现代工业技术向农业的扩散

如前所述,产业协调的一个重要特征是不同产业具有相同或相近的技术发展水平,彼此间不存在技术水平断层和劳动生产率的强烈反差。目前,我国农业生产依然以家庭为单位,这种传统的生产方式使土地过于零碎,不仅造成我国农业生产规模小、效率低,而且现代化的工业技术难以应用到小规模的农业生产中。以机械化为例,国外发达国家经验表明,农业机械化程度是衡量农业现代化水平的重要标志,也是农业生产方式由传统农业向现代农业转变的主导力量。美国和日本等发达国家在20世纪60年代都先后实现了农业机械化,每千名农业劳动者拥有的拖拉机数量在550—1840台之间。而我国在2004年,农业综合机械化水平只有30%左右,其中机耕、机播和机收三项机械化作业水平分别为47%、27%和20%。虽然2014年底,我国农业机械化水平达到61%,但与发达国家相比仍有不小差距,尤其是经济作物机收率较低,花生不到20%,油菜、棉花不到10%。不仅如此,我国的农业机械化还呈现出小型机械多,大型机械少;动力机械多,配套农机具少;普通机械多,高性能机械少的"三多三少"的落后局面。造成这种现象的主要原因在于落后的农业缺乏与现代工业技术相衔接的基础和资金。由于缺乏来自农业的有效需求,大量生产农机的工业企业不得不削减产能或减少对农业机械研发的投入,这不仅使先进的工业技术很难向农业扩散,而且影响了工业的发展,动摇了农业与工业协调发展的基础。此外,我国的农业还表现出对气候和自然条件有较强的依赖性,自然条件的多变性使农产品产量不稳、质量不高,规模化程度不高。以果品为例,我国果品中优质果仅占总产量的40%左右,能达到礼品果标准的产品只占总产量的5%左右,大量为中下等果,外观性较差,口感不好,制约了农产品加工业的发展。

(二)传统农业制约了服务业的发展

首先,落后农业最突出的特点表现为劳动力投入多而生产效率低下,农产品附加值低。长期以来,农业一直是我国从业人口最多的产业。尽管改革开放后,我国农业从业人员占总就业人员的比例由1978年的70.50%迅速下降到2014年的40.6%,但依然有近3亿的农民从事农业生产,大量劳动力被禁锢在耕地上,缺乏其他有效的创收渠道,使农民增收致富成为一纸空谈。据国家统计局公布的《2008年国民经济和社会发展统计公报》显示,2008年我国农村居民人均纯收入4761元,每月不足400元人民币,过低的收入大大降低了农民对生活性服务业的需求。其次,我国目前的农业生产主要以传统生产方式为主,以家庭为经营单位的小规模农业生产方式增加了生产性服务业的进入成本,使得后者难以在农业生产中发挥规模效应,从而影响了服务业与农业间的互动联系。以农业金融贷款为例,我国2.2亿农户,以家庭为主的农业生产方式使得农业贷款具有数量多、每笔贷款额少、信用评估难的特点,极大地增加了金融部门对农业的服务成本。此外,落后的传统农业生产需要大量人员做支撑,属于劳动力密集型产业,束缚了农业从业人员向服务业的有序转移。

(三)落后的农业不利于劳动者素质的提高

传统农业生产方式往往沿袭传统,重视言传身教和经验性知识,轻视对先进技术的吸收和运用,显然不利于提升我国农村劳动者素质。由于教育程度普遍较低，再加上观念陈旧、劳动作业时间过长，影响了农民接受新事物、学习新技能、掌握新方法的能力，从而使一些现代科技成果和技术转化难以在农业得到推广和使用。因此，大量低素质、低技能农业劳动力过剩与高素质、高技能劳动力的极度短缺并存，成为制约我国产业结构优化升级的"瓶颈"。

目前，我国农业劳动力的弱质性主要体现在以下方面：一是没有形成高素质的农业劳动力群体。2014年年末，我国乡村人口数为61866万人，占全国人口总数的45.23%。而农加值仅有58332亿元，占全年国内生产总值的比重为9.2%，用9.2%的国民收入养育45.23%的总人口，只能保证这部分人维持生计，却很难培养出具有高素质的农业人才。同时，国家对农业科技投入不足。我国农业科技投入占国民总产值的比例仅为0.5%，不仅远低于世界发达国家2%—3%的投入，而且也低于世界1%的平均水平。先天的不足加上政策上的缺陷，使我国农民的整体素质较低。2003年我国"教育与人力资源问题报告"指出：2000年我国15岁以上人口中仍有文盲8699.2万人，其中3/4分布在农村。农村劳动力人均受教育年限为7.33年，而城市是10.20年。城市、县镇和农村之间劳动力接受教育水平的比重情况为：具有大专及以上受教育水平的人口比例为20:9:1，受高中教育人口比为4:3:1，受初中教育的人口比为0.91:1.01:1，受小学教育的人口比为0.37:0.55:1。虽然这一比例近年有很大改善，但从事农业生产的劳动者接受教育时间较短依然是我国劳动力素质不高的重要原因。二是我国广大农村特别是地理位置偏远的不发达地区，市场化进程远远落后于城市，再加上传统小农经营思想的影响，农产品商品率和农村消费品市场化程度低，长期远离市场经济使广大农民既普遍缺乏市场意识，更缺乏闯荡市场的能力。三是在我国近年的快速城镇化和工业化进程中，由于工业和服务业的高收益性，在追求更高回报的心理动机和优胜劣汰的竞争机制下，农村中一些素质相对较高的农民纷纷弃土离乡进入城市，而城市通过各种途径的筛选，吸纳的都是农村中素质较高的人才，从而降低了现有从事农业生产劳动者的整体素质。同时，由于传统农业生产率水平不高，往往通过增加劳动者数量的方式来提高产量,制约了劳动力向工业和服务业的有效转移。

(四)过短过窄的农业产业链弱化了产业间的密切联系

农业产业链是指与农业初级产品生产具有产业关联关系的产业网络结构系统,是涉农各个领域产业经济活动客观发生经济技术联系的形式[①],是农业与农产品加工业、农业生产性服务业等之间协调发展的具体途径和重要方式。完善的农业产业链条,不但有利于增强农业企业的竞争能力,增加农民收入和产业结构调整,而且有助于农产品的标准化生产和产品质量安全追溯制度的实行。目前,我国农业依然主要集中在生产环节,与为农业生产做准备的科研、农资等前期产业部门和以农产品为原料的加工、储存、运输、销售等后期产业部门缺乏有机联系,产业链接环节少,链条过窄过短。大量的农产品仅经过简单加工甚至未经加工就进入消费市场,产品附加值较低。以农产品加工率为例,目前,世界发达国家农业初级产品与加工产品的比例为2∶1,而我国仅为0.43∶1,远低于发达国家水平,这种状况既不适应市场对农产品日益多元化的需要,也无法满足现代产业体系发展的要求。

第二节 城乡一体化进程中农业现代化与产业协调发展

农业现代化是以资本、物质和技术等先进要素为基础,通过对传统农业进行改造,以工业化的生产手段装备农业,以先进的科学技术提升农业,以社会化的服务体系支持农业,以科学的经营理念管理农业,最终实现农业发展方式的根本性转变。作为产业体系中的一员,农业现代化离不开现代工业和服务业的支持和带动,三者只有相辅相

---

① 李杰义:《农业产业链的内涵、类型及其区域经济效应》,《理论与改革》2009年第5期。

成,才能相得益彰。就我国而言,在城乡二元结构矛盾突出,城乡差距巨大,农业远远滞后于现代工业和服务业发展水平的背景下,加快农业现代化进程无疑是缩小产业差距,促进产业协调发展的关键和核心。

一 农业现代化是我国农业发展的必然选择

我国既是传统的农业大国,也是世界上人口最多的国家,这样的国情决定了农业始终是我国经济发展、社会稳定和国家自立的基础。历史发展经验告诉我们,农业丰则基础强,农民富则国家盛,农村稳则社会安。党的十七大报告指出,我国"农业基础薄弱、农村发展滞后的局面尚未改变"。这既是我国现代化建设的现实起点,同时也决定了我国必须走出一条具有中国特色的农业现代化道路。农业现代化的过程就是要以农业为基本依托,通过产业积聚、产业互动、要素渗透和体制创新等方式,将资本、技术、信息等资源要素在不同产业间进行高效集约配置,使农业生产、农产品加工和销售、餐饮、休闲以及其他服务业有机融合在一起,实现农业产业由传统模式向现代模式转变的过程。这一过程不仅有利于强化农村基础设施互联互通促进新农村建设,而且有利于吸引现代要素改造传统农业,使农业、农村和农民更多地分享现代化成果。

(一)农业现代化是缓解我国农业资源约束的必然选择

我国既是传统的农业大国,更是人均农业资源贫瘠的国家。虽然地域辽阔,但农业生产条件并不优越,属于多山国家,全部国土中山地占66%,平原占12%,有戈壁、沙漠、冰川、雪地、石山、裸地和高寒荒地39.9亿亩,占国土面积的27.7%,这部分土地基本上无法进行农业生产。就土地资源的数量和质量而言,我国人口数量与土地资源的矛盾十分突出,耕地资源总体质量不高,高产田比重小,中、低产田比重大。2006年底,我国耕地总面积为18.27亿亩,人均耕地1.41亩,只有世界人均量的1/4、美国的1/7、印度的1/2;人均草地面积不到世界人均量的1/2;人均林地面积仅为世界人均量的1/8。同时,我国农业后备土地资源严重不足,全国耕地面积为13000万公顷,其中水田2900万公顷,占22%;"望天田"400万公顷,占

3.1%；水浇地2200万公顷，占16.9%；旱地7400万公顷，占56.9%；菜地200万公顷，占1.5%。我国是全球13个人均水资源最贫乏的国家之一，人均淡水总资源不到2100立方米，是世界人均水平的1/4、美国的1/5。不仅如此，我国降水量的分布也不均衡，北部地区年降水不足，南部地区则雨水过多，降雨量低于400mm的干旱半干旱地区占53%。

此外，由于化肥、农药在农业生产中的大量使用，不仅导致了日益严重的农业面源污染，而且农地生产能力日趋弱化，耕地质量持续下降。随着人口数量不断增加以及城镇化进程带来耕地面积的持续减少，我国耕地、水等农业资源约束与提高农产品供给能力的矛盾越来越突出，已成为制约农业发展的"瓶颈"。继续采用传统落后的农业生产方式已经无法满足我国经济快速发展对农业的要求，加快促进农业现代化，有效提升农业生产效率已经成为解决我国当前资源约束的必然选择。

（二）农业现代化是确保我国粮食安全的重要保障

粮食是人类生存的第一需要，是国民经济和产业可持续发展的最基本保证。我国在1973年最早提及"粮食安全"，是针对当时"世界粮食危机"提出的一项政策目标。我国粮食安全的基本目标是"任何人在任何时候都能购买或生产他们所需的粮食"。近年来，农业产值占我国国内生产总值中的比重不断下降，2013年，农业增加值占整个国内生产总值的比例仅为6.24%。但农业发展尤其是优质粮食的重要性却不仅没有削减，反而比任何时候都更加突出。民以食为天，粮食问题不仅是构建和谐社会的物质基础，更是关乎我国社会稳定和经济发展的重要问题。我国是世界人口最多的国家，庞大的人口使我们不可能完全通过进口解决粮食安全问题。事实上，即使我国出现5%的粮食供给波动也会对国际粮食市场产生重大冲击。因此，必须依靠自身生产来实现粮食的基本供给，而农业现代化无疑是实现这一目标的重要保障。这不仅是因为我国耕地面积少，人均农业资源匮乏，也是由当前我国所处工业化和城镇化快速发展阶段所决定。随着工业化、城镇化的快速推进，我国农业出现了一个不容忽视的现象：一方面，大量农民离乡进城,脱离农业进入非农产业,由农产品生产者变成了消费者,从事农业生产的人员数量大大减少。统计数据显示,改革开放以来,从农业转移到非农产业的人数已超过2亿。另一方面,工业化尤其是城镇化发展占用了大量土地面积,耕地面积在数量上不断减少,在质量上持续下降的趋势难以避免。同时,随着经济发展和城乡居民收入水平的提高,人们的消费结构也不断升级,不仅对收入需求弹性高的肉、蛋、奶等消费品需求量大增,而且对农产品的质量提出了更高的要求。劳动者人数的净流失、耕地面积的持续减少和农产品需求结构的不断升级,使加快推进农业现代化,提高农业生产效率刻不容缓。

(三)农业现代化是巩固农业基础性战略地位的必由之路

农业是安天下、稳民心的基础性战略产业,没有农业的增长和劳动生产率的提高,就会从根本上动摇经济发展的基础和前提。随着人口增加和经济发展,对农产品数量和质量的需求将持续增长,而农产品生产由于受到耕地减少、水资源短缺和生态环境恶化等因素的严重制约,增产的困难较大。虽然我国可以适当增加一些进口来弥补不足,但是,粮食作为关系国家安全的战略性物质,如果外贸依存度过大,势必在国际发展关系中受制于人,甚至可能危及国计民生和社会稳定。因此,通过农业现代化不断增强国内农业生产效率成为巩固农业基础性战略地位的重要途径。当前,我国农业依然以传统生产方式为主,农业基础设施薄弱,抗御自然灾害能力不强;农民整体科学技术水平不高,农业生产在很大程度上还是依靠经验;从农业科技对农业生产的贡献率、农业劳动生产率、农作物单位面积产量以及科技人员和农业科技经营实体数量等主要指标看与发达国家存在相当大的差距。此外,我国农业基本属于短缺型,农产品多数时间供不应求,从长远看差距更大一些。[①] 随着经济社会不断发展,对农业与农产品的需求层次逐步提升,现有的农业生产方式与生产手段已难以支撑农业

[①] 国家计委经济研究所课题组:《我国第一、二、三产业的关系》,《经济研究参考》1996年第H1期。

的基础地位与保障功能。因此，在耕地面积有限的前提下，巩固农业基础和保障农产品供给，必须依靠科技进步和劳动者素质提高，依靠提高农业生产效率和产出水平。只有大力推进农业现代化，才能充分挖掘农业增收潜力，较大幅度提高农民收入水平，缩小城乡发展差距，全面建成小康社会。

（四）农业现代化是提升我国农业竞争力的需要

目前，我国农业还基本沿用家庭联产承包责任制为主的农业生产经营模式，这种模式在我国已运行了30年，曾极大地解放了农村生产力，调动了农民从事农业生产的积极性，但随着市场经济的发展，也逐渐显露出一些问题。如个体农户对农产品的分散生产与经营模式，既不利于现代化设备的使用，也不利于发挥规模效应；传统农业生产方式本身既无能力占据足够的国内农产品市场份额，又缺少开拓国际市场的专业化组织，在国际农业竞争中必然处于劣势。此外，与世界发达国家相比，我国农业不论是在农业发展观念、管理手段上，还是在农产品质量、社会化服务程度上都与国外先进水平存在巨大差距。以科技发展水平为例，我国农业科技进步贡献率为40%左右，而发达国家是80%；我国农业科技成果转化率仅为30%—40%，而发达国家比我们高出1倍。这种弱势不仅使我国农业难以在经济全球化背景下与发达国家同台竞争，甚至还会危及农业自身的发展。面对世界市场的争夺和发达国家农产品竞争压力，我国农业只有加快推进现代化进程，用现代物质条件装备农业，用现代科学技术改造农业，用现代产业体系提升农业，用现代经营形式推进农业，用现代发展理念引领农业，用培养新型农民发展农业，显著提高农业水利化、机械化和信息化水平，提高土地产出率、资源利用率和劳动生产率，提高农业素质、效益和竞争力，才能在迅速变革的全球化竞争中求得生存和发展。

二 农业现代化促进工业发展的作用机制

农业与工业的关系是国家经济发展中最基本的关系，没有农业的充分发展，工业的快速增长就是无源之水，无本之木。从发达国家工业化发展历程可以发现，工业化程度高的国家都拥有同样发达的现代农业，它们的发展历程充分证明发达农业不仅是工业化实现的基础和前提，也为工业化的发展提供了基本生产要素和消费市场。因此，重视农业在新型工业化中的作用，通过农业现代化实现农业增效、农民增收和农村发展进而提高对工业品的有效消费需求，新型工业化发展才有进一步实现的空间和可能。同时，农业现代化也会促进新型工业化的发展，两者是相辅相成、密不可分的关系。从某种意义上说，农业现代化本身就是新型工业化的一部分。农业现代化要求用现代工业化创造的物质基础、科学技术、经营形式和发展理念等来武装农业，它在深刻改变传统农业生产方式的同时，也有利于为工业发展提供更大数量、更优质量的原材料和更加广阔的消费市场。因此，农业现代化的过程也是工农业互动发展的过程。

(一) 农业现代化过程将引致更大的工业品需求

首先，农业现代化进程将引致基础设施建设的大量投入。长期以来，在重城轻乡、以农补工的思想指导下，我国的农村和农业基础设施一直滞后于城市发展，这种滞后逐渐成为制约我国农业现代化发展的重要因素。一些地区简陋的乡村道路限制了大型农机设备在农村的推广和使用，落后的基础设施条件影响了农民学习和使用现代技术的能力。发达国家农业现代化的历程表明，完善的基础设施是保证农业增产增收、农业生产率不断提高的必要条件，是实现农业现代化的物质基础。农业基础设施一般包括农田水利建设，农产品流通重点设施建设，商品粮棉生产基地、用材林生产基础和防护林建设，农业教育、科研、技术推广和气象基础设施等。由于工、农业间的内在联系，农业基础设施建设具有较强的"乘数效应"，农业基础设施的完善能诱发其他产业部门的连锁反应，直接带动第二产业中相关产业如钢铁、水泥、机械制造业、冶金业和建筑业等产业的发展。

其次，农业现代化是现代工业和农业的统一。不同于传统的农业生产方式，不仅化肥、农药、饲料等工业产品在农业现代化中得到广泛使用，石油成为农业机械的主要驱动力，而且从种子、肥料、杀虫剂、除草剂、机械、能源、包装、仓储、运输、加工、销售等几乎所有的环节都要依赖于外部供给。其中，机械化、化学化、电气化、水利化和信息化是农业现代化的重要特征,"五化"将显著带动工业的发展。以机械化为例,农业机械化水平高低是衡量一个国家农业现代化程度的重要标志,美国、加拿大、日本等发达国家都将机械化作为推进农业现代化的先导环节。与发达国家相比,我国农业发展主要依靠土地和劳动力的投入,农业机械化水平相对落后。目前,我国机耕率只有53%,机播率27%,机收率14%,灌溉水率仅为35%。其中,水稻种植水平只达到10%,玉米的机播水平达到了50%,甜菜、棉花、甘蔗等主要经济作物及牧草生产的机械化水平则更低。[①] 因此,农业现代化将显著提高对农机产品的需求,大大提高机械化在农业的普及程度,进而刺激机械制造业的发展。农业化学化是指以土壤为基础,以植物营养为中心,以肥料为手段,综合研究三者之间的关系,最后达到使作物增产的目的。农业化学化将增加对化肥、农药等农用化学品的需求,相应推动石油化工业的发展。农业水利是国民经济社会发展的重要基础条件,也是我国农业现代化的重要工作。目前,我国大型灌区骨干工程建筑物完好率不足40%,工程失效和报废的接近三成,直至2003年,我国19.5亿亩耕地中,还有11.1亿亩需要靠天吃饭。农业水利化将促进建筑材料、矿山机械业发展;电气化将促进电力、能源业的发展,并将进一步带动钢铁、石油开采、新材料开发等更多工业领域的发展。

最后,农业现代化客观上要求延伸和拓展农业产业链,将农业生产资料供应、农产品生产、加工、储运、销售等环节链接成一个有机整体,形成"农工商一体化,产加销一条龙"的生产经营体系。我国现有的农业生产方式链条过短,主要集中在农产品的生产环节,而发达国家的农产品加工产值是农业本身产值的3倍多,而我国还不到80%;发达国家加工食品占食物消费总量的80%,我国却不到30%。[②] 随着农业现代化的逐步深入,我国农业产前、产中、产后过

---

① 杜婵:《加快发展农业机械化是中国现代农业的根本出路》,《农产品加工》2007年第11期。

② 刘斌、张兆刚、霍功:《中国三农问题报告》(第2版),中国发展出版社2004年版,第71页。

程将融为一体,产业间联系日益紧密,继而有效促进以农产品加工为主的轻工业和以物流为代表的现代服务业发展。

(二) 农业现代化过程为工业发展提供更多支撑

许多农产品是工业生产的原料,也是推进新型工业化进程的重要支撑。农业现代化是用现代化工业装备农业,现代科学科技改造农业,现代市场经济观念和组织方式来管理农业,实现农业劳动生产率、土地产出率大幅提高的过程。在这个过程中,现代化的生产手段逐步取代了传统手工劳动,对工业发展产生了以下三个重大影响。首先,农业现代化显著提高了农业的产出数量和质量,为相关工业发展提供了更加充足和优质的原材料,从而提高了以农产品为主要原材料的工业产品的质量。其次,农业现代化密切了工农业间的关系。农业现代化要求用规模化、标准化、程序化的方式来进行生产,对农产品供应的数量、质量、时间等有更加严格的要求,这一方面要求现代化工业对农业进行必要的指导和帮助,另一方面,许多农业生产理念如精细化生产方式也逐渐渗透到工业生产中。最后,农业现代化极大地提高了单位土地和劳动力的产出效率,为工业现代化发展节约了更多资源。现代农业通过对劳动力、土地的节约为工业发展提供了更多具有现代技术和理念的产业工人和土地供给。以我国农业大省河南为例,2000—2007年,河南农业连续8年稳居全国第一位,同期河南的肉、蛋、奶产量分别达到818万吨、440万吨和215万吨,分别居全国第2位、第3位和第7位。河南农业的现代化过程不仅为本地以农产品为原料的食品产业发展提供了可靠保障,也为地区农机工业发展创造了机遇。2015年,河南省粮食再创历史新高,达606.71亿公斤,连续12年增产。目前,河南省级以上农业产业化龙头企业达到3918家,粮食和肉类加工能力分别达到3450万吨和578万吨,均居全国第一位。

三 农业现代化促进服务业发展的作用机制

农业现代化不仅是农业摆脱自给自足传统生产方式,逐渐与市场接轨的过程,也是与金融、信息、科技和销售等生产性服务联系日益紧密的过程,这一过程将加快促进服务业的发展。

（一）农业现代化将促进金融服务业的繁荣

与工业和服务业不同，农业以土地为最基本的生产资料，它必须借助于广袤的土地，才能获得满足动植物生长发育所需要的阳光、空气、水分和营养。由于如日照、降水、气温等自然条件具有不可控性，再加上农产品生产周期较长的特点，仅凭大自然的恩赐很难取得稳定和理想的农业效益，必须通过改善农业基础设施、提高农业科技含量和生产效率等方式来弥补农业生产的高风险。从某种意义上说，农业现代化的一个显著特征就是改变农业生产的环境和条件，实现农业生产的机械化、化学化、水利化、电气化和信息化，而"五化"的推进需要巨量的资金作支撑。仅以农业水利化为例，2011年国家一号文件指出，我国将在10年内投入4万亿元在水利建设上，2011年将投资4000亿元在水利建设上。如果再加上农业机械化、电气化、信息化、化学化的实施，农业现代化无疑需要投入巨大的资金量，这些资金的筹集和管理只有通过构建发达的金融服务业体系才能有效运营。因此，农业现代化必将带动金融服务业的蓬勃发展。

（二）农业现代化将推动物流业快速发展

农业现代化带动物流业快速发展的原因在于：首先，农业现代化过程为装备制造业发展创造了巨大的需求。国外农业发展经验表明，现代农业以机械化为物质基础，农业机械化程度既是农业现代化水平的重要标志，也是实现农业现代化的重要途径。与世界先进国家相比，目前我国农业机械化水平较低。如水稻机收水平仅达到30%，机械化种植水平只达到10%，玉米的机播水平达到了50%，甜菜、棉花、甘蔗和油菜等主要经济作物及牧草生产的机械化水平则更低。此外，我国的农产品加工率仅为7%，出口农产品的加工率为20%，农产品加工机械化水平也很低。[1]农业机械化的普及需要将大量的机械设备由生产工厂运输到乡村田野，通畅的物流是实现农业机械设备转移到农业的基本保障。其次，农业现代化将显著提高农业生产效率，

---

[1] 杜婵：《加快发展农业机械化是中国现代农业的根本出路》，《农产品加工》2007年第11期。

从而大幅提高农产品的产量,而农产品生产地往往在广大农村,远离农产品消费地,同时农产品具有时令性、易腐烂和不易储存的特点,必须通过快捷的物流及时将农产品运输到更远的消费地,这些都将促进物流服务业的迅速发展。

(三) 农业现代化将带动教育培训业兴起

农业现代化不同于传统的农业生产方式,它以先进科学技术的普遍运用为特点,这对生产者提出了更高的要求,需要大量有文化、懂技术、会经营的新型农民。目前我国农业生产者普遍素质较低,已经成为我国顺利实现农业现代化的"瓶颈"。统计资料显示:2006年,我国不识字或识字很少的农民比重为6.8%,小学教育程度农民所占比重为32.7%,初中教育的比重为49.5%,受高中或中专教育的农民比重仅为9.8%,受大学教育的农民比重不到1.2%。[1]尽管文盲、半文盲农民所占比重近年大幅下降,但农业劳动力整体文化程度仍然较低,特别是与发达国家相比,差距更大。如法国7%以上农民具有大学文凭,60%的青年农民具有中专文凭;日本农民中大学毕业的占5.9%,高中毕业的占74.8%。因此,加强对农民的培训,迅速提高农民综合素质是农业现代化的迫切要求。正如2007年中央"一号文件"所指出:"建设现代农业,最终要靠有文化、懂技术、会经营的新型农民。必须发挥农村的人力资源优势,大幅度增加人力资源开发投入,全面提高农村劳动者素质,为推进新农村建设提供强大的人才智力支持。"因此,农业现代化的推进将为我国教育服务业的发展带来难得的机遇,农业现代化对高素质农民的大量需求,必将带来我国职业教育和培训等相关服务业的快速发展。

(四) 农业现代化将加快农业生产性服务业的成长

农业生产性服务业是指为提高农业劳动生产率而向农业生产活动提供中间投入服务的产业。[2]党的十七届三中全会明确指出,加快建

---

[1] 资料来源:第二次全国农业普查主要数据公报(2008)。
[2] 关凤利、裴瑱:《我国农业生产性服务业的发展对策》,《经济纵横》2010年第4期。

设覆盖全程、综合配套、便捷高效的社会化服务体系,是发展现代农业的必然要求。就我国而言,农业发展水平较低的一个重要原因在于农业生产性服务业发展滞后,农业的产前、产中和产后缺乏服务业的有力支持。而反观发达国家的农业,都已形成了较为完善的农业生产服务体系。如美国有4000多个飞机场,其中相当一部分并不做客运业务,主要从事物流服务,以及为农业生产提供播种、施肥、洒农药等支撑性服务。即使在小规模农业国家,生产性服务业也在农业生产中发挥了重要作用。如日本针对小规模农业条件下农户分散经营的特点,建立了高效的农产品和农业生产资料流通服务体系,成为现代农业的重要支撑。我国农业现代化的推进是一个系统工程,它需要生产性服务业对农业生产的全过程进行支持。如在产前为农业提供良种供应、现代化农业机械、优质化肥、农药、饲料等农用物资;在产中为农业提供新技术推广和应用以及信息咨询等方面的服务;在产后为农业提供农产品供求信息、质量检测、存储、加工、包装、售卖等方面的服务。这些都将极大地促进农业生产性服务业的发展。

四 农业现代化的实现路径

不同于工业和服务业,除了受到经济发展和科学技术水平的制约,农业对自然条件具有更高的依赖性。从世界农业发展实践来看,各国农业现代化道路各具特色:如美国、加拿大等地广人稀,土地资源丰富的国家,主要采取扩大种植面积、大量使用农机设备、规模化生产发展现代农业;日本、以色列等耕地资源短缺的国家,则通过产业链整合、加大农业科技应用、精细生产等方式提高单位土地的产出率;而德国、法国则兼顾劳动生产率和土地生产率的提高,既重视用现代工业装备农业,又强调科学技术推广应用。先进国家农业现代化发展的不同路径表明,在实现农业现代化过程中,各国都非常注重立足本国实情,积极探索各具特色的发展道路。就我国而言,一方面,人多地少矛盾突出;另一方面,由于地域辽阔,地理气候特征迥异,各地农业资源和发展基础差别很大。同时,传统农业生产方式在我国仍占主导,这些都决定了我国各地必须因地制宜,从实际出发,走出一条具有中国特色的农业现代化发展道路。

(一) 加大农业投入力度,形成促进现代农业建设的投入保障机制

党的十八大报告提出:"加快发展现代农业,增强农业综合生产能力,确保国家粮食安全和重要农产品有效供给。"农业现代化不仅需要大量现代化的农业机械设备,也需要许多高素质的农业生产者,还需要以信息化为代表的现代科学技术的支撑,而这些要素的具备都需要大量资金来保障。客观地说,近几年各级财政对农业的投入不断增加,农业投入不足的矛盾得到很大缓解。但从我国农业发展现状和现代农业发展的需要看,农业投入仍然严重不足。这种不足不仅表现为国家公共财政资金投入不足,金融部门对农业的支持有限,还表现为社会资金投入太少。就国家对农业的财政投入而言,由于缺乏科学的投入机制,使本来就非常有限的资金被分散在许多部门,大大降低了农业投入的效果。因此,对农业的投入必须结合其发展特点,建立相应的机制,对不同的投入主体提出不同要求,采取不同手段。对政府投入而言,不仅要保证国家财政投入的稳定性和连续性,还要突出重点,保证政府的投入效果,对农业的投入必须坚决执行中央1号文件提出的三个"继续高于"和一个"主要用于"的投入政策。那种不分重点撒胡椒面式的投入方式,不仅良莠不分,难以起到支持农业的效果,更为严重的是延误了农业发展的有利时机,使真正有潜力的农产品和农业产业区错过了发展的机会。同时,鉴于农业现代化建设需要的巨大投入与我国作为世界最大发展中国家的现实,仅仅依靠政府有限的财力难以实现农业发展方式的根本改变。因此,广泛动员社会力量,将农业投资主体多元化是解决我国农业投入不足的必然选择。我国应在投资政策和税收减免等方面出台相应的配套政策,通过建立有利于发展现代农业的投融资机制,借助市场力量,鼓励金融资本、外商资本、社会资金更多地参与到农村建设和农业现代化发展中,形成全社会关心、支持农业发展的良好氛围。

(二) 加快农业基础建设,提高现代农业的设施装备水平

党的十八大报告指出,我国"农业基础依然薄弱,资源环境约束加剧"。这既是对我国农业发展状况的基本判别,也是推进我国现代农业建设的出发点。我国农业发展滞后的一个重要原因在于由于农业

投入不足导致的农业基础设施建设落后，保障能力不足、布局不合理、农业装备技术不高，造成水土流失、耕地退化严重。针对这种情况，加大对农业基础设施建设投入是促进农业现代化的重要任务。具体而言，应采取以下措施夯实我国农业发展基础：一是加强农业水利设施建设。把农田水利作为农村基础设施建设的重点任务，把严格水资源管理作为转变经济发展方式的战略举措，大力抓好农田水利建设，增加小型农田水利工程建设补助专项资金规模。加大病险水库除险加固力度，加强中小河流治理，改善农村水环境。二是进一步围绕农村"通路、通电、通水、通气、通信息网络"，扩大覆盖面，提高标准，完善功能，建立长效管护和运行机制。三是强化和落实耕地保护责任制，切实控制农用地转为建设用地的规模。合理引导农村节约集约用地，切实防止破坏耕作层的农业生产行为。加大土地复垦、整理力度。按照田地平整、土壤肥沃、路渠配套的要求，加快建设旱涝保收、高产稳产的高标准农田。加快实施沃土工程，重点支持有机肥积造和水肥一体化设施建设，鼓励农民发展绿肥、秸秆还田和施用农家肥。扩大土壤有机质提升补贴项目试点规模和范围。四是加快发展新型农用工业。积极发展新型肥料、低毒高效农药、多功能农业机械及可降解农膜等新型农业投入品。优化肥料结构，加快发展适合不同土壤、不同作物特点的专用肥、缓释肥。加大对新农药创制工程支持力度，推进农药产品更新换代。加快农机行业技术创新和结构调整，重点发展大中型拖拉机、多功能通用型高效联合收割机及各种专用农机产品。

（三）推进农业科技创新，强化科技对农业的支撑作用

随着科学技术发展的日新月异，科学技术在推动经济发展中的作用已经超过资本和土地成为第一生产力。农业自身的弱质性和基础性地位，决定了只有依靠科学技术创新和广泛应用，才能实现农业发展的根本性转变。从世界农业发展历程来看，先进国家农业的快速发展很大程度上都归因于科学技术在农业的广泛应用。目前，我国农业科研投入较低，仅占 GDP 比值的 0.5%，不仅远低于发达国家的 3.2%，也低于世界平均值 1.07%。不仅如此，科技在农业发展中的贡献也太

少。数据显示,我国科技在农业增长中所占的份额不到35%,仅相当于发达国家的一半,科研成果中约有2/3没有得到有效推广。因此,加快科学技术创新已成为我国农业发展的迫切要求。根据我国农业发展现状,我国农业科技创新要按照"统筹安排、突出重点、分步实施、整体推进"的原则,从全局性、战略性高度进行总体部署。农业科技创新要突出三个战略重点:一是强化农业持续发展的战略性技术储备研究。二是重点支持解决制约农业发展的"瓶颈"问题和引领现代农业的关键技术。三是加大成果转化、农民增收关键技术集成与示范力度。同时,坚持原始创新、集成创新和引进消化吸收再创新等不同创新途径的有机结合,充分发挥农业院校、科研单位和农业技术推广部门的人才和技术优势,通过开展各种形式的技术示范和技术培训,提高农民运用科学知识的能力,不断增强农业科技自主创新能力,促进现代农业加快发展。

(四)培养新型农民,为建设现代农业做好人才储备

农民是农业生产的主体,农民素质的高低直接影响到农业现代化的推进。现代农业发展不仅需要农民愿意接受和采用现代生产要素,而且必须懂得如何更有效地使用现代生产要素,必须具有学习新知识和新技能的能力。目前,我国农民素质普遍偏低已经是一个不争的事实。据全国第五次人口普查资料分析,2000年全国农村劳动力平均受教育年限为7.33年,而同期城镇劳动力的平均受教育年限达到10.20年。在全国农村4.8亿的劳动力中,小学以下的占40%,初中文化的占48%,高中文化的占12%。与发达国家相比,我国农民的文化程度差距更大,如日本农民中大学毕业的占5.9%,高中毕业的占74.8%,初中毕业的占9.4%。根据我国农民受教育的年限与产出情况,美国经济学家盖尔·约翰逊分析后指出,中国农民在校时间每增加一年,其收入就可增长3.6%—5.5%。联合国教科文组织项目研究也表明,人受过初等教育能提高生产效率43%,受过中等教育能提高108%,而受过高等教育则能提高300%。因此,加快培养新型农民,提高农民素质,让农民尽快掌握必备的农业生产知识成为实现我国农业现代化首先要解决的重要问题。为此,我国应采取以下措施:一是

大力发展农村教育，夯实基础教育。教育是提高劳动者素质的根本途径，我国必须继续推行农村义务教育，增加对农村教育投入，将农村义务教育全面纳入国家财政保障范围，加强农村教育经费使用的规范管理，同时开展教育对口支援，鼓励和组织大学毕业生到农村学校任教，提高农村中小学教师素质。二是加强对农民实用技术和技能的培训，增强农民谋生本领和致富能力。加快构建农村职业教育和技能培训网络，发展城乡一体化的中等职业教育，支持高等院校设置涉农专业。组织实施新农村实用人才培训工程，重点培训种养业能手、科技带头人、农村经纪人和专业合作组织领办人。三是进一步繁荣农村公共文化，营造良好学习环境。加强农村精神文明建设，用社会主义荣辱观引领农村社会风尚。通过广播电视"村村通"、坝坝电影、乡镇综合文化站和农民书屋工程等多种方式提高农民文化素质。

第三节 成都试验区以现代农业促进产业协调的实践探索

成都市城乡统筹实践起始于2003年，在7年多的实践中，成都市坚持以科学发展观为引领，重视农业基础性地位，将发展现代农业，提高农业现代化水平作为促进三次产业协调互动发展的重要工作。通过统一规划、土地规模集中、组建农业专合组织、发展农业园区等手段提升了农业现代化水平，进而促进了三次产业的均衡发展，形成了以农业现代化促进产业协调发展的特色之路。

一 成都试验区农业发展的现状和问题

（一）发展现状

近年来，由于高度重视现代化建设在农业发展中的作用，成都市农业取得长足发展，农民收入持续稳定增长。2009年，全市农业增加值达267.8亿元，增长3.7%；农村居民人均纯收入达7129元，增长10%；全市农林牧渔业总产值441.1亿元，增长3.7%。其中，种植业产值223.3亿元，占农林牧渔业总产值50.6%。养殖业产值达

201.8亿元（含牧业、渔业），占农林牧渔业总产值45.8%。截至2009年底，全市大型畜禽规模养殖场有3022个，规模化养殖率提高到33.27%；生猪存栏达527万头，年出栏1081万头；养殖水面13.24万亩，水产品总量达10.5万吨，其中名特优水产品达到55%。此外，农产品加工业突飞猛进，主要农产品加工产值达841亿元，年销售收入5000万元以上的农产品加工企业657家，年销售收入过亿元的90家，其中，年销售收入10亿元以上的12家，50亿元以上的3家。涌现出"美好""通威""得益绿色""棒棒娃""豪吉"等一批具有较强市场竞争力的品牌。①

2014年，成都实现农业增加值360亿元，增长3.6%。新增粮食规模化经营面积17.9万亩，新建益民菜市（菜店）55家，粮食、蔬菜、肉类和水果等主要农产品产量稳定增长。特色优势产业发展壮大，粮经产业综合示范基地、现代农业精品园区、都市现代农业示范带加快建设，粮经复合种植模式和标准化生产全面推广，农产品精深加工产值突破900亿元。新建高标准农田27.8万亩，东风水库大坝枢纽工程基本建成。同时，新型农业经营体系不断完善，农业合作社、家庭农场、专业大户、龙头企业等新型农业经营主体新增3443家。全面推行农村小型公共基础设施村民自建，自建项目完成投资2.34亿元。成功获批全国第二批农村改革试验区，农村产权制度改革荣获第七届中国地方政府创新奖。②

（二）成都市农业现代化进程中出现的问题

首先，农业土地资源稀缺，人地矛盾突出，土地细碎化特征明显，稳定粮食生产压力日益加大。成都市人均土地只有0.8亩，低于我国人均土地占有量。同时，传统农业优势明显，优质、安全、生态农业发展不足。

其次，农业产业化水平低，产业结构未能完全满足农民增收和市场化需求。主要表现为种植业和养殖业集约度低，缺乏有市场竞争优

---

① 成都市农委：《成都市现代农业发展规划》（2010—2020）。
② 成都市2014年政府工作报告。

势的特色产品，现有农产品抵御自然灾害能力较弱，农业生产规模化、标准化、产业化程度低。农产品精深加工水平不高，高附加值产品少，规模小，名优品牌少。针对农业的生产性服务体系不健全，科技创新能力难以适应现代农业发展要求，农业专业技术推广人才比例低，农业物流体系总体规模小，年交易额超过10亿元的农业物流市场仅有6家。农业物流业基本上只具备单一的市场交易功能，与现代物流业发展要求存在较大差距。

再次，农业基础设施建设仍较滞后。加快农业农村基础设施建设，既是改善农村民生的迫切需要，也会催生更大的投资和消费需求。尽管近几年成都市加大了对农业基础设施的投资力度，已实现村村通公路，但由于成都市农业和农村基础设施投入欠账较多，历史投入不足，投资分散，尚未形成对农业投入的多元化机制，农业基础设施建设仍较滞后，抵御自然灾害能力较弱，还不能满足现代农业的需要。鉴于此，2013年，出台了《中共成都市委成都市人民政府关于大力发展都市现代农业加快建成农村全面小康的意见》（以下简称《意见》）。《意见》提出，成都市财政将设立农业基础设施专项资金，主要用于农村道路、水利设施、公共设施建设等农业基础设施公益性投入，进一步完善农村基础设施条件，为都市现代农业发展和农村全面小康社会建设创造条件。

最后，体制性障碍依然存在。农业和农村经济发展面临的管理体制、投入体制、农产品流通体制等深层次体制性矛盾仍未从根本上解决，促进农业稳定发展和农民持续增收的制度和机制尚未建立。在《意见》中，成都市提出创新农业经营体制机制的三项措施：一是培育新型经营主体。扶持发展农民专业化合作组织，推动农民合作社联合社发展，新发展合作社1000家以上，新发展市级以上龙头企业60家以上，新培育年产值或销售收入超过10亿元的龙头企业10家以上。二是推进集约规模经营。坚持农村基本经营制度，引导农村土地承包经营权有序流转。探索建立严格的工商企业租赁农户承包耕地（林地）准入和监管制度，引导工商企业投资农业从事产前、产中和产后服务。三是强化公共服务等具体措施。强化以农技推广、疫病防控、质量安全、农村信息、农业气象为重点的农业公益性服务,建成全市主要农产品质量安全监管系统、农产品溯源信息系统和农村信息综合服务管理系统。深化银保财互动和农村产权抵押融资,逐步提高涉农小额信用贷款额度,落实金融机构向农村延伸经营网点补贴、小额担保贷款贴息等政策。进一步扩大政策性农业保险品种和范围。推进粮食统储、农资配送、农机租赁、劳务服务等农业社会化服务,新发展社会化服务机构1000个。

二 成都市走农业现代化发展道路推进农业"接二连三"的实践

(一) 重视规划在农业现代化发展中的作用

农业现代化是一个长期、复杂的系统工程,科学合理的规划既是加快推进农业现代化,实现农业与第二、第三产业协调发展的行动指南,又是推进农业现代化连贯性和可持续性的重要保障。成都市在推进农业现代化发展过程中,始终坚持科学规划在农业现代化中的指导作用,以成都市农业资源优势、区位优势和产业优势为基础,以国内外市场需求为导向,按照市场化、规模化、产业化的要求,高起点、高标准地编制完善现代农业发展规划。先后制定了《成都市农业和农村经济发展第十二个五年规划》《成都市现代农业发展规划(2010—2020)》《成都市农业机械化发展规划》《成都市现代农业物流发展规划》《成都市土地整理规划》和《城乡建设用地增减挂钩专项规划》等。针对地形的多样性及与主城区的紧密程度,成都市提出在城市近郊区,着力以发展都市休闲观光农业为主,在中远郊平原地区,着力推进以优质粮油、蔬菜、花卉苗木等产业为主,在中远郊丘陵地区和盆周山区,着力推进优质水果、蔬菜、茶叶、蚕桑、旱粮、道地中药材和林竹、水产等产业。同时,成都市还针对农业现代化发展趋势和实际情况,高标准地确定了农业现代化的发展目标,即将成都建设成为"西部第一、全国领先"的现代农业示范区,形成"一区三中心",即西部特色优势产业集中发展区、西部农产品加工中心、西部现代农业物流中心和西部现代农业科技创新转化中心。这些规划的出台对于优化成都市农业发展布局,明确发展方向,突出发展重点起到了重要的指导作用。

(二) 加快土地流转，推动适度规模经营

成都市辖区内有农民约 280 万人，人均耕地不足 0.8 亩，12 个县含山区或丘陵。由于受自然资源条件的制约，以及平均主义与小农经济思想的影响，农户承包地往往因土地肥沃远近不同而很分散，耕地零碎化严重（如双流县有一农户不足 4 亩土地却被分为 24 块）。过度分散的土地形成了小规模、多元化分散的小农经济，制约了农业现代化的快速发展。为了解决农村耕地家庭承包经营规模偏小、布局过于分散、效益差、抗自然和市场风险能力弱的问题，成都通过促进土地流转和适度化规模经营等手段发展现代农业，取得了良好的效果。在推进土地规模化经营过程中，成都市以稳定家庭承包经营和坚持统分结合的农村基本经营制度为基础，按照依法、自愿、有偿的原则，积极推进土地向龙头企业、农民专业合作经济组织、农村集体经济组织和种植大户集中，实施规模化、集约化经营。在实践中，逐步形成了"土地有偿流转，业主规模经营""土地量化入股，集体统一经营""土地量化入股，村企合作经营""土地银行""大园区、小业主""大园区、大业主""田间股份制"以及家庭农场、特色农庄等多种模式。截至 2008 年底，成都市农用地已累计流转 303 万亩，占农用地总面积的 28.7%；其中累计流转耕地 215.4 亩，占耕地总面积的 43.6%，比 2002 年增加 182.5 万亩，增长 3.9 倍，年均增长达到 33%，全市 50 亩以上规模经营农用地面积已达到 197.5 万亩，占总流转农用地面积的 65.2%，其中 50 亩以上规模经营耕地面积 135.6 万亩，占总流转面积的 62.9%；1000 亩以上规模经营农用地面积累计 91.6 万亩，占总流转面积的 30.2%，业主达到 403 个。成都市通过土地向规模经营集中，有效促进了农业现代化的进程，提高了土地经营的集约化、集体化水平和农业综合生产能力。[①] 随着农用地集中度的不断提升，成都市发现土地集中度也并非越高越好，因此，2010 年后，成都市逐渐减缓了土地规模集中的步伐，不再将土地集中度作

---

① 四川大学成都科学发展研究院：《成都统筹城乡发展年度报告》，四川大学出版社 2009 年版，第 349—350 页。

为推进农业现代化的重要抓手,因此近年来,土地集中度大体维持在一个相对稳定的水平上。

(三) 培育发展专合组织,大力促进农业现代化

农业专业合作组织是由从事同类产品生产、经营的农民、企业、组织和其他人员自愿组织合作,并在技术、资金、信息、购销、加工、储运等环节实行自我管理和经营,提高产品竞争力,增加成员收入为目的的一种组织形式。[①] 农业专合组织一般由从事种养殖业的大户和能人牵头,按照"民办、民管、民有、民受益"的原则,实行民主管理。农业合作组织拥有自身的利益诉求,以服务市场为导向,以农民为主体,以利益为纽带,以增收为目标,它改变了传统农村单家独户闯市场的尴尬局面,解决了小农经济与大市场的矛盾,特别适合于市场竞争力弱的农户联合起来参与市场竞争,对增强农产品进入市场、提高农民市场话语权具有重要意义。成都市政府高度重视农业专合组织在促进农业现代化中的积极作用,采取了政策引导、资金补助等多种措施进行鼓励和扶持。以浦江县为例,2009年蒲江全县发展农业专业合作组织140个,成员2.9万人,联结带动农户4.9万户,带动面达76%。其中,茶叶产业有农业专业组织15个,生猪产业有农业专业组织34个,水果产业有农业专业组织30个。2015年,蒲江县建成省级现代农业综合区2个,11个精品园,55个现代农业示范基地。工商登记的合作社已从2010年的223家发展到534家,家庭农场发展到518家,建成省级生态循环示范区1个,市级示范主体5家。

(四) 加强基础设施建设,夯实农业现代化发展基础

良好的基础设施能加快推进农业现代化进程。成都市非常重视农业基础设施建设在农业现代化中的作用,投入大量资金夯实基础设施,率先在西部实现了县县通高速路、村村通水泥(沥青)路、村村通电话、镇镇通网络。农民集中居住区做到了水、电、气、道路、电视、电话、网络等基础设施建设和就业、社保、上学、医疗等公共服

[①] 四川大学成都科学发展研究院:《成都统筹城乡发展年度报告》,四川大学出版社2009年版,第172页。

务全面到位,基础设施的投入显著改变了农民的生产生活方式和居住条件。此外,开展农村土地综合整治是成都市加强基础设施建设的另一项重要举措。自1999年《土地管理法》实施以来,成都市的土地整治从单一追求占补平衡的农地整理逐步发展为统筹城乡的重要载体,内涵不断丰富。在土地整理初期,成都主要针对零星存量建设用地和未利用地进行简单整理后复耕。这种模式由于缺乏统一规划,目标相对单一,农村面貌和农业生产条件没有得到根本改变。2003—2007年,成都在蒲江、邛崃等地开展了统一规划整治田、水、路、林、村的试点工作,既实现了耕地占补平衡,又有力地提高了农业综合生产能力,改善了农民生产生活条件,促进了农业产业结构调整。随着统筹城乡改革的进一步深入,成都市提出了土地整治的"四性"原则,即结合当地产业和经济的特殊性、生产生活和生态环境的高度相融性、农民集中居住区空间布置即建筑形态的多样性、农村基础设施和公共服务的共享性。在推进方式中采取"1+N"模式,即以国土部门即土地整理资金为主,整合农业、交通、建设、水利、民政、公安等部门的力量和资金,形成"同炒一盘菜,共做一桌席"的工作格局。截至2009年底,成都完成土地整理项目172个,投入资金50亿元,整理规模191.4万亩,新增耕地24万亩,新建中心村和聚居点284个,促进了2.7万户近10万人集中居住;实施完成挂钩项目20个,正在实施的挂钩项目120个,投入资金近200亿元,新建中心村和聚居点536个,促进了6.8万户21.7万人集中居住。通过土地综合整治,不仅增加了有效耕地面积,实现了耕地占补平衡,提高了高标准农田比重和农业综合生产能力,而且优化了土地利用结构和布局,促进了传统农业向现代农业的转变和产业结构调整。

(五)积极发展农业现代物流业

农产品易腐烂、难运输的特性往往制约了农产品的销售半径,造成农民增产不增收,常常在农业丰收后面临无法将农产品迅速运输到市场的尴尬,这往往是由于缺少现代化的农业物流所致。成都市将畅通发达的物流服务视为实现农业现代化的重要组成,在推进农业现代化过程中,高度重视农产品物流业的发展,采取了一系列有效措施加快发展农业现代物流业：一是大力培育和扶持涉农现代物流企业主体。鼓励龙头企业、民营企业和社会资金进入涉农现代物流业，从事农业物流的公司可以享受农业现代化所对应的优惠政策。二是积极创新涉农现代物流业的运营模式。加快建立市、区（市）县两级和跨区域多级多层次的连锁、配送中心。通过发展电子化物流网络支持农产品进行网上交易；支持和鼓励农业物流企业之间采取共同配送、共享基础设施和物流网络等形式，加强农业物流公司间的协作。三是完善现代物流基础设施。优先抓好农产品物流基地、保险冷藏和信息平台等农业物流基础设施建设。四是加快实施农业"走出去"战略，支持发展外向型农业。对符合条件的农产品出口基地建设、农产品出口企业，市和区（市）县给予一定奖励，对其运输和检验检疫费用给予补贴。不仅如此，成都市还制定了国内首部农业物流专业规划，即《成都市现代农业物流发展规划》（以下简称《物流发展规划》）。该《物流发展规划》改变过去以批发市场、骨干企业为主的农产品交易模式，将现代物流和现代农业相结合，通过对农产品流通网络、信息中心和配送中心的合理规划，打造农产品物流战略体系。根据规划，2020年，成都市域范围内将形成一个服务全市乃至西部的农业物流配送网络，以交通运输和信息系统两大平台为支撑，在温江、蒲江、龙泉驿建立起3个专业性的农产品配送中心，在彭州、崇州、金堂、邛崃、双流、青白江和郫县建立起7个综合性农产品配送中心，同时还将在市域内建立若干配送站。建成后的现代物流体系将显著提升农业信息共享能力，大幅提高农产品在生产地与消费地间的流通速度，减少农产品的运输周期和损耗。

（六）建立促进现代农业建设的投入保障机制

成都市通过政府与市场两只手满足现代农业发展对资金的需求。一方面，通过创新投入机制改进财政投入方式，不断增加财政对现代农业的支持力度。另一方面，充分发挥市场在资源配置中的决定性作用，制订政策引导社会资金向现代农业和农村集聚。通过组建政策性的市级现代农业发展投资公司，集中实际用于发展农业的财政资金和部分土地出让收入等资金，搭建农业发展的投融资平台。成都市对现代农业发展投资公司的职责定位是：投资促进现代农业发展的重大项目；引导和集聚信贷资金和社会资金投入农业产业化；促进各类金融机构开展为农业和农村经济发展的金融服务；提供政策性农业保险和农业信贷担保服务；参与农村土地整理，促进土地规模经营。[①] 目前，现代农业发展投资公司已成为引导社会资源流向现代农业的有效平台和重要载体。

（七）典型案例：成都市浦江县农业"接二连三"的实践探索

浦江县位于四川盆地西南部、成都平原西南缘，全县辖区面积583平方千米，辖8镇4乡、192个村、14个居委会、1420个社、98个居民小组，总人口25.6万人。2005年，全县地区生产总值只有25.5亿元，三次产业产出结构比29.3∶38.4∶32.3。经济总量偏小，工业化水平较低，服务业发展滞后，产业亟须提档升级。同时，浦江县属于传统农业县，资源要素制约明显，尤其是资金紧缺，可用于支持经济社会发展的财政资金有限，区域竞争压力较大。在城乡统筹实践中，蒲江县立足自身实际，紧紧抓住产业间的内在联系，通过把农业与工业、旅游业有机衔接，积极发展生态农业、生态工业和生态旅游业，实现了生态资源和农业资源向工业和旅游业的巧妙转化，形成了蒲江县农业"接二连三"的特色发展之路。

作为传统农业大县，浦江县工业基础并不发达，为了增加农业效益，提高农民收入，蒲江县坚持以市场为导向，用工业理念发展农业，大力实施农业产业化经营，不断延长农业产业链。浦江县依托"国家级生态示范区""国家级无规定动物疫病区示范区""国家茶叶标准化生产示范区""全国农产品加工业示范基地"等品牌，按照"因地制宜、区域化布局、专业化生产、企业化管理、一体化经营、社会化服务"的发展思路，大力引进培育和扶持发展农业产业化龙头企业，构建起集种植、养殖、加工，农业、工业、贸易为一体的现代化农业体系。通过引进现代农业加工企业，延伸农业生产链，发展农

[①]《中共成都市委成都市人民政府关于进一步健全市场配置资源机制提高城乡统筹发展水平的意见》，2006年。

副产品加工和食品加工业，实现了农业与工业的有效对接。同时，蒲江县充分利用丰富的生态和农业资源优势，积极发展集农事体验与观光为一体的休闲旅游业，实现第一、第三产业互动发展。首先，浦江县从现代农业空间布局着手，重点优化以茶叶、生猪、猕猴桃为优势农产品的区域化布局，加快推进川西旅游环线、"三湖一阁"风景旅游区、沿成雅高速的旅游生态经济区建设。初步建成了优质生猪产业基地和标准化茶叶产业基地、猕猴桃产业基地、柑橘等特色农产品生产基地。蒲江县按照田园化、园林式模式加大景观农业设施建设，统筹推进对农村山、水、田、林、路、房的改造。同时，配套完善农业观光休闲区内健身小道等基础设施建设，为由农产品标准化基地向景区转化奠定基础。其次，培育特色旅游产品。围绕"吃、玩、购"等旅游要素，蒲江县因地制宜地引导农民利用自然生态及特色农产品等资源，大力培育特色旅游产品，实现由农产品到旅游产品的转变。以"果进篮、花进盆、菜进盒"等形式，鼓励农民生产经营精装猕猴桃、礼筐樱桃、蒲江杂柑等特色农产品，把市场前移到果树下和田间地头，实现了农产品与消费者的直接对接；积极开发竹编工艺品、蒲席、微缩农具等特色旅游商品，在乡村旅游集中发展区开展蒲江生态旅游产品展销活动，做到游客"留有消费项目、走有购买产品"，不断树立和推进蒲江的生态化和特色化特征。最后，完善基础设施配套。围绕"行、游"旅游要素，蒲江全力构架旅游骨架路网，推进乡村旅游畅通工程建设。形成了以川西旅游环线、S106线、G318线、蒲眉路、新蒲路等为主的旅游骨架路网格局，全县乡村旅游区（点）道路、公交通达率均达100%，景区的可进入性全面提高。乡村旅游观光区水、电、气、视、网络等均达到100%，加上游客中心等服务设施，游客在乡村旅游景区休闲度假的安全舒适性不断提高。此外，蒲江还着力实施了城乡环境综合治理，不断完善了旅游交通标志等设施。依托现代农业产业带，按照国家A级景区标准，重点建设光明樱桃观光休闲区、成佳茶文化观光休闲区、鹤山柑橘观光休闲区等不同类型的第一、第三产业互动特色景区。通过财政贴息、担保、财政奖励等方式扶持、奖励乡村旅游景区、旅游项目和特色农家乐，通过示范效应带动不同产业间互动创新。

通过全县共同努力,蒲江县产业协调发展效应逐渐显现。2009年上半年,全县第一产业实现增加值5.8亿元,增长4.6%;1—10月,全县旅游接待人数434万人,旅游收入3.4亿元,分别较上年增长56.7%、60%。旅游景区农民人均纯收入不断攀升,特别是光明乡金花村由原来的市级贫困村发展为成都市首批旅游特色村。[①] 蒲江县的实践不仅增加了当地农民收入,密切了城乡间的关系,为第一、第三产业进一步互动创造了条件,而且为其他地方推动产业互动提供了经验和借鉴。

[①] 《一三互动打造乡村旅游标志地》,《成都日报》2009年11月10日。

第五章　优化提升工业增强以工促农力度

　　工业作为支撑经济平稳运行的主要力量，是经济结构优化的主战场，在三次产业中具有承上启下的重要作用。党的十八大报告提出，在新的历史时期，我国要坚持走"中国特色新型工业化、信息化、城镇化、农业现代化道路，推动信息化和工业化深度融合、工业化和城镇化良性互动、城镇化和农业现代化相互协调，促进工业化、信息化、城镇化、农业现代化同步发展"。由于国情的巨大差距和历史阶段的不同，中国特色新型工业化不同于发达国家已走过的工业化发展道路，是特指在我国城乡二元结构矛盾突出，产业发展失衡的特殊国情下，以信息化带动工业化，以工业化促进信息化，走出一条科技含量高、经济效益好、资源消耗低、环境污染少、人力资源优势得到充分发挥的新型工业化路子。科学发展观指导下的新型工业化，不仅是工业自身发展和技术水平的提高，也内含加快实现农业现代化和促进第三产业发展引领经济结构优化等内容，如优化产业结构、城乡结构、就业和收入分配结构等。新型工业化突破了传统工业化进程中工业单兵突进的孤立式发展方式，摒弃了单纯以工业特别是重工业在国民经济中的高比重特征，更加注重提高人的生活质量和可持续发展目标，更加注重产业间的协调发展，使工业化过程成为推进农业现代化和现代服务业快速发展的内在动力，最终形成以高新技术产业为先导、基础产业和先进制造业为支撑、现代农业和现代服务业全面发展的产业格局。

第一节　城乡一体化进程中的现代工业发展道路

工业化是指人类社会由以农业经济为主导转变为以工业经济为主导的演进过程，这一过程常常伴随着工业增加值占GDP比重和工业劳动人数占全社会劳动者比重的不断上升。从人类社会发展的全过程来看，工业化既是推动人类社会走向文明的主要原因，也是现代化进程中的持续推动力。正是由于工业对农业劳动力的吸收，以及为农产品提供日益扩大的市场，才使农业现代化有了广阔的空间。也正是来自工业的产品和技术彻底改变了传统的农业生产方式，才使农业现代化变为现实。[①] 同样，工业化过程极大地提高了生产效率，丰富了社会财富，为社会分工的进一步细化创造了条件。工业化要求基础设施、资源和人口在空间上的积聚，这种积聚作用催生和促进了以服务为主的第三产业的蓬勃发展。从三次产业的内在联系来看，工业是连接第一、第三产业的桥梁，是国民经济发展的筋骨，在产业协调发展中起着承上启下的重要作用，工业化的推进将有利于构建更加和谐的产业关系，进一步带动现代农业和现代服务业的发展。世界发达国家无一例外都是通过工业化实现了经济的繁荣，成为领先世界的现代化经济强国。随着高新技术的突飞猛进和经济全球化的不断深入，一些发达国家已经跨过工业化发展阶段，进入了信息化时代。与这些发达国家形成鲜明对比的是，我国的工业化过程不仅尚未完成，而且不同地区之间差距明显。因此，加快我国工业现代化进程，不断缩小与发达国家间的工业化发展差距，审时度势，探寻既适合我国国情，又符合世界产业发展趋势的新型工业发展道路，不仅是我国当前经济工作的重点，也是加快推进城乡一体化进程，以"五大"发展理念统领经济社会发展，实现三次产业协调发展的关键所在。

[①] 参见耿明斋等《城镇化引领"三化"协调发展》，社会科学文献出版社2012年版。

一 世界工业发展的一般规律

(一) 世界工业发展阶段的划分

工业化是一个历史范畴,主要指传统农业社会向现代工业社会转变的过程。在工业化进程中,主要表现为工业产量快速增长,新兴部门大量出现,高新技术广泛应用,劳动生产率大幅提高,城镇化水平和国民消费层次全面提升。樊纲认为,工业化程度可以通过四项经济指标来进行衡量:一是人均生产总值,人均 GDP 达到 1000 美元为初期阶段,人均 3000 美元为中期,人均 5000 美元为后期。二是工业化率,即工业增加值占全部生产总值的比重。工业化率达到 20%—40%,为正在工业化初期;40%—60% 为半工业化国家,60% 以上为工业化国家。三是三次产业结构和就业结构,工业化初期三次产业结构为 12.7:37.8:49.5,就业结构为 15.9:36.8:47.3。四是城市化率,即城镇常住人口占总人口的比重,一般工业化初期为 37% 以上,工业化国家则达到 65% 以上。目前,全世界大约有不到 20% 的人口、60 多个国家,用了一百多年的时间基本实现了工业化。理论界一般认为,世界工业发展历程起始于 18 世纪 60 年代的英国产业革命,以后逐步扩散到欧美及其他一些资本主义国家。从世界发达国家工业结构演变的历史进程看,工业化发展大致经历了三个阶段:

第一阶段,以轻纺工业发展为主的时期。在工业化初期,轻工业特别是纺织业在旺盛的需求拉动、相对简单的技术要求以及从农业分离出便宜劳动力等有利因素下首先获得迅速发展,成为工业化的主导行业。这个时期属于劳动密集型工业迅速发展的时期。

第二阶段,以重化工业发展为主导的时期。根据工业产品的种类划分,这一时期又可分为两个阶段:第一阶段出现在重工业化初期,以煤炭、电力、冶金、化学等能源、原材料工业为主导的发展阶段,即"重、化学工业化"阶段,属于资金密集型工业发展阶段;第二阶段出现在重化工业中后期,即以电子、机械等加工组装工业为中心的发展阶段,也称为技术密集型工业发展阶段。日本产业经济学家佐贯利雄在其著作《产业结构》中对战后日本各工业部门依次领先增长进行了具体描述,深刻揭示了日本重工业化过程中工业结构高加工度化的演进过程。佐贯利雄认为，战后日本工业发展先后出现过三组起引导作用的主导产业：第一组主导产业是电力，尤其是火力发电；第二组主导产业是石油、石油化工、钢铁和造船等；第三组起主导作用的产业是汽车和家用电器。

第三阶段，以高新技术为主的工业发展时期。在这一阶段，"技术集约化"成为工业结构变化的主要趋势。这一趋势不仅表现为所有工业部门采用的技术、工艺水平和自动化程度不断提高，而且还表现为以技术密集为特征的尖端工业蓬勃发展。在工业结构高技术化过程中，传统的劳动密集型产业和资金密集型产业依次趋于衰退，而大量应用新兴技术的工业则日益勃兴。

目前，一些工业化发达国家或地区正在步入所谓的"后工业化社会"。这一时期，微电子、激光、生物技术、航天技术、核能技术、纳米技术、新型材料等以技术密集为特征的尖端工业蓬勃发展，极大地改变了传统工业的面貌，逐步在工业发展中占据了主导地位。从推动工业发展的资源结构来看，整个工业化过程又表现为以劳动密集型为主到以资本密集型为主再到技术密集型为主的发展轨迹。在轻工业兴起阶段，劳动力是推动工业化进程的主要因素，从农业中释放出的大量劳动力为轻工业兴起提供了源源不断的劳动力；在重化工业阶段，资金是重工业发展的关键因素，特别是发展原材料工业需要大量的资金积累为前提；在工业高加工度阶段，新技术的出现和应用扮演了重要角色，开发与获得相应的高新技术成为影响工业化进程的决定性因素。

（二）霍夫曼定律

德国经济学家霍夫曼对工业化进程中产业结构演进规律进行了开创性的研究。他把结构型变量引入需求方程式，并成功地论证了它在统计学中的实际意义。[①] 1931年，霍夫曼在通过分析制造业中消费资料工业生产与资本资料工业生产比例关系的基础上提出了霍夫曼比例。

---

① 苏东水主编：《产业经济学》（第2版），高等教育出版社2005年版，第175页。

霍夫曼比例＝消费资料工业的净产值/资本资料工业的净产值

以霍夫曼比例为依据，霍夫曼将工业化过程分为四个阶段（见表5-1）：第一阶段，消费资料工业在制造业中占统治地位，资本资料工业不发达，霍夫曼指数为5左右；第二阶段，资本资料工业的增长速度高于消费资料工业，但消费资料工业在制造业总产值中所占的比重仍大于资本资料工业比重，霍夫曼指数为2.5左右；第三阶段，消费资料工业所占比重与资本资料工业比重大致相同，霍夫曼指数约为1；第四阶段，资本资料工业所占比重大于消费资料工业，霍夫曼指数小于1。

表5-1　　　　　　　　霍夫曼的工业化阶段的划分①

工业化的不同阶段	霍夫曼系数
工业化的第一阶段	4—6
工业化的第二阶段	1.5—3.5
工业化的第三阶段	0.5—1.5
工业化的第四阶段	1以下

霍夫曼定律揭示了一个国家或区域工业化进程中工业结构演变的规律，即在工业化过程中，存在资本品工业产值比重持续上升的必然趋势。

二　中国特色的现代工业发展道路

（一）我国工业化发展的历程

新中国成立初期，我国工业极度落后，不要说完整的工业体系，甚至连许多基本的生活用品都无法在国内生产。因此，经济发展的根本问题是如何解决快速恢复农业的同时为工业化奠定基础和提供保障。西方发达国家的工业化发展历程和苏联的经验都使年轻的新中国坚信工业化是解决中国贫穷落后，实现国家繁荣富强的必由之路。因此，在快速推进工业化的过程中，逐渐采取了优先发展工业尤其是重

---

① 张文忠等：《产业发展和规划的理论与实践》，科学出版社2009年版，第59页。

工业的战略。① 我国工业化起始于"一五"计划时期，经过60年的奋斗，已由一个落后的传统农业国转变为拥有完整产业体系的工业大国。按照历史顺序及工业发展特点，我国工业化发展历程大体可以分为四个阶段：

1949—1957年是工业生产迅速增长时期。1949—1952年，我国工业总产值由140亿元增加到343亿元，同比增长1.45倍，年均增长34.8%。这一期间最突出的标志是我国建设了以156个核心项目为代表的近千个工业项目，在这些重点项目带动下，我国工业快速发展起来。"一五"期间，我国工业增加值年均增长19.8%。这些项目的建成投产，不仅形成了一系列新的工业部门，而且在中国大地上史无前例地形成了独立自主的工业体系雏形，初步奠定了社会主义工业化的基础。② 这一时期在苏联帮助下，我国工业化完全模仿苏联的发展模式。

1958—1965年为工业发展调整时期。由于新中国成立后国民经济迅速恢复和第一个五年计划顺利完成，主观主义、急于求成的情绪开始蔓延滋长，在工业发展的指导思想上出现了过"左"倾向，导致重大比例关系严重失调，工业生产难以持续。1958—1960年，在工业增加值3年增长1.1倍后出现大幅度下降。1961年，我国被迫实行"调整、巩固、充实、提高"的八字方针，对国民经济发展进行了3年综合治理，国民经济发展得到了较好的恢复。工业增长速度重新开始加快，1963—1965年间工业增加值年均增长21.4%，比"二五"期间高出18.7个百分点。③

1966—1978年为工业经济大起大落时期。1966—1976年是"文化大革命"10年动乱时期，工业经济大起大落。1967年全国工业增

---

① 武力：《1949—2006年城乡关系演变的历史分析》，《中国经济史研究》2007年第1期。

② 国家统计局：《新中国工业60年：逐步建立起现代工业体系》，《中国电子报》2009年9月25日。

③ 国家统计局：《从一穷二白到建立现代工业体系》，《新中国成立60周年经济社会发展成就系列报告》，2009年。

加值比上年下降15.1%；1968年在1967年的基础上又下降8.2%；1969年、1970年增幅则在30%以上，1976年又下降3.1%。1976年粉碎"四人帮"，结束了10年内乱，中国工业发展开始出现新转机，[①] 工业化步伐开始加快。

改革开放后，我国工业进入快速发展阶段。1978年召开的中国共产党十一届三中全会开启了改革开放的新时期，工业经济从此进入腾飞期，获得了空前的发展。这一期间我国进行了两次比较大的产业结构调整，第一次是80年代，即"六五"和"七五"期间，依靠政策与投入，我国集中力量发展农业和轻工业，解决了农产品和工业消费品长期短缺的问题。第二次是90年代，即"八五"和"九五"期间，我国集中资金，加大对能源、交通、通信业等基础设施的投入，改变了这些产业长期供不应求的局面，缓解了基础设施和基础产业对经济发展的"瓶颈"约束。经过60年的建设和发展，我国已经奠定了进行现代化建设的物质基础，2009年，我国实现工业增加值13.5万亿元，比1978增长25.4倍（按可比价计算），年均增长超过12%，有210种工业品产量居世界第一，作为世界制造业大国地位初步确立。我国在能源、冶金、化工、建材、机械设备、电子通信设备制造和交通运输设备制造及各种消费品等工业主要领域，已形成了庞大的生产能力。一个具有一定技术水平的、门类比较齐全的、独立的工业体系已经建立起来。[②] 2015年，我国工业产业增加值为274278亿元，比2009年增加了1倍，但与发达国家相比，我国的工业现代化水平还有较大差距。因此，加快探索具有中国特色的现代工业发展道路依然是我国现代化进程中重要而艰巨的历史性任务。

（二）中国特色现代工业发展道路的选择

工业化是农业经济向工业经济转换的一个自然历史过程，在不同国家和不同发展历史时期，工业化的内涵和道路也有所不同。纵观世

[①] 国家统计局：《从一穷二白到建立现代工业体系》，《新中国成立60周年经济社会发展成就系列报告》，2009年。

[②] 国家统计局：《新中国工业60年：逐步建立起现代工业体系》，《新中国成立60周年经济社会发展成就系列报告》，2009年。

界发达国家的工业化发展历程，主要有以下几种模式：一是以美国和英国为代表，建立在市场机制基础上的内生型发展模式，主要通过市场机制的作用配置资源，以市场之手推动工业化发展。这些先期完成工业化的国家都是从轻工业（集中于纺织业）着手，逐渐深入重工业（以钢铁业为代表），以殖民地的资源与市场为依托，从开启到完成工业化，大致经历了两三代人时间。二是以德国和日本为代表，将市场机制与政府干预相结合，注重发挥政府在工业化进程中的引导和推动作用，通过制定国家层面的产业规划加快工业化进程。三是以苏联为代表的社会主义工业化模式，通过建立单一的公有制和计划手段优先发展重工业的战略。四是以新加坡、韩国等新兴工业化国家为代表，通过采取"进口替代"和"出口导向"战略，加速工业化发展过程。

新中国成立以来，我国采取多种方式积极探索工业化发展道路，对工业化的理解和认识也经历了由浅至深逐渐深入的过程。在过渡时期总路线中，我国提出实现社会主义工业化的奋斗目标。对工业化的理解主要体现在"量"上，认为工业化就是工业产值占国民总产值的比重达到70%。1956年，周恩来在中共八大上指出，我国的工业化就是要建立一个独立完整的工业体系，能够自己生产足够的主要的原材料，能够独立地制造重型机器和精密仪器，能够制造保卫自己的新式武器，如原子弹、导弹、远程飞机；还要有相应的化学工业、动力工业、运输业、轻工业、农业等。经过多年的探索和实践，我国逐渐意识到工业化任务的艰巨性和长期性，党的十三大报告提出："我国必须经历一个很长的初级阶段，去实现别的许多国家在资本主义条件下实现的工业化和生产的商品化、社会化、现代化。"党十六大报告指出："实现工业化仍然是我国现代化进程中艰巨的历史任务。"并首次提出了新型工业化的概念，即"坚持以信息化带动工业化、以工业化促进信息化，走出一条科技含量高、经济效益好、资源消耗低、环境污染少、人力资源优势得到充分发挥的新型工业化路子"，提出在2020年基本实现工业化的奋斗目标。党的十八大后，我国对工业化的认识更加深刻，提出"推动信息化和工业化深度融合、工业化和城镇化良性互动、城镇化和农业现代化相互协调，促进工业化、信息化、城镇化、农业现代化同步发展。"

当前，世界经济正处于以信息技术为主导的产业时代，随着知识经济和信息技术在全球范围内的兴起，许多发达国家已走过工业化阶段，并逐步迈进了信息化社会，正在积极利用信息技术调整产业结构以提升其工业产品在国际上的竞争优势。世界经济发展经验告诉我们，工业化是人类快速创造和积累社会财富的重要阶段，是人类发展历史上不可逾越的阶段。在经济全球化浪潮下，为了尽快缩小我国与发达国家工业发展上的差距，我国工业化发展道路必须在借鉴发达国家经验的基础上有所创新，在较短时期内完成发达国家用一二百年走过的工业化路程。根据我国国情和经济发展所处阶段，中国特色的工业化道路必须坚持以下三个原则：一是以科技进步为动力，坚持发展和利用高新技术，将信息化与工业化高度融合；二是坚持注重经济社会发展的整体质量和效益，强调经济、社会和生态建设统一起来，协调发展；三是坚持以人为本的发展观，正确处理提高劳动生产率和扩大就业的关系，充分发挥我国人力资源丰富的优势。

三 我国工业化发展的新特点

不断缩小城乡差距，实现城乡协调发展既是当前我国经济社会发展的主要任务，也关系到2020年能否全面建成小康社会的奋斗目标。因此，在二元结构矛盾突出背景下的工业化道路必须突破将城乡分离的传统思维方式，将三次产业统一起来，强调生产要素在城乡和产业间的合理流动，充分发挥工业对农业的支持和反哺作用、城市对农村的辐射和带动作用，最终建立起以工促农、以城带乡的长效机制，实现城乡和产业间的协调发展。

（一）新型工业化覆盖全局，贯穿城乡

新中国成立以来，我国高度重视工业发展，积极推进工业化进程。在特殊的历史背景下，我国采取了高度集权的计划指令方式，强调计划在资源调配中的决定性作用。为了将有限的资源投入到工业，加快工业化进程，我国将城市和乡村分割开来，土地、劳动力和资本等生产要素不能在城乡间自由流动，生产要素主要依赖政府统一调度，通过计划进行配置，城乡产业间的内在联系被人为割裂，工业成为优先发展的重点产业。改革开放后，随着市场机制引入和市场化进程的不断推进，城乡和产业间的要素壁垒被打破，但由于产业自身特性和在追求利益最大化动机的作用下，资源要素呈现出由农村流入城市，由农业流向工业的不平衡发展态势，这种单向流动加剧了城乡和产业间发展的不平衡。特殊的发展背景决定了我国的新型工业化道路不同于发达国家已走过的工业化道路。我国现有的工业体系不是在农业经过充分发展后遵循产业发展规律形成的，而是在以剥夺农业剩余，牺牲农业为代价的基础上建立起来的。农业发展长期滞后于工业成为我国产业失衡的主要表现。因此，我国的工业化过程不仅需要提升工业自身的现代化水平，更负有带动农业发展，加快实现城乡经济社会一体化进程的重任。因此，科学发展观指导下的新型工业化必须突破传统工业以城市为重点的封闭式发展模式，将城市和乡村统一于国民经济发展的大系统中，树立起覆盖全局、贯穿城乡的发展意识，通过城乡工业联动，大力发展涉农工业等手段，实现城乡经济繁荣和产业协同发展的目标。从这个意义上说，我国新型工业化的重点和难点不仅在于加快工业化和城镇化进程，更负有通过工业化带动农业和乡村同步发展，从而提升整个经济基础和社会发展的丰富内涵。

（二）以可持续发展为宗旨，不断改善城乡生态环境

可持续发展是20世纪80年代提出的一个新概念，是指在满足当代人需求的同时又不以损害后代人满足需求的发展为代价。可持续发展强调自然资源在当代与后代之间、国家和地区之间的公平分配和协调发展，强调人类经济和社会发展不能超越资源与环境承载能力，必须合理开发利用自然资源。工业化是传统农业社会向现代工业社会转变的过程，它既是发达国家实现经济繁荣的根本途径，也是发展中国家摆脱落后面貌，追赶发达国家的必由之路。随着人们对工业化认识的不断深入，传统工业化道路中的一些弊端也逐渐显现。其中最突出的问题是资源非理性开发和环境的持续恶化，"先发展、后治理"是传统工业化的最显著特征，尽管带来少数国家经济的快速发展，但却是以全球资源消耗和环境的恶化为代价。这种发展方式不仅不可取，而且也失去了继续存在的空间。我国是世界上最大的发展中国家，人

均资源贫乏、生态环境脆弱,这决定了我国不能再走以大量消耗资源和粗放经营为特征的传统工业化发展道路。《2006年中国环境状况公告》指出,我国生态环境形势严峻,点源污染与面源污染共存、生活污染和工业污染叠加、各种新旧污染与二次污染相互交织,工业及城市污染向农村转移,土壤污染日趋严重,已成为制约中国经济社会可持续发展的制约因素。因此,城乡统筹下的新型工业化应更加关注生态建设和环境保护,重视经济发展与人口、资源、环境之间的关系,通过发展现代工业,有效减少对城乡环境的破坏,为社会带来经济繁荣的同时也为人们留下更多的青山绿水和良好的生态空间。

(三) 强调对农业的反哺,更加注重产业间的协调发展

我国传统工业化道路过于强调工业在经济增长中的核心地位,片面追求工业的长期、高速发展,不仅造成三次产业间发展比例严重失衡,而且工业内部产业结构也极不合理。改革开放前,我国在既无积累,又无外援的特殊发展背景下,不得已采取了以牺牲第一、第三产业,甚至牺牲轻工业为代价,主要集中发展以钢铁、煤炭、电力、机械以及相关交通运输业为代表的重工业。1953—1978年,重轻工业产值年均增速分别为13.8%和9.3%,1978年重轻工业占工业总产值的比例为65.1∶43.1。这种不均衡发展方式虽然取得了工业的快速发展,形成了较为完善的工业体系,但却造成我国三次产业发展失衡,农业与服务业严重滞后,给经济的可持续增长埋下了隐患。造成这一局面的主要原因在于我们忽视了产业发展的客观规律,割裂了三次产业间相互依存的内在联系。三次产业不是非此即彼的零和关系,而是相互促进相互制约。如农业不仅可以为工业发展提供更多更好的原材料,而且农民收入的增加还能为工业品创造更大的需求市场。服务业的发展则能为工业化提供更加专业的生产服务,从而提高工业生产的效率和质量。新型工业化道路在吸取我国工业发展教训的同时,充分意识到不同产业协调发展的重要性和必然性,它以科学发展观为指导,突破了工业单兵独进的传统工业化发展方式,更加注重产业间的内在联系,是全方位、立体化和协同性的整体式推进。鉴于我国三次产业失衡的主要问题在于农业过于落后,已经成为制约产业协调发展

的"瓶颈",科学发展观指导下我国新型工业化的重要任务之一就是要通过工业对农业的反哺,不断缩小城乡和产业间发展差距,实现不同产业在更宽领域和更深层次的互动与合作,最终形成以高技术产业为先导、现代农业为支撑、服务业全面发展的产业新格局。

(四)充分发挥我国人力资源丰富的优势

工业化以更高的机械化程度和自动化水平为标志,在生产效率大幅提高的同时也往往引发失业问题,形成机器排挤工人的现象,这不仅影响了经济的可持续发展,也为社会稳定发展埋下了隐患,与我国构建和谐社会,以人为本的发展目标相冲突。我国的国情是人力资源丰富,尤其是传统农业沉淀了太多劳动力,不仅产生了巨大的潜在就业压力,也成为加快经济发展中首先必须考虑的问题。因此,充分发挥我国人力资源优势,有效解决劳动力就业成为我国工业化过程中的必须考虑的内容。我国新型工业化道路必须基于而不能背离这一现实基础,将"效率优先"与"充分就业"相联系,处理好资本技术密集型产业和劳动密集型产业的关系。正如党的十六大明确指出,我国要走一条"人力资源优势得到充分发挥的新型工业化路子"。一方面要实施人才战略,大力发展教育文化事业,建立多元化的人才发展机制,优化人力资源结构,增强人力资源梯度间的衔接和联动,实现各类人才的最佳配置;另一方面,还要依据我国区域经济发展不平衡的现实,在工业化进程中,把发展资金技术密集型产业和劳动密集型产业很好地结合起来,在促进产业结构不断优化升级的同时,实现既能发挥我国劳动力资源丰富、成本相对较低的优势,又能解除信息化条件下劳动力转移的障碍,有利于就业和劳动者福利的增加。

我国新型工业化道路是在对国内外工业化过程进行深刻反思的基础上提出的,它立足于我国城乡二元经济结构现实,摒弃了传统工业化道路片面重视工业,而忽视与农业和服务业内在联系的传统思维方式,更加强调工业与农业和服务业的协调发展。新型工业化以信息技术为代表、高新技术的广泛使用作为经济发展的根本推动力,在大力发展新兴战略产业的同时,也注重对传统工业的改造和提升,使其最大限度地减少资源消耗和对环境的损害。它不仅要求工业在国民经济中占有一定的比例，贡献相应的产出，更重要的是要以工业化促进其他产业，尤其是现代农业的快速发展，不断缩小产业间的发展差距，通过产业协调实现经济增长方式的根本性转变。

第二节　新型工业化与产业协调发展

就我国而言，城乡二元结构矛盾突出是我国的基本国情，其形成的根本原因在于城乡产业发展失衡，主要表现为农业过于落后，这既源于农业天然的弱质性，也源于农业在对工业发展进行了输血式支持后，却没有得到工业的有效支持和反哺。因此，在我国已整体进入工业化中期后半阶段，具备工业反哺农业基础后，工业反哺农业不仅必要，而且迫切。正如胡锦涛在十六届四中全会中所指出的"两个趋势"，即纵观一些工业化国家发展的历程，在工业化初始阶段，农业支持工业、为工业提供积累是带有普遍性的趋向；但在工业化达到相当程度以后，工业反哺农业、城市支持农村，实现工业与农业、城市与农村协调发展，也是带有普遍性的趋向。

一　工业反哺农业是世界产业协调发展的普遍规律

（一）工业反哺农业的内涵

工业反哺农业是对工业化发展到一定阶段后，新型工农关系和城乡关系的一种概括，是对"农业哺育工业"而言的。这里工业泛指非农业部门发展中形成的绩效，如税收、利润、技术、工业化理念和方法等，农业则泛指农业生产经营者以及农村、农民，涵盖"三农"。工业反哺农业既是迅速提升农业发展水平，摆脱农业落后局面的有效途径，也是落实科学发展观，促进产业协调的必然要求。工业反哺农业的最基本要求是对农业的"予"要大于对农业的"取"，而且"予"不应仅仅局限于财政支持，而更多体现为产业间的支持，包括技术、理念等。工业反哺农业并不仅限于工业对农业的直接支助，还包括从以工业为基础的非农产业中抽出部分剩余来扶持农业发展，即通过工业的物质和技术积累来夯实农业发展基础，改善农业生产条件，以提高农业自身的发展能力。因此，这种反哺必须以市场对资源的配置为基础，通过运用必要的财政手段和产业发展政策来实现。工业反哺农业形式多样，包括以工补农、以工支农、以工促农和以工护农等，工业反哺农业淡化了产业间的竞争，突破了过去产业发展非此即彼的零和思想，而更加强调产业间的合作与互补。工业反哺农业不以牺牲工业发展农业为代价，而是在遵循市场经济和产业发展一般规律的基础上，建立起一种"互惠共赢"模式，通过生产要素在不同产业间的合理流动和优化配置实现产业的协调发展和城乡的共同繁荣。

(二) 工业反哺农业是产业发展的普遍规律

农业是国民经济的基础性产业，同时也是弱质产业。随着国家经济实力的增强和工业体系的日益完善，加大国家和非农产业对农业的支持和保护，是巩固农业基础地位、提高农产品市场竞争力、增加农民收入的重要举措，也是国际上的通行做法。

发达国家产业发展历程表明，几乎所有借助农业积累实现现代化的国家，无不在工业化、城市化实现之后开始对农村进行输血，这一过程平均是20年，而且至今大多数国家仍在继续进行工业反哺农业。1933年，美国以《农业调整法》为标志，1961年，日本以《农业基本法》为标志，1948年，德国以马歇尔计划为标志，都开始实施工业反哺农业。这些国家首先从教育、社会保障、技术开发、粮食产量、价格支持等多个方面为突破口进行工业反哺农业；然后从加强和完善农村基础设施建设方面进行反哺；直到最近，随着粮食保护价收购等支持政策的不足日益显现，开始将过去的价格支持政策转为对农业的直接补贴政策。从发达国家经验看，人均GDP达到700—1500美元，农业占国民收入比重低于15%，城镇人口在全国总人口中所占份额超过50%以后，就进入了工业化中期阶段，也即工业反哺农业的开始时期。美国、日本、德国等发达国家都曾站在这一起点上，通过工业反哺农业，夯实了国家经济持续繁荣的基础。

随着城市化、工业化进程的推进，城乡关系、产业关系也在不断改变。进入工业化中期后，农业在整个国民经济中的占比已经很少，工业成为推动经济发展的主导产业，逐渐具备了工业反哺农业的物质基础。如果适时调整产业发展政策，通过工业反哺农业，产业之间才能继续保持协调互动的关系，进而顺利推进工业化和现代化；反之，如果忽视农业，任由市场机制自由配置资源，则不仅会导致弱势农业持续萎缩，工农业差距不断加大，社会矛盾日益加剧，甚至会动摇社会稳定发展的基础，出现社会动荡和倒退。亚洲的韩国和拉丁美洲一些国家就因为在产业发展策略上的差别，导致出现了截然相反的两种结果。20世纪70年代，在基本实现国家工业化和城市化后，面对落后的农业和农村，韩国及时实施了新农村运动，通过工业反哺农业有效促进了农业和农村的发展，实现了工业与农业、城市与乡村的协调发展。反观一些拉美国家，在20世纪70年代人均GDP也达到了1000美元左右，但由于没有及时调整发展战略，而是放任城乡差距扩大，任由工农业发展失衡加剧，从而导致城乡矛盾突出，社会整个产业体系未能实现协调发展，不仅没有把握住加快社会经济发展的先机，反而陷入"拉美陷阱"，丧失了步入发达国家行列的历史机遇。国际产业发展正反两方面例子说明，在进入工业化中后期后，适时进行工业对农业的反哺，是保持经济可持续发展的必然趋势。

（三）工业反哺农业的必然性

首先，我国所处工业化发展中期决定了工业必须反哺农业。产业发展具有自身的内在规律，在经济发展的不同阶段，都有某一产业在其中居于主导地位，影响和制约着其他产业的发展。一般而言，在工业化发展初期，农业是推动国民经济发展的主体，而有巨大发展潜力的工业则处于成长阶段，为提高整个国民经济的发展水平，农业剩余转移到工业，农业支持并促进工业发展是世界产业发展的普遍现象。当工业化发展到一定阶段，尤其是进入工业化中期后，工业取代农业成为经济发展中的主导产业，为保证国民经济协调发展，必须适时转换产业关系，加强对弱质农业的扶持和保护，实现由农业哺育工业到工业反哺农业的政策转变。2005年，我国农业产值占国民经济总产值的比重只有12.4%，现代工业体系已初步建成，非农产业劳动力就业人员占社会总就业人数比重已超过50%，城镇化水平已达40%。2009年，我国经济进一步快速发展，并已超越日本成为世界第二大经济实体，从总体上看已经进入工业化、城镇化加快推进的时期，已具备工业反哺农业、城市支持农村的基础和实力。在这种情况下，适时转换工农业关系，加强对农业的扶持和保护，实现由农业哺育工业到工业反哺农业的政策转变，是产业协调发展客观规律的要求。

其次，农业的基础性地位和弱质性特点决定工业必须反哺农业。农业是安天下、稳民心的战略产业，人们的衣食住行和工业发展的许多原材料都必须依赖农业的供给，只有建立在农业稳定发展的基础上，其他所有产业才有发展的前提和可能。随着我国人口数量的不断增加，人们收入水平的不断提高，对农产品数量和质量的需求不断增长，而受耕地减少、生态环境恶化等的严重制约，农产品增产难度越来越大。因此，为确保获得大量优质的农产品，不断改善人们对美好生活的追求，必须对农业进行强力反哺，不断增强农业生产质量和效率。与其他产业不同，农业生产周期长，时令性明显，生产过程高度依赖阳光、气候、土壤等自然条件，农产品保鲜和运输成本高，不仅具有市场风险，还具有极大的生产性风险，属于典型的弱质性产业。与其他产业相比，农业在市场竞争中常常处于劣势，这些都要求通过工业反哺农业，增强农业在市场中的竞争能力。

最后，我国工业反哺农业还有更加特殊的背景。新中国成立后，在产业发展政策上，我国实行的是农业支持工业的非均衡发展策略，国家从农业中吸取大量剩余用作工业化发展。据专家测算，仅1952—1990年，从农业中直接流出的资金净流量就达到9528.15亿元（见表5-1）。农业资金长期流出的结果使农业为工业发展做出了巨大牺牲和贡献，我国工业生产体系的形成是农业长期贡献和哺育的结果。从这个意义上说，工业反哺农业实际上是对农业前期为工业付出的"还账"；或者说，是农业对工业历史投资的一种"期权收益"，属于还清旧账和回归公平。因此，"反哺"在这里的真正含义是"回馈"，是工业"回馈"农业，把历史的欠账"补"回来。①

---

① 朱世海、熊本国：《工业反哺农业实现机制刍议》，《中国农村经济》2005年第10期。

表 5-2　　　　　　　1952—1990 年农业对工业的资金贡献[①]

年份	资金积累总量（亿元）	占农业产值的比例（%）	占国民收入积累额比例（%）	资金净流出量（亿元）	劳动资金净流出量（亿元）
1952	55.66	12.1	42.8	52.97	30.59
1957	94.12	17.5	40.4	86.13	44.63
1965	150.96	18.1	57.4	140.32	60.04
1970	203.92	19.3	33.0	188.01	67.66
1975	264.52	20.9	31.9	221.99	75.47
1980	360.74	18.8	31.0	278.62	95.69
1985	532.80	14.7	20.3	431.80	138.82
1990	1127.55	14.7	23.0	905.79	266.30
1952—1990	11594.14	16.8	27.2	905.79	266.30

二　工业反哺农业的国际经验及借鉴

工业反哺农业是世界产业发展的普遍规律。从工业化进程的先后来看，美国、法国和日本作为工业化先行国家，最先对弱质农业进行了反哺；中国台湾、韩国作为新型工业化地区和国家的代表，在工业化进程中也陆续对农业发展进行了反哺。这些国家的成功经验，对我国实施工业反哺农业具有重要的借鉴意义。

（一）先行工业化国家的反哺实践

1. 法国

法国农业的快速发展起始于"二战"后，主要得益于其现代化的工业基础。法国工业对农业的反哺主要采取了以下措施：首先，重视产业间的内在联系，强调不同产业间的协调互动。法国在专业化和协调化生产的基础上，利用现代科学技术和企业管理方式，将农业与同农业有关的工业、商业、运输、金融等部门结合起来，在共同利益的驱动下，形成了农业与工业及其与其他部门有机联系的统一体。其次，政府高度重视农业，不断增加政府对农业的扶持和投入。针对相

---

① 冯海发：《反哺农业的国际经验及其我国的选择》，《农业合作经济管理》1996 年第 4 期。

对弱质的农业，法国政府不是坐等市场机制发挥作用，而是充分发挥政府的引导和调节作用。不仅加大对农业的直接投资，而且在农业生产补贴、农产品减税、农业项目贷款等方面提供了大量优惠政策，仅在促进农业一体化发展方面，政府每年的投资就达三四百万法郎，约占每年新增农业产值的一半。为了加强农村基础设施建设，法国成立了许多公私合营公司，专门承担各地区的土地整治工程和农田水利兴建，而其中政府投入占投资总额的60%—75%。为了改变农村落后面貌，法国大力加强基础设施建设，通过兴建各类公路网，使农村公路、铁路、航运同发达工业区相通，极大地方便了农业与工业、农村与城市的互通性。最后，法国采取多种形式为农业发展提供信贷支持。法国始终坚持政府在农业投资中的主体地位，"二战"后，农业投资一直是国家预算项目内容。为了形成全社会共建农业的格局，法国成立了"经济社会发展基金"奖励农业投资，仅1965年，该"基金"提供的私人农场投资就达1.9亿法郎。通过采取上述反哺农业措施，法国用了大约23年的时间，在20世纪70年代基本实现了工业化，改变了局部地区农业发展落后的局面。[①]

2. 美国

美国是世界农业第一强国，以不到全球7%的耕地，生产出占全世界农业总产值12.6%的农产品，其中2/3的农产品主要用于对外出口。与法国相同，美国农业的高效率同样受益于高度发达的工业体系。此外，美国还制定了大量有利于提高农业产出效率，促进农业发展的政策。美国对农业的大规模反哺以1933年《农业调整法》为标志，主要采取了四个措施进行推进：一是对农产品从最初的数量控制向结构调整转变。美国通过一些法律法规，将对农产品的价格支持调整为产品结构与工农产品比价控制，在实现粮食产品价格稳定的基础上，促进了农业与非农产业之间的和谐关系。二是从产业间一般层面的组合扩展为多层次全方位整合。美国政府不仅在市场层面上利用信

[①] 周建华：《工业反哺农业机制构建问题研究》，博士学位论文，湖南农业大学，2007年。

贷和交易相结合来稳定农业，而且从资源要素、产业组织、金融信贷、财政货币、农作物保险和社会保障等各个领域支持农业。三是从政府单边支农转化为社会各方良性互动。美国政府在对农业的反哺过程中，非常重视农民的主体地位，农民不是被动的接受者，而是积极的参与者，在推进农业现代化进程中拥有很强的自主性。四是密切产业联系，引导各产业协调发展。在美国，工业反哺农业的基本功能主要体现为稳定农业及国民经济发展。农业及国民经济能否长期稳定，不仅取决于经济调控手段的正常应用，而且取决于资源要素能否得到可持续高效利用。为此，美国制定了相关条款对包括农业在内的产业可持续发展进行引导。[1]

3. 日本

日本是亚洲唯一发达的资本主义国家。尽管日本在第二次世界大战中遭受重创，但在极短的时间内迅速崛起。从1950年到1975年，日本仅仅用了25年时间就迅速实现了农业现代化，工业对农业的反哺在其中起了重要作用。日本工业对农业反哺主要采取了以下措施：一是通过立法支持保护农业。1961年，日本颁布了《农业基本法》，作为日本农业的宪章，该法确立了农业的基础性地位，明确了农业政策方向，并对如何支持农业进行了详细说明。《农业基本法》要求国家根据需要有选择地扩大农业生产，加快农业现代化进程，促进自耕农分化。二是依托农业协会实施对农业的反哺。农业协会是日本政府贯彻农业政策的重要支柱和有力助手，在日本具有十分重要的地位。农协不仅为农业生产提供了大量生产资料，而且与市场接轨，直接经营农产品和生产资料的购销业务。1984年，通过农协系统供给农村的生产资料占80.8%，生活资料占69.2%。通过有效组织分散的农户，不仅增加了会员收入，也提高了日本农业的现代化水平。三是不断增加政府对农业投入。日本政府对农业的投入呈现不断增长的趋势，20世纪50年代对农业的投资约占国民经济投入的20%，目前已达到

---

[1] 王兰、孙钢：《工业反哺农业的国际经验及其借鉴》，财政部财政科学研究所，2007年8月。

40%。四是制定有利于农民增收的相关政策。为了稳定农民生产积极性，日本对农产品实行价格补贴，超过70%的农产品受到政府价格政策的支持。通过采取成本与收入补偿制度、最低价格保障制度、稳定价格制度和价格差额补贴等一系列制度，日本不断提高农民收入，稳定了从事农业生产的农民群体。

（二）新兴工业化国家和地区的反哺实践①

1. 韩国

韩国是新兴的工业化国家，20世纪80年代成功实现了经济腾飞。韩国主要通过政策调整和新农村运动进行对农业的反哺。首先，韩国制定了一系列促进农业发展的相关政策，一是起始于1968年的高粮价收购政策，极大地提高了农户的收入水平，甚至在20世纪80年代初期农户收入超过了城市居民。二是对农业资本投入进行补贴。据统计，韩国政府用于农业的支出，1966年为财政支出的17%，1974年迅速增加到28%。三是对农业发展提供科技支持。韩国成立了一个以乡村振兴厅为核心，包括农业科研机构和大学在内的农业研究、教育和推广体系，通过为农民提供免费技术、培训等手段促进农业发展。其次，从20世纪70年代开始，韩国开启了以振兴农业为目的的"新农村运动"。新农村运动通过一系列项目开发，极大地改善了韩国落后的农村基础设施，为农业现代化发展奠定了坚实的基础。韩国新农村的做法主要包括：一是构建便利的农村交通网络，到20世纪70年代后期，韩国基本实现村村通车。二是改善农户居住条件。1977年后，韩国农民生活条件极大改善，全国98%的农户装上了电灯，几乎家家户户都使用了自来水。三是推广优质品种，提高农产品土地产出率。目前，韩国已成为亚洲水稻单产最高的国家之一。

2. 中国台湾省

台湾从20世纪60年代末70年代初，通过以下手段开始实施对农业的反哺：一是制定有利于农业发展的相关政策。1969年后，台湾

---

① 周建华：《工业反哺农业机制构建问题研究》，博士学位论文，湖南农业大学，2007年。

先后颁布了《新农业政策纲领》《加速农村建设重要措施》《农业发展条例》和《提高农民所得、加强农村建设方案》，这些政策的出台为反哺农业提供了政策依据。二是以农村工业区的建设带动农村发展。20世纪70年代后，台湾加大在农村建立工业区的力度。1979年台湾非农收入占农户收入比重为73%，工业区在农村的设立带动了农村交通、教育和基础设施的发展，缩小了城乡发展差距。三是以土地集中促进农业现代化发展。台湾通过"农地重划"，把细碎的土地集中起来，促进农业机械化和产品商品化。1979年，台湾投资2亿美元设立了"农业机械化基金"，对购买农机的农户提供了相当于农机价值10%的补助，助推农业机械化发展。1985年，台湾地区农业机械化总体水平达到90%左右。此外，20世纪90年代后，台湾提出建设"富丽农村"，通过建设农村福利设施、完善乡村道路、改建民宅等措施显著改善了农村落后的生活环境。

（三）世界反哺农业经验借鉴

1. 健全的政策体系是工业反哺农业的前提

综观世界工业反哺农业的实践，不论是工业化先行国家还是新兴工业化国家和地区，在反哺农业过程中都形成了极为完善的政策体系，这些政策体系在持续的反哺过程中一直起着基础和指导性作用。工业反哺农业是一个系统工程，涉及财政、税收、金融、流通、基础设施、劳动力就业等多个方面，只有将这些众多要素集于统一的政策体系下，才能避免政出多门，形成反哺合力。目前，我国工业反哺农业还缺乏统一的政策基础，不同地区、不同部门往往根据自身需要制定相关政策，其中相当一部分是以文件、条例的形式出现，从而使我国工业反哺农业政策缺乏系统性、稳定性和连续性。在这方面，日本的经验尤其值得我国学习，日本自1961年制定出《农业基本法》后，该法就一直作为日本农业发展的宪章，不仅具有稳定性，更具有权威性，指导和规范着其他涉农法规和政策。

2. 有效发挥政府作用是工业反哺农业的保证

从国外工业反哺农业的经验可以看出，即使是在市场化程度最高，市场机制最为完善的美国，政府也在其中扮演了重要角色。美国政府不仅为工业反哺农业制定了专门的法律，而且对农业发展中的一些具体问题，如农产品结构进行干预指导。与发达国家相比，我国农业弱质、农民弱势、农村落后的问题更加突出，但同时，社会主义市场经济也赋予政府更大的能力来推动工业反哺农业。因此，我国各级政府应在坚持对农业"多予少取"的基础上，结合本地实际因地制宜地制定反哺农业的具体措施，加大对农业发展的支持力度，如通过税收杠杆和信贷支持，鼓励更多的工商企业和社会资源投入农业发展，加大对农业基础设施的投入，不断缩小城乡基础设施差距。同时，也要注意政府在工业反哺农业中的角色比较微妙，既不能缺位、错位，更不能越位，而主要应借助政策引导和税收调节，通过引导市场预期，调动社会力量发挥作用。

3. 建立农民合作组织是工业反哺农业的关键

农民专业合作组织是农民为适应市场经济要求，在家庭承包经营基础上形成的，它是同类农产品的生产经营者、同类农业生产经营服务的提供者和利用者，自愿联合、民主管理的互助性经济组织。农民专业合作组织摒弃了传统农业的思维方式，对发展现代农业，繁荣农村经济，增加农民收入，提高农民和农业组织化程度发挥着重要作用。就我国农业发展现状而言，以小规模农户生产为基础的农业不仅在短期内会继续存在，而且从长期看也有存在的必要。因此，加快培育农民合作组织是我国农业发展的必然选择。我国农民合作组织应在借鉴日本、韩国和中国台湾地区经验的基础上，坚持"因地制宜、分类指导、积极发展、逐步规范"的原则，积极开展农村专业合作组织组建指导工作，引导龙头企业、科技人员和农村能人领办农村专业合作组织，培育扶持流通大户和农民经纪人队伍，实现农民合作组织的健康发展。

4. 加快发展涉农产业是工业反哺农业的重点

国外反哺农业经验表明，强大的工业体系是反哺农业的重要保证。工业对农业最重要的影响就体现为工业技术和设备在农业中的广泛应用。目前，我国涉农产业发展缓慢，集中体现在农业机械化率过低，因此，我国应通过各种手段加大对这类企业的扶持力度。如通过减免税收和宽松的信贷政策，降低涉农企业的进入门槛；通过大力推广和鼓励使用新型环保肥料、低毒高效农药、多功能农业机械等现代农用生产资料，扩大农业对这些产品的需求；通过将涉农行业纳入国家对农业生产补贴的目录中，促进涉农工业的快速发展，尽快形成以市场需求为导向的农产品生产体系。同时，鼓励和支持社会资金、科研机构、技术人员通过各种方式进入与农业生产资料相关的工业企业。

5. 大力发展农产品加工业是工业反哺农业的有效途径

农产品加工业是涉及农业、工业和流通等多个领域的混合性产业。发达国家普遍都有较为发达的农产品加工业，统计数据显示，国外农产品加工业与农业初级产品的比例大约为 2∶1，远远大于我国目前的 0.43∶1。在农业现代化中，农产品加工业处于承上启下的枢纽地位，它一头连着农业生产，一头连着农产品市场，因此成为沟通农业生产与市场销售的纽带。农产品加工业的发展可以延长农业产业链、价值链、效益链和就业链，促进农业专业化、规模化、标准化和市场化，架起农业与工业、服务业联系的桥梁，并带动一系列相关产业。同时，加快发展农产品加工业，可以拓展农业增效、农民增收的新空间，有利于促进农业结构由适应性调整向战略性调整转变，增强农业国际竞争力，促进农业和农村现代化建设。目前，我国农产品加工率较低，加工企业的竞争力不强，已经在一定程度上影响了农业的进一步发展。因此，加快发展农产品加工业是实现我国工业反哺农业的有效途径。

三 工业反哺农业对策分析

工业化是由农业经济转向工业经济的一个自然历史过程。新型工业化以提升我国整体现代化发展水平为目标，它摒弃了传统工业化过程中的一些弊端，以开放性、整体性、跨越性为特性，是在借鉴学习世界发达国家工业化道路的基础上，在世界最大农业国的实践。我国产业发展的现实要求新型工业化的过程也是带动传统农业向现代农业转变的过程。按照与农业的关系，所有工业企业可以分为两类：一类是涉农工业企业，另一类为非涉农工业企业。显然，针对这两类性质不同的非工业企业,在实施反哺农业的方法和措施上存在较大差别。

(一) 涉农工业的反哺对策

涉农工业是指其自身发展与农业生产紧密相关的工业产业。按照其原材料来源和产品用途主要分为两类:第一类是指该类产业生产所用原材料主要来自农业,其生产过程主要针对农业原材料进行深度加工。如食品加工业、棉纺业、服装业、烟草业、家具生产等行业。第二类是指其产成品主要服务于农业生产,通过为农业发展提供现代化的农用物资和生产、运输设备,显著提高农业生产效率和改善农产品质量,如生产化肥、农药、农用薄膜和农机设备的生产类企业。此类产业直接作用于农业,对加快农业现代化进程具有重要的推动作用。可见,涉农工业可以从需求与供给两方面带动和促进农业发展。从对农产品的需求方来看,需要重视轻工业的发展,尤其是食品加工工业、纺织业等生活消费品行业的发展;从对农业生产资料的供给来看,要加快重、化工业和机械制造业的发展,以便为我国农业提供质优价廉的机械设备和优质低价的化肥、农药、农膜等农用物资。涉农工业的快速发展既可以直接推动我国农业现代化的进程,也是实现工业反哺农业的关键环节。从实践的角度,应该采取以下措施促进涉农产业积极反哺:

首先,加大财税、金融政策支持力度。认真贯彻落实国家对涉农工业的相关扶持政策,把国家针对"三农"的各种优惠政策应用到对涉农工业发展的扶持上。通过贴息、担保、补助、奖励多种措施支持涉农工业发展,对符合条件的涉农企业实行相应的税收优惠政策;鼓励金融机构拓展支农领域,扩大对涉农产业的信贷投资规模。其次,加快培育、壮大重点涉农企业。通过政府支持、资产重组和包装上市等手段,加快推进增长潜力大、影响面广的龙头企业做大做强,促使其实现质的飞跃,充分发挥龙头企业在反哺农业中的示范效应。最后,加快科学技术在涉农企业中的推广应用,提高涉农企业的科学技术含量,通过现有信息技术,加大涉农产业与农业需求的有效沟通,实现涉农企业服务与农业需求的无缝对接。同时,要加快推进城乡工业联动发展,将城市工业的先进技术、管理理念应用到农村工业发展中，提高农业装备水平和农产品深加工、精加工程度。将不适合于在城市发展的劳动力密集型产业、农产品加工业转移到农村，实现城乡工业良性互动发展。

（二）非涉农工业的反哺对策

我国工业化过程中，还有相当多的工业并不直接与农业生产发生联系，如采矿业、冶金业、造船业和汽车制造业等。显然这一类产业不能采取与涉农工业同样的反哺思路和方法，但这并不表示这类企业不能反哺农业，更不意味着这类企业不负有反哺农业的职责与义务，由于这一类企业生产的特殊性，必须采取不同于涉农工业的其他方式进行反哺，主要可以通过以下手段：

第一，通过转移支付实现反哺。国外工业反哺农业的经验显示，提供资金支持是工业反哺农业的重要手段和途径。我国农业发展落后的一个重要原因在于缺少农业发展必需的资金支持。由于自身的弱质性，农业资金积累能力较弱，长期缺乏资金已经成为制约农业现代化的最大"瓶颈"。与此形成鲜明对照的是农业现代化涉及农田水利，农产品流通设施，商品粮棉生产基地，农业教育、科研、技术推广和气象基础设施等多个领域。不仅资金需求量巨大；而且这些领域大都属于公共投资，私人既无意愿也鲜有能力来实施。因此，必须借助国家的力量来引导和调节。如我国可以对非涉农工业盈利能力进行分类划分，并根据不同产业的获利能力，增收部分用于支持农业发展的"专项税"；或根据此类产业对生态环境的影响程度，征收相应的"环境修复费"，而这部分税收和费用由国家进行统一管理，其中一部分则可用于促进农业现代化发展或改善农业生产条件等方面。

第二，通过吸收农民就业实现反哺。农村劳动力就业是推动经济发展、维护农村稳定的关键环节，在农村社会生活中占据重要位置。随着农业剩余生产率的提高，劳动力的适时转移与合理就业成为实现农业现代化，促进产业协调发展的必要前提。2013年，我国从事农业的劳动力占全社会总就业人口的31.4%，总数达到24170.8万人，人均耕地面积1.52亩，不及世界人均水平一半。大量劳动力沉淀在农业不仅造成土地细碎，而且分散的土地制约了农业的规模化和机械化生产。从世界农业发展历程来看,已实现农业现代化的国家,农业就业人数都很少。2000年,美国农业从业人员比重为1.2%,日本为1.8%。因此,减少农业劳动力,实现劳动力向非农产业转移是加快促进农业现代化进程的重要途径和前提。从这个角度来说,大量吸收农业富余劳动力就业,是非涉农工业反哺农业的另一有效途径。

第三,传播工业理念,培养新型农民。尽管世界工业化的进程只有200多年的历史,但创造的财富和工业化的发展理念却影响深远。工业的规模化、标准化、批量化、园区化生产方式对农业也产生了重要影响,一些农产品生产基地、特色农业园区不断涌现都是工业在理念上对农业的"反哺"。同时,农业生产的主体是广大农民,而目前我国从事农业生产的劳动力素质普遍不高,这也是我国农业现代化进展缓慢的重要原因。国际上关于国民素质竞争力的研究发现:文盲率6%是一个临界值,高于6%时,文盲率每下降一个百分点,人均GDP就增加0.06个百分点,而当文盲率下降到6%以后,人均GDP与文盲率下降就高度相关,文盲率每下降一个单位,人均GDP平均将上升3.3个单位。因此,通过工业企业传输工业理念,培养高素质的农民,是非农产业实施"反哺"的另一重要途径。

第三节 成都试验区推进现代工业发展与促进城乡产业协调的实践探索

一 成都试验区工业发展状况

(一) 成都市工业发展历程

新中国成立以来,成都市工业发展大致可以分为三个阶段:第一阶段,新中国成立初期至20世纪50年代末60年代初,由国家投资在现成华区、锦江区的城市东郊和青白江区布局建设了以电子、机械、冶金、化工工业等为主导的产业发展基地,初步奠定了成都市工业发展的基础。第二阶段,20世纪60年代末至80年代初的"三线"建设时期,以军工企业为主的一大批工矿企业相继迁建成都,进一步扩大了成都市工业的范围和种类，带动了成都市及县域工业的发展。第三阶段，80年代中期至今，随着改革开放的逐步深入和社会主义市场经济不断发展，工业发展呈现出新变化，大批乡镇企业、"三资"企业以及由东部地区迁入的沿海企业不断涌现，同时，城区内工业企业开始外移，县域工业比重大幅提高，使工业呈现出多点分布，快速发展的格局。经过60年的快速发展，目前，成都已形成了以机械、电子、医药、食品、轻工、冶金、化工、建材、丝绸、纺织、煤炭、交通等工业为主的38个行业大类、184个行业细类的综合性工业体系，并拥有了一批国家级高新技术开发区、工业开发区和出口加工区，成为我国西南地区重要的工业基地。

（二）成都市工业发展现状

"十二五"期间，成都工业健康发展，打造西部经济核心增长极取得重大突破，经济总量突破1万亿元大关，人均地区生产总值突破1万美元。现代产业体系不断完善，工业产业结构进一步优化，电子信息、汽车等千亿元级产业集群竞相领跑市域经济，高技术产业成为区域经济发展的重要支撑。2011—2014年，成都累计完成工业投资6281.8亿元，一汽大众、沃尔沃、戴尔、仁宝、纬创、华为、新筑轨道交通基地等700余个项目相继竣工投产。市域内企业个体实力不断增强，规模日益扩大。规模以下工业企业户均总资产由2010年的383.8万元增加到2015年的1256.0万元，增长2.27倍；户均营业收入由2010年的260.8万元，增加到2015年的478.2万元，增长83.4%，企业已经抛弃过去轻资产的特点，更加注重固定资产投资，注重生产设备的升级换代，反映出企业对未来经济发展预期充满信心，愿意加大资金投入力度。

与此同时，成都现代制造业提质增效明显，空间布局更为合理。2014年，成都经济总量突破万亿、公共财政收入超千亿，全年规模以上工业增加值增速分别比全国、全省平均水平高3.9、2.6个百分点，在全国15个副省级城市中居第一位，形成了以21个工业集中发展区、10个重点镇工业点、5个与其他市州合作共建的工业园为主的工业发展空间格局。在工业"1313"①发展战略规划的指导下，成都着手推进产业梯次发展，突出发展电子信息、汽车、石化、轨道交通等产业，加快发展航空航天、生物医药、新能源、新材料、节能环保等产业。目前，电子信息、汽车、食品和机械4个产业主营业务收入均过千亿元。2014年，高技术工业主营业务收入占规模以上工业比重为31.7%。

在国内经济整体下行压力较大宏观背景下，2015年，成都市完成全口径工业增加值4056.2亿元，增长7.4%，对地区生产总值总量和增长贡献率分别为37.6%、38.7%。其中，规模以上工业增加值增长7.3%，高于全国（6.1%）1.2个百分点。工业投资完成1517.1亿元，增长8.2%，增速提高21.6个百分点。其中，机械工业完成428.2亿元，增长29.4%；食品工业完成132.3亿元，增长9.3%；冶金建材工业完成107.2亿元，增长12.1%。增速高于工业投资均值。

二 成都试验区走新型工业化道路促进产业协调发展的实践

园区经济作为推动区域经济发展的创新模式，是承载企业、创造就业、技术升级、制度创新和增加税收的重要区域。②园区具有的聚集效应、扩散效应、催化效应和辐射效应，能够实现土地、资金、人才、技术和信息等要素的集聚效应和规模经济效益，不仅是推动区域经济发展的重要力量，也是促进三次产业互动发展的有效途径。按照走新型工业化道路的要求，成都试验区非常重视产业园区在工业反哺农业中的作用，通过制定引导政策和建立投资促进机制，强力推进工业向集中发展区集中。将原规模小、布局分散的116个工业开发区，调整、归并为20个工业集中发展区（除高新区外），形成了中心城区

---

① 即到2017年，成都规模以上工业增加值达到5000亿元，主营业务收入实现20000亿元（含软件和信息服务业）。1个体系：构建1个"层次分明、优势突出、生态高效"的现代工业体系；3个层级：形成"突出发展、加快发展、优化发展"3个阶段；13个产业：重点推进13个产业发展。

② 张永军、郑少峰、谢毅：《园区经济发展模式：提升农村工业化水平的高效途径》，《西北工业大学学报》（社会科学版）2006年第3期。

与卫星城和中远郊区，以及工业集中区与工业点的产业梯度布局、错位竞争的新格局。2008年，入驻规模以上工业企业1775户，工业增加值的集中度达68.2%。

(一) 以规划为指导，明确园区发展方向

2004年，成都试验区出台了《成都市工业发展布局规划纲要(2003—2020年)》，明确提出"一区一主业"，并根据各地产业基础和资源条件，将原有的116个园区整合为21个工业集中发展区。2005年9月，在《纲要》的基础上，成都市政府颁布了52号文《关于切实做好工业集中发展区和工业布局落实工作的通知》，进一步明确园区的空间规模和产业定位。同时，又确定了10个重点镇工业点。通过这样的科学规划，明确了成都工业产业布局和空间布局，体现了集中、集约、集群发展的思路。同时，成都市根据产业发展趋势并结合自身实际，提出要"做大做强电子信息、机械（含汽车）、医药、食品（含烟草）四大主导产业，培育壮大冶金建材产业和石油化工产业"，打造"中国西部六大产业基地"，逐步形成"高新技术产业、现代制造业和特色产业三大工业经济区域"。

(二) 突出重点，对不同园区进行分类指导

成都试验区根据产业发展的潜力和重要性将园区分为三个层面，第一层次是成都高新区和成都经济开发区这两个国家级开发区，作为园区发展的重点，不仅对重大招商引资项目给予引荐，而且对基础设施建设给予大力支持；第二层次包含19个集中发展区，重点按照产业定位，对集中发展区基础设施建设招商引资给予指导，并帮助协调解决好出现的土地、电力供应等方面的问题，重点打造电子信息、机械（含汽车）、医药、食品（含烟草）、冶金建材、石油化工六大产业；第三层次则是主要分布在适合发展特色工业的区县，以发展特色工业为主，为一般园区。对符合工业布局规划要求，进入工业集中发展区的项目给予区（市）县和企业包括如何确保土地供应、建立工业用地低价成本补贴机制等在内的多种政策支持。同时，成都市先后出台了《成都市重大产业化项目和重点产业发展专项资金管理办法》，制定了《成都市重大产业化项目管理暂行办法》，使重大产业化项目

步入了规范化管理。通过工业向园区集中，走集约、集群的发展道路，不仅提高了土地利用效率，为农业规模生产和农村劳动力转移创造了条件，同时工业向园区集中也带动了为工业提供服务的第三产业的快速发展。

（三）加快实现产业空间转移，发展"飞地工业"

成都试验区根据不同地区资源禀赋情况，对具有不同特点的产业空间布局进行了科学规划，引导和鼓励不宜在市区发展的产业向郊区和区县转移，一方面为中心城市的产业优化升级留下了空间；另一方面，也为县域经济发展提供了产业支撑，提高了县城和中心城镇吸纳农村富余劳动力的能力。成都试验区先后将青羊区和浦江县、锦江区和金堂县、成华区和大邑县、武侯区和崇州市实现"工业对接"。如通过崇州市承接武侯区鞋业转移，充分发挥崇州劳动力资源优势，打造中国女鞋之都——崇州生产基地，不仅解决了大量农村剩余劳动力，也带动了当地经济的快速发展。

（四）重视园区基础设施建设

仅 2009 年，成都试验区的工业园区就完成基础设施投资 193.48 亿元，修建标准厂房 458 万平方米。基础设施的完善大大加快了成都市园区经济发展的速度。2009 年，成都试验区工业园区实现规模以上工业增加值 1037.1 亿元，增长 22.8%，工业集中度高达 70.2%，亩均主营业务收入达到 215 万元，比 2008 年增长 11.4%，园区集约化水平进一步提高。[①] 经过 5 年多的发展，园区已成为成都试验区经济发展的引擎和重要增长点。

成都试验区的工业发展过程也呈现出一些问题，主要表现在：一是工业区域分布结构不合理，大中型骨干企业分布在城区较多，使城市功能的发挥和工业企业发展的矛盾日益突出；二是产业不集中，主导产业不突出，产业关联度不够，集聚效应不强，产业配套能力弱；三是工业开发区产业特色不明显，用地结构不合理，管理创新能力不

---

① 成都市经济委员会：《成都市 2009 年推进工业集中集约集群发展工作情况》，2009 年。

足，基础设施不配套，规模普遍偏小，投入产出效率低；四是工业布局规划与城市总体规划和土地利用总体规划相互衔接不足，尚有进一步完善的空间；五是与东部沿海城市相比仍存在较大差距，缺乏大企业大集团的强有力支撑。但瑕不掩瑜，成都市现代工业发展道路的探索依然为我国其他地区加快推进新型工业化提供了许多值得借鉴的经验。

（五）典型案例：龙潭新型工业化道路助推产业协调发展①

龙潭片区位于成都市成华区北部，辖区面积37.61平方千米，占成华区总面积的1/3，总人口63785人，其中农业人口达到47982，曾是成华区"老工业基地＋大农村"格局中"大农村"的主要组成部分，也是成都市实施向东发展战略、加速城镇化进程的最大"瓶颈"。

几年来，龙潭片区按照城乡统筹、"四位一体"科学发展的总体战略，结合区情，通过科学规划，整体打造，以建设城乡统筹示范片区为目标，以资源的重新整合分配和统筹利用为基础，以"三个集中"为根本方法，将工业发展、农民安置和土地经营统筹固化，联动推进新型工业化、新型城镇化和农业现代化，互动并进，环环相扣，不仅有效解决了区域产业发展布局失衡问题，形成新的经济增长极，而且充分体现了以人为本、产业均衡发展的原则。从2004年到2008年，当地地方财政收入增长454%；农民人均纯收入实现翻番，达到8532元。短短5年时间，龙潭片区以其独有的后发优势，从成都市近郊面积最大、农业人口最多的涉农地区，迅速崛起为一座集现代都市工业、绿色生态环境和城市功能完善于一体的"成华副中心"。

在发展过程中，龙潭片区坚持工业先行，以工促农，加快由传统农业区向工业化、城镇化转变。龙潭片区是成华区落实工业企业"东调"战略的主要地区，在坚持实施这一战略的基础上，龙潭片区做了精心规划，始终将产业协调发展作为实施这一战略的基础。在腾出的

---

① 四川大学成都科学发展研究院：《龙潭三化联动：1＋1＋1＞3的城乡统筹创新之路》，载《成都统筹城乡发展年度报告（2007—2008）》。

中心城区发展现代商贸服务业，在近郊进行工业集中发展，承接产业转移，在实现资源效益最大化的同时，解决农业发展中的薄弱问题。龙潭片区改变了传统工业区以引进生产性企业为主的发展思路，确立了"建设服务四川、辐射西南、影响全国、吸引世界的总部基地"为目标的总部经济城发展定位，全方位提档升级。经过5年发展，已基本形成以中国二重集团国家工程中心总部等为核心的大型装备研发总部群，以航天通信、广域通信等为主的高端通信设备研发总部群，以成都焊研科技有限责任公司、成都成焊宝玛焊接装备有限公司等为主的精密焊接技术研发总部群，成为成都市统筹城乡"试验区"建设中授牌的唯一"工业总部经济试验区"。5年间，龙潭工业区成功引进企业228个，其中投资上亿元项目60个，园区累计完成投资56亿元，实现税收3.2亿元，成为中心城区规模最大、交通区位优势突出、综合配套完善、产业规划超前、体制机制灵活，集"四川省中小企业示范园""成都市欧盟工业园""成都工业总部经济试验区"于一体，总部业态明显的"总部经济城"。

龙潭总部经济城的建设，不仅要解决工业发展的经济问题，更要解决农业发展、农民增收和农村面貌的问题。工业集中发展的新型工业化道路为龙潭反哺农业提供了基础条件和现实可能。龙潭片区在促进产业协调发展中采取了以下措施：一是加大基础设施建设。龙潭片区先后投入10亿元资金，建成成华大道、龙青路、双龙路、龙石路等主干道，实施了环湖路、绕场路等次干道建设，完成"村村通"社区道路网络建设。二是加快老场镇改造和新居建设。龙潭场镇改造建设用地近3000亩，总计55万平方米的同乐新型社区及桂林新居已基本建成，提高了农民集中居住质量，改变了农民的生活条件和居住环境。三是均衡公共服务。龙潭片区完成了"村改居"工作，公平配置城乡公共资源，从医疗、教育、文化、社保等方面全方位推动城乡公共服务均衡发展。四是依托产业升级，完善城乡一体就业服务体系。在全省率先成立了集培训、就业、社保、维权服务为一体的非营利组织——成都图强劳务服务公司，建立了"寻岗—培训—就业—服务"一体的培训就业联动机制。依托龙潭都市工业集中发展区，图强公司已成功开发就业岗位8000余个,解决了3500多名失地农民就业,形成了发展产业与扩大就业的良性循环。

此外,通过龙潭总部经济城的建设,为实施土地规模经营和提高土地产出率创造了条件。按照"集体化、集约化"思路,龙潭片区以耕地"总量不减、质量不减"为前提,以产权制度改革为基础,最大限度挖掘整合资源,在"198"区域,正加快形成以生态人居、商务会展、运动休闲、观光旅游等为特色的现代服务业基地和以规模种植养殖为特色的现代农业基地。在外环片区,按照"公司+农户"的模式,充分发挥市场配置资源功能,规模发展特色瓜果、特色花卉、特种水产等现代农业,建设具有较强市场竞争力的现代特色生态农业生产基地。曾因传统农业举步维艰的平丰社区,在工业和服务业的带动下,已形成拥有400亩黄金梨、600亩其他果木和100多亩无公害蔬菜的规模,农民收入也实现翻番。

龙潭片区以都市工业发展区为核心,推进工业集中发展;以工业集中发展带动场镇改造,为农民集中创造条件;新型工业化和城镇化为土地规模经营创造前提,带动现代农业发展,又为工业向发展区集中、农民向城镇集中夯实更牢固的基础,有效实现了不同产业间的协调、互动发展。

第六章　发展现代服务业增强城乡纽带作用

服务业既是国民经济的重要组成部分，也是衡量现代社会经济发展水平的重要标志。党的十八大报告明确提出："加快发展服务业，把推动服务业大发展作为产业结构优化升级的战略重点。"近年来，我国服务业发展迅速。2014年，我国国内生产总值为636463亿元，跨越60万亿元关口。其中，第三产业增加值306739亿元，占GDP比重达到48.2%，高出第二产业5.6个百分点。第三产业比重超过第二产业，表明我国经济结构正在发生重大变化，转型升级已到了关键阶段，中国经济正由工业主导向服务业主导加快转变，"服务化"进程不可逆转，服务业将成为新常态下中国经济增长的新动力。但同时我们也要清醒地认识到，目前这种地位并不稳固，主要表现为我国服务业发展水平仍然比较低，国际竞争力比较弱，区域发展不平衡，与第一、第二产业协同互动不足。服务业作为现代经济快速发展的催化剂，在经济发展中的作用日益突出，正如美国经济学家Shelp曾指出，"农业、采掘业和制造业是经济发展的砖块，而服务业则是把它们黏合起来的灰泥"[①]。服务业尤其是现代服务业不仅已成为促进区域经济增长与国际贸易发展的主要推动力量，而且也是深化产业联系，促进产业协调发展的关键，随着全球服务业发展的突飞猛进，世界经济已经由制造业占统治地位的生产时代逐步进入服务业占据主导地位的服务经济时代。现代服务业正在优化资源配置，提高生产效率，降低生产成本和提高劳动者素质等方面占据越来越重要的地位，发挥着越来

---

① 转引自李朝鲜《理论与量化》，中国经济出版社2006年版。

越重要的作用。

第一节 服务业发展与服务业现代化

服务业一般指工业和农业之外的其他产业,具有非实物性、不可储存性、生产与消费同时性等特点。服务业虽然是三次产业中最后出现的,但其在社会经济发展中的地位和作用却日益突出,不仅是推动国民经济持续发展的重要力量,也是缓解就业压力的主要渠道。因此,对服务业的内涵、分类、特点及发展趋势进行分析,并借鉴发达国家现代服务业经验,对促进我国现代服务业和产业协调发展具有重要意义。

一 服务业的内涵及其分类

(一) 服务业的内涵

一般认为,服务业是指工业和农业之外,不直接生产商品和货物的产业。目前,理论界对服务业的概念还没有统一定义,这直接导致各国对服务业的范围、统计口径等方面存在较大差异。在实际应用中,大多数国家都在接受科林·克拉克三次产业理论的基础上,根据本国实际情况来解释和划分服务业。

克拉克的三次产业以经济活动与自然界的关系为划分标准。第一产业指以利用自然为生产对象,生产不必经过深度加工就可消费的产品或工业原料的部门;第二产业是对初级产品进行再加工的部门;第三产业指第一、二产业之外,所有为生产或生活提供服务的各种产业,包括运输业、通信业、仓储业、商业贸易、金融业、房地产业、旅游业、饮食业、文化、教育、科学、新闻、传播、公共行政、国防、娱乐、生活服务等。与其他产业相比,服务业产品具有非实物性、不可储存性以及生产与消费同时进行等特征。根据世界贸易组织(WTO)统计和信息系统局(SISD)提供的国际服务贸易分类表,服务业可分为11大类140多个服务项目,即商业服务业、通信服务业、建筑及有关工程服务业、销售服务业、教育服务业、环境服务业、金融服务业、健康与社会服务业、旅游服务业、文化娱乐及体育服务业、交通运输服务业。①

我国国民经济核算实际工作中，通常将服务业视同为第三产业，即将服务业定义为除农业、工业、建筑业之外的其他所有产业部门。我国于1985年开始，参照国际标准，采用三次产业的划分来核算国民经济生产总值。为了及时、准确地反映我国三次产业发展状况，更好地与国际接轨，2002年5月10日，国家统计局重新修订了国家标准的《国民经济行业分类》（GB/T4754—2002），新修订的国家标准主要体现以下三个原则：一是适应我国行业发展实际；二是按照国际通行的经济活动同质性原则划分行业；三是采用国际标准，与ISIC/Rev.3相衔接。② 根据这一新标准，我国服务业的划分见下表6-1。

表6-1　　　　　　　　我国服务业的分类③

服务业	流通部门	交通运输、仓储及邮电通信业，批发和零售商业，餐饮业
	为生产和生活服务的部门	金融保险、地质勘查、水利管理、房地产、社会服务业、农林牧渔服务业、交通运输服务业、综合技术服务业等
	为提高科学文化水平和居民素质服务的部门	教育、文化艺术和广播电影电视业，科学研究业，卫生、体育和社会福利业
	为公共需要服务的部门	国家机关、政党机关和社会团体、其他行业（军队和警察等）

（二）服务业的分类

与其他产业相比，服务业产品所具有的非实物性、不可储存性和生产与消费同时进行等特征决定了服务业是一个内容广泛、涵盖众多行业的产业。为了更好地了解服务业内部结构和不同服务业的经济性质，可以从其出现的时间顺序、功能定位和服务对象等多个角度进行

---

① 刘东升：《国际服务贸易》，中国金融出版社2005年版。
② 国家统计局设管司：《新〈国民经济行业分类〉的修订原则及主要特点（之一）》，《中国统计》2003年第1期。
③ 黎诣远、李明志：《微观经济分析》（第2版），清华大学出版社2003年版，第148页。

分类。按服务业在国民经济中的功能和作用，可以分为生产性服务业和生活性服务业。生产性服务业是指被其他商品和服务的生产者用作中间投入的服务，可以进一步细分为工业生产性服务业和农业生产性服务业。目前，生产性服务业大致包括以下五个方面：现代物流业、科技服务业、金融保险业、信息服务业、商务服务业（含咨询、代理、广告、培训、劳务中介以及部分要素市场）。生活性服务业也称为消费者服务业，是以满足居民消费需求或基本民生要求的服务业，它涵盖范围很广，涉及居民日常生活的方方面面，包括旅游业、商贸流通业、餐饮业、酒店住宿业、文化产业、房地产业、体育健身产业、社区服务业、市政与公共服务业、农村生活服务业等。生活性服务业属于劳动力密集型行业，在促进消费、吸纳就业、提升生活品质、构建和谐社会等方面发挥着重要作用。

按照服务业产生的时间，可以分为传统服务业和现代服务业。传统服务业是指运用传统的生产方式经营，并且在工业化以前就已存在，这类服务业大都有着悠久的历史，如餐饮业、旅店业、商贸业等。传统服务业有两个显著特点，一是需求具有"传统"的历史特点，即其需求在工业化以前就广泛存在；二是生产方式是"传统"式的，主要采取"前资本主义生产方式"，交通运输业、商贸流通业、餐饮业和酒店住宿业就是这类服务的代表部门。现代服务业则是相对于"传统服务业"而言的，是指其需求主要受工业化进程、社会生产分工的深入影响而加速发展的服务业和运用现代科技技术、新型服务方式及新型经营形态对传统服务业进行改造的服务业。现代服务业包括现代物流业、现代金融业、计算机和软件服务业、信息咨询服务业等。广义的现代服务业既包括新兴服务业，也包括对传统服务业的技术改造和升级，主要包括四个方面：（1）基础服务，包括信息和通信服务；（2）生产和市场服务，包括金融、保险、物流、电子商务、法律服务以及中介和咨询等专业服务；（3）个人消费服务，包括教育、医疗保健、文化娱乐、旅游、房地产、商品零售等；（4）公共服务，包括政府的公共管理服务、基础教育、公共卫生、医疗及公益性信息服务等。

二 现代服务业的特点及发展趋势

现代服务业是近年发展最为迅速的新兴产业，相对于工业和农业而言，服务业是三次产业中最后形成的，虽然形成的时间滞后于工业和农业，但这并不表明服务业在人类社会经济发展中的作用逊于前两者。事实上，世界上许多国家，尤其是经济发达国家，服务业尤其是现代服务业在国民经济中的比重和地位已经超过工业和农业，成为推动国家经济发展的重要力量。

（一）我国现代服务业的提出

学术界普遍认为，现代服务业发轫于工业革命到第二次世界大战期间，确立于20世纪80年代。现代服务业自诞生起就表现出旺盛的生命力，迅速成为国民经济的重要组成部分。世界许多国家，尤其是发达国家，现代服务业在国民经济中的比重和地位已经超过工业和农业，成为推动国家经济发展的主要力量。

在我国，党的十五大报告首次明确提出要大力发展"现代服务业"。2000年中央经济工作会议提出："既要改造和提高传统服务业，又要发展旅游、信息、会计、咨询、法律服务等新兴服务业。"十六大进一步指出要"加快发展现代服务业，提高第三产业在国民经济中的比重"。2006年2月，《国家中长期科学和技术发展规划纲要》设立了信息产业与现代服务业领域，并且提出"发展信息产业和现代服务业是推进新型工业化的关键。"2007年3月，国务院出台的《关于加快发展服务业的若干意见》指出，要"大力发展现代服务业，促进服务业升级换代，提高服务业质量，推动经济增长主要由服务业增长带动……"为了更好地发展现代服务业，2012年2月22日，国家科技部发布了第70号文件，对现代服务业进行了界定：现代服务业是指以现代科学技术特别是信息网络技术为主要支撑，建立在新的商业模式、服务方式和管理方法基础上的服务产业。它既包括随着技术发展而产生的新兴服务业态，也包括运用现代技术对传统服务业的改造和提升。党的十八大报告提出："着力构建现代产业发展新体系，着力培育开放型经济发展新优势，使经济发展更多依靠内需特别是消费需求拉动，更多依靠现代服务业和战略性新兴产业带动……"在新出台的"十三五"规划中,进一步强调了要"开展加快发展现代服务业行动,放宽市场准入,促进服务业优质高效发展"。现代服务业已经与战略新兴产业一起成为我国重点发展的先导性产业。

(二)现代服务业的特点

不同于传统服务业,现代服务业具有"两新四高"的时代特征。即新的服务领域和服务模式;高文化品位和高技术含量;高增值服务;高素质、高智力的人力资源结构;高感情体验、高精神享受的消费服务质量。现代服务业是地区综合竞争力和现代化水平的重要标志,已成为世界各国竞相重点发展的产业。

首先,现代服务业是技术、知识和人力资本密集型产业,具有技术含量高、智力要素密集度高、产出附加值高、资源消耗少、环境污染小等特点。现代服务业产生于工业化水平比较发达的阶段,是信息化与网络化的结合。与传统服务业相比,高新技术在其中的作用尤为突出,现代服务业主要依托互联网、云计算、物联网等高新技术进行更为精细的专业化分工,由拥有专门人才和专业技术的服务企业或机构为客户提供某一特定领域的专业性服务,通过提高服务效率和质量有效降低成本。在知识经济时代,高素质的人才是掌握高新技术的载体,他们的数量和质量直接影响着现代服务业的发展水平。

其次,现代服务业处于产业链中的利润高端,是提高社会经济效益的重要途径。由于现代服务业需要投入比传统服务业更多的资本和更先进的技术,因此,超过传统服务业的产品高附加值既是现代服务业快速发展的内在动力,也是现代服务业快速发展的基础。随着现代服务业的快速发展,在整个产业价值链中,咨询、创意、研发、设计等服务活动创造的价值量日益增加,在欧美发达国家,计算机、汽车行业利润的80%来自服务业,而制造业仅获得20%的利润。

最后,现代服务业具有"三新"特点。即新方式、新领域和新业态。新方式主要是指现代服务业大量使用具有时代特征的信息技术、网络技术,以及在此基础上形成的现代服务业平台,采用完全不同于传统文化产业的生产方式;新领域是指现代服务业为适应现代社会和产业发展需求,突破了传统的服务业领域,拓展形成了新的生产性服务业、智力（知识）型服务业和公共服务业的新领域；新业态是指由于高新技术的大量使用和新消费需求的不断涌现，通过服务功能换代和服务模式创新而产生新的服务业态，这些新业态不仅成为新的经济增长点，而且对于改善人们生活、提升产业整体素质具有积极的推动作用。

（三）现代服务业的发展趋势

第一，现代服务业在国民经济中的地位迅速上升，作用日趋增强。社会生产力的不断提高产生了两个直接效果：一方面，人们劳动时间大大缩短，业余时间明显增加，可用于自主休闲的时间越来越长；另一方面，随着人们收入不断提高，对有形物质产品需求逐渐下降，而对无形的服务业产品需求不断增加。这两方面变化显著增加了整个社会对现代服务业的需求。目前，全球服务业产出在整个经济中的比重已由1980年的56%上升到2000年的62%，其中22个高收入国家已经达到65%。世界服务业平均吸纳就业人口的比重已达45%，少数发达国家甚至超过80%。在国际贸易中，服务贸易的增长速度也远远超过同期国际货物的增长速度，并在不久的将来，有望与商品贸易平分秋色。

第二，服务业与其他产业融合的速度不断加快。以信息技术为代表的新技术革命，引起了全球生产要素流动和产业转移加快。互联网的普及使各类信息技术较之以往发挥出更大的作用，随着新理念、新技术的发展以及全球范围下兼并、重组活动的日益频繁，现代服务业发展领域不断拓展，模式不断创新，新的业态不断产生，现代服务业的边界逐步趋于模糊化。

第三，现代服务业日益呈现出集群化的发展态势。现代服务业具有高技术、高智力和高附加值的特性，这些特性使具有高技术、高智力的生产要素成为现代服务业发展的关键。现代服务业的集群式发展有利于社会资金的集聚和不同企业间的技术交流，形成特色鲜明、辐射力强、带动作用大的服务业集聚区，进而实现协作配套、有效降低创新成本，带来十分显著的产业互补和共享等外部效益。如上海的昂立设计创意园，共集聚了建筑与环境设计企业20家，周边有大量与建筑设计和环境设计相关的研究院、设计公司、模型制作公司等配套产业，不仅与同济大学共同组成产、学、研一体化发展的典范和载体，而且已成为产业孵化器和与建筑设计相关的人才再造基地。

第四，现代服务业结构优化升级速度加快。随着科学技术的快速发展，现代服务业逐渐向高附加值、高知识密集度方向发展，内部结构层次和水平不断提升。金融、信息、物流、商务服务等现代服务业在整体服务业中所占比重不断上升，逐渐成为推动服务业发展的主要带动力量。以金融服务业为例，"十一五"前4年，我国金融业年均增速为21%，占GDP的比重已达5.2%，不仅发展速度，而且在推动国民经济发展中的贡献都远远超过了传统服务业。2014年，我国金融业产值占GDP的比重已达到7.38%。

三 国外现代服务业发展的启示

一般认为，服务业属于非物质生产部门，本质上是一种带寄生性的需求制约型产业，它的大规模发展必须以第一、第二产业和消费者的旺盛需求为前提。与此同时，现代服务业的快速发展也极大地推动了第一、第二产业发展。随着信息通信技术的快速发展以及经济全球化进程的加快，世界产业发展呈现出两个显著变化：一是服务业快速发展。2000年，全球服务业产出在整个经济中的比重已经达到63%，而且这一主导优势仍在继续扩大中。二是随着社会分工的日益细化，经济效率不但取决于生产活动自身的生产率水平，更取决于不同生产活动之间联系的效率和深度。世界产业发展规律显示：服务业尤其是生产性服务业具有黏合工业与农业的"灰泥"效应，已经成为促进不同产业协调发展的关键。

（一）世界现代服务业发展特点

第一，现代服务业呈现快速增长的趋势。20世纪80年代开始，全球产业结构发生了重大变化，世界主要发达国家的经济重心开始转向服务业，产业结构呈现出"工业型经济"向"服务型经济"转型的总趋势。1980—2000年，服务业异军突起，主要表现在两个方面，一是全球服务业增加值占GDP比重迅速上升，由56%上升至63%，主要发达国家达到71%，中等收入国家达到61%，低收入国家达到

43%；二是服务业吸收劳动力就业能力不断提高，西方发达国家普遍达到70%左右，少数发达国家甚至超过80%。如美国2006年在服务行业就业的人员占美国非农就业总人口的83.6%。大部分发展中国家虽然落后于发达国家，但服务业劳动力占全部就业劳动力的平均比重也达到40%以上。

第二，生产性服务业快速提升，在服务业内部结构中所占比例迅速扩大。先行工业化国家以通信、金融、物流、专业服务等为主的生产性服务业已占全部服务业的50%，不仅如此，生产性服务业增长的速度也远远超过了服务业的平均水平，这种变化不仅改变了以往服务业的生产和经营方式，也带动了传统服务业的升级。在经济合作发展组织国家，金融、信息、保险、咨询等生产性服务业的增加值占GDP的比重均超过1/3，生产性服务业已经成为这些国家的支柱产业。以美国为例，2006年生产性服务业总量已接近6万亿美元，超过服务业总量的70%，约占GDP的48%，见表6-2。2012年，美国制造型企业中1/3的员工从事服务性工作，而且这一比例仍在不断上升中。

表6-2　美国生产性服务业主要行业增加值占GDP的比重变化　　单位:%

行业名称	1980年	1991年	2001年	2003年	2005年
信息服务业	3.55	3.92	4.71	4.46	4.46
金融保险业	4.91	6.28	7.73	7.89	7.69
专业及商务服务业	6.68	9.66	11.51	11.40	11.71
教育培训业	0.63	0.74	0.84	0.91	0.93
合计	15.77	20.60	24.79	24.66	24.79

第三，生产性服务业与制造业融合加快。制造业不断加大对服务业的投入和渗透，生产性服务业与制造业关系日趋紧密，界限日益模糊。一方面，现代服务业加速向制造业生产前期的研发、设计、中期的管理、融资和后期的物流、销售等全过程渗透；另一方面，现代制造业内部也逐渐以制造业为中心向以服务业为中心转移。这种由"工业型经济"向"服务型经济"的转移主要表现为：制造业产品逐渐

向以服务为中心转变，产品附加值中服务业所占比重越来越高，许多制造型企业通过大规模进入或兼并生产性服务业对原有业务进行重新整合，双方的融合主要表现为结合型融合、绑定型融合和延伸型融合。如世界500强之一的惠普和IBM公司通过兼并生产性服务业企业，已从为客户主要提供硬件转为提供由硬件到软件、由销售到咨询的全套服务。

第四，生产性服务业体系不断完善。随着社会分工与专业化程度的不断深化，越来越多的服务型企业开始专业从事由生产商到消费者之间的服务，如为生产性企业提供资金融资、银行担保、财务审计和售后服务等，从而催生了金融、商务等生产性服务业的诞生。同时，随着科学技术发展、市场需求扩大和个性化服务要求的提高，许多服务环节又从原有产业价值链上分解出来，形成新的产业形态，如研发、设计、咨询和技术转让等，从而形成以制造产业链为中心，不同环节相互支撑的生产性服务业体系。

第五，国际服务贸易增长强劲。随着信息技术的迅猛发展、生产组织方式的变革和国际市场竞争的加剧，为了降低成本，许多跨国公司纷纷将商务业务、研究开发、咨询分析、顾客服务等生产性服务外包给专业化的服务供应商来完成，这进一步推动了世界服务贸易的发展。1980—2000年期间，世界服务贸易额增长了近400%，年均增长率为7.1%，而货物贸易额增长不到300%，年均增长仅5%。2000年，发达国家服务贸易出口占全球水平总额的74%，服务业的年均增长率达到7.1%。

（二）世界服务业发展的启示

首先，高度重视现代服务业的发展。世界现代服务业发展趋势表明，随着我国信息化、工业化、国际化、市场化和城镇化的推进，现代服务业正迎来最好的发展时机。与世界发达国家相比，我国现代服务业发展水平相对较低，层次还不高，一方面显示出较大差距，另一方面也说明我国服务业尚存巨大空间，未来发展大有可为。当前，我国正处于由工业化中期向后期转移的关键时期，加快发展现代服务业，既是加快实现经济增长方式转变的需要，也是在新一轮经济发展周期中抢占先机的关键。

其次，现代服务业在促进产业协调发展中的地位日益重要。现代服务业已成为许多国家的主导产业，不仅自身能够创造价值，而且能够推动其他产业同步发展，是促进产业协调发展的"灰泥"。关于服务业在产业发展中的地位，美国经济学家 R. K. 谢尔普曾指出："农业、采掘业和制造业是经济发展的砖块（bricks），而服务业则是把它们黏合起来的灰泥（mortar）。"从这个意义上，现代产业发展已经融入了愈来愈多的服务作为黏结性要素，服务业不仅已成为提高劳动生产率和市场竞争力的关键，而且更是创造产品差异和增值的基本要素。信息服务业、金融业、物流业、咨询业在降低生产成本、提升产品质量、提高生产效率中的巨大作用，使得服务业在经济发展中的间接贡献已经远远超过其自身带来的直接效果，服务业已经成为促进产业协调和经济快速发展的核心，只有加快服务业，尤其是现代服务业发展，我国的经济增长方式才可能发生根本性的转变，产业协调才有坚实的发展基础。

最后，现代服务业的发展要因地制宜，重点突出。世界现代服务业的快速发展一方面给我们展示了现代服务业发展的轨迹，另一方面也提示我们，由于各国产业结构和技术水平的差异，现代服务业的选择并没有统一的标准。针对世界现代服务业的发展趋势和我国生产性服务业发展滞后的具体情况，我国应重点发展现代物流业、信息服务业、金融服务业、科技服务业和商务服务业等生产性服务业，并针对农业落后的现实，大力发展农业生产性服务业，提高服务业对农业发展的支持力度，加快推进农业现代化建设的步伐。

第二节 城乡一体化进程中的服务业现代化与产业协调

现代服务业是以现代理念、现代技术、现代管理与营销为主要内容的知识密集型服务业。随着"服务经济"的兴起，现代服务业在国民经济中的地位和作用日益突出。正如著名服务经济学家郑吉昌所指出，服务业是促进其他部门增长的过程产业，是提高经济效率和产业竞争力的动力源。现代服务业主要通过三种方式促进产业协调发展：其一，现代服务业通过发挥特有的"灰泥"作用，渗透到其他产业内部，将不同产业更加紧密地联系在一起，密切了产业间的关系；其二，现代服务业作为产业发展的润滑剂和高新技术的促进者，能显著降低产业生产成本，提高工业和农业生产效率，有助于促进产业整体协调发展；其三，现代服务业中的教育培训业、咨询业能显著提高劳动者素质，改变经营管理者的传统思维观念。当前，我国现代服务业大都集中在城市，服务于工业，而定位于农村、服务于农业的现代服务业发展十分有限。因此，加强现代服务业与农业有效互动，加快发展现代农业成为我国当前产业协调的重要内容。

一　我国现代服务业发展现状

改革开放以来，我国服务业发展很快，服务领域不断拓展，在促进经济平稳较快发展、扩大就业等方面发挥了重要作用。但与发达国家相比，我国服务业发展仍存在不少问题，主要表现为服务业总体供给不足，结构不合理，服务水平低，竞争力不强，对国民经济发展的贡献率不高，与加快经济社会发展、促进产业结构调整升级需求不相适应，尤其是服务于农业生产和农民生活的服务业严重滞后，与全面建成小康社会，实现中华民族伟大复兴中国梦的要求还有较大差距。

（一）总体规模小，发展水平整体滞后

世界产业发展规律表明，服务业在整个国民经济中所占比重呈不断上升趋势。虽然近年我国服务业发展很快，但与世界发达国家相比，无论是服务业在国内生产总值中的占比还是相对就业人数比重仍然偏低，发展依然滞后。从产值来看，2014年，我国服务业增加值占国内生产总值的比重为48.2%，虽然增速很快，但依然远远低于发达国家80%的水平。从就业人员比重来看，2014年，我国服务业就业人数占国内总就业人数的比重为41.%，也远低于发达国家的70%—80%和发展中国家的50%左右水平。从对外贸易额来看，2002年，我国服务业出口比重为2.6%，仅为美国的1/5，在世界排第10位。

不过这种趋势正在改变，2014年，我国服务业进出口总额首次突破了6000亿美元大关，达到6043亿美元。

（二）内部结构不合理，生产性服务业发展滞后

首先，传统服务业所占比重过大，现代服务业发展不足。服务业中劳动密集型行业多，而知识、技术密集型行业少。1999年，我国餐饮、商贸、交通运输等传统服务业的比重为37%，与美国、日本的不足30%相比，明显偏高；而代表现代服务业的金融、电信、研发、咨询、现代物流等却发育不足。随着人们收入的不断增加，对生活品质有了更高要求，我国在信息、养老、健康、文化等方面的服务业供需矛盾日益突出。其次，我国生活性服务业比例过高，生产性服务业比重过低。设计、研发、检验检测、物流、知识产权服务、电子商务等行业生产性服务业严重滞后。在全球范围内，生产性服务业超过生活性服务业早已是普遍现象。2005年，美国生产性服务业总量接近6万亿美元，超过美国服务业总量的70%，约占美国GDP的50%，而我国生产性服务业仅占28%左右，比例过低。最后，我国生产性服务业在产业间分布不均衡，农业生产性服务业发展尤为滞后。就从业人员而言，美国从事农业服务体系的就业人员是农业就业人员的6倍，远远高于我国的比例。目前，我国农业生产性服务业主要集中在生产中环节，而在生产前和生产后环节上发展明显不足。同时，农业生产性服务业专业化程度偏低，副业化倾向明显，技术含量高、品牌效应大、商品附加值高、服务面广的农业生产性服务业较少。

（三）市场化程度低，技术创新能力不足

由于特殊的国情和发展背景，我国服务业起步较晚，创新力和市场化程度不高。除批发零售、商品贸易、餐饮、娱乐等消费性服务业外，生产性服务业规模小、市场化程度低，尤其是一些具有较大发展潜力的现代化服务业，如金融保险、邮电通信、航空铁路等行业一直由国家垄断经营，造成我国服务业总体创新力不足，结构不合理，在国际市场上缺乏应有的影响力和竞争力。2012年，我国运输和旅游服务出口总额占服务贸易出口总额的比重达到46.5%，而金融、通信的服务出口总额只占当年服务贸易出口总额的0.99%和0.94%。我国

服务业投入不足也是影响生产性服务业发展滞后的重要因素。研发服务经费是衡量服务业投入水平高低的重要指标，当前我国大中型工业企业研发投入强度仅为0.93%，而美国、德国等发达国家普遍在2%以上，日本已经达到3.57%。为此，2012年9月，中共中央国务院颁布的《关于深化科技体制改革加快国家创新体系建设的意见》提出2015年研发经费投入要达到1.5%的发展目标。垄断的普遍存在，投入的不足和市场机制不完善是造成我国服务业发展失衡，缺乏创新力的重要原因。腾讯科技提供的数据显示，虽然我国早已是网民最多的国家，但网速在世界的排名仅在第82位，远远落后于我们的近邻韩国。

二　现代服务业在产业协调发展中的作用

服务业是现代产业体系的重要组成，在增加就业、优化产业结构、改善人民生活水平、促进经济增长等方面发挥着重要作用。随着以信息为代表的高新技术的日新月异，现代服务业已经成为现代经济发展中最重要和最活跃的产业形态，对工业、农业发展的促进和保障作用越来越突出。新型工业化的实施依赖于科技、信息、金融、商务、物流等生产性服务的支撑和配套水平；农业现代化的推进需要以前期技术研发、产中服务、市场营销等专业化服务的支持。[①] 制度经济学家认为，服务业对现代经济的贡献在于降低不同经济主体之间的交易成本，提高了市场交易和产品生产的效率。对我国而言，服务业的作用不仅表现为加快新型工业化进程，更在于能够显著提升农业现代化水平，不断缩小产业间的发展差距，实现不同产业间的协调发展。鉴于服务业种类较多，不同服务业在产业协调发展中的作用差异较大，本章重点对几种典型服务业在促进农业现代化中的作用进行了较为深入的研究。

（一）信息服务业

信息服务业是指利用计算机和通信网络等现代科学技术对信息进

---

① 曾培炎：《贯彻党的十七大精神促进服务业加快发展》，《人民日报》2008年2月24日。

行生产、收集、处理、加工、存储、传输、检索和利用并以信息产品为社会提供服务的行业。在科学技术一日千里的当代社会，信息已同资本和土地一样，成为推动经济发展的重要因素。信息服务业在农业发展中的作用主要体现在以下方面：

首先，信息服务业有助于优化农产品结构，促进农民增收。由于农业的弱质性和在国民经济中的基础性地位，我国每年都会针对农业发展提出具体的产业政策和指导性意见，同时配备相应的惠农政策。信息服务业有助于农民及时准确掌握国家对农业的相关扶持政策，按照国家指导调整其生产，不仅能充分享受国家相应的优惠政策，在实现增收的同时，也起到了优化农业产品结构的目的。

其次，信息服务业能够为农业提供更多的市场和技术信息，从而增强农民掌握新技术和驾驭市场的能力。长期以来，由于土地资源稀缺，我国农业的重心主要在生产环节，农民非常重视土地产出率，精耕细作成为我国传统的农业生产方式。然而，这种生产方式并不完全适合于市场经济，市场经济的关键环节是要通过市场交换实现产品价值，而市场变化受多种因素影响很难把握。同时，农业自身的生产特点增加了对市场把握的难度。一方面农业生产周期较长，一旦前期投入，中途很难甚至无法进行调整；另一方面，农业生产地不仅远离市场，也远离市场信息。随着我国市场化进程的不断深化，市场在配置资源中的决定性作用日益突出，如果缺乏足够的市场信息做支撑，农业生产就会不可避免地出现较大的盲目性和随机性，不仅影响农民增收，也制约了农业的可持续发展。信息服务业则通过提供科技和市场信息，指导农民改进生产技术，调节产品结构，促进农业发展、农民增收，加快农业现代化进程。

最后，信息服务业有助于加强农民与外界的联系。长期以来，资金短缺、技术落后、农民素质不高是影响我国农业发展的三个痼疾。造成这三方面问题的原因很多，其中，农村环境闭塞、缺乏与外界信息有效沟通无疑是其中的一个重要因素。实际上，许多农村地区不仅有很好的资源，也有独具特色的产品，但农业发展却一直未能实现有效突破，一个重要原因就在于信息交流不畅，产销信息未能有效对接。信息服务业的发展能够克服地理位置偏僻带来的不利影响，改变传统农业和农村信息闭塞的状况。

(二) 现代物流业

现代物流业是指原材料、产成品从起点至终点及相关信息有效流动的全过程。它将运输、仓储、装卸、加工、整理、配送、信息等方面有机结合，形成完整的供应链，为用户提供多功能、一体化的综合性服务。当前，我国物流业发展整体滞后，2014 年，我国社会物流总费用 10.6 万亿元，社会物流总费用与 GDP 的比率为 16.6%。其中，工业企业物流费用占产品销售额 9.1%，占生产成本的 30%—40%，而发达国家只有 10%—15%。在我国，针对农业生产为核心的供应、生产和销售物流更加不足，主要表现为农业物流基础投入不足、农业物流信息体系不健全和物流成本偏高。中国消费者协会的调查显示，31.3% 的农民认为购买生活资料不方便，37.2% 的农民认为购买生产资料不方便。仅仅由于物流业的差距，我国果树产品的损耗率为 25%—30%，而美国只有 1%—2%。因此，加快物流业尤其是农业物流业已经刻不容缓。作为重要的生产性服务业，现代物流业促进农业发展的作用机制为：

第一，现代物流业有利于提高农业生产的专业化和区域化水平。专业化生产和区域化特色是目前现代农业的发展方向，对农产品进行有效快速的分送是实现农业生产专业化和区域化的重要保障。农产品具有的季节性和不易存储的特性使农业生产面临更多的风险和不确定性。现代物流业所拥有的发达配送网络能有效克服农村单家独户面对市场的风险，适应快节奏的消费需求，提高流通速度，从而提升农产品的异地转化价值，使区域特色产品实现更远距离的销售，有效解决由于农产品过于集中而造成的"销售难"问题。

第二，有利于扩大农业劳务输出并创造新的就业机会。以家庭为单位的传统的农产品销售方式效率低下，需要占用大量农村劳动力从事产品销售，降低了农业生产效率。现代物流业的发展不仅可以形成更专业的劳动分工，使农民专注于生产，而且农业物流要对农产品进行采选、分拣、包装和加工，能够吸纳大量农村剩余劳动力由农业转移到第三产业。

第三，现代物流业是实现农业产业化的前提。农业产业化是以市场为导向，以提高比较效益为中心，依靠农业龙头企业带动，将生产、加工、销售有机结合，实现一体化经营的农业，是社会生产发展到一定阶段出现的农业经营形式。物流业能改善传统农业生产、经营和技术落后导致的成本过高和市场信息不对称，降低产品销售的不确定性，解决农民生产的后顾之忧，更有效率地组织农民按照市场需求实施生产。比如种子公司将承担种子发芽不齐的风险、仓储公司将承担鲜活产品的储藏风险、农产品贸易公司将承担市场风险即价格变动的风险等。因此，农业物流业既缩短了农产品生产与消费的距离，也有助于加快实现农业产业化。

第四，现代物流业能降低农业风险，提高农民收入。不同于工业产品，农产品有两个显著特点：其一，农业生产以广阔的土地为前提，生产地往往比较分散，而农产品消费地则主要集中在人口较为密集的城镇，两者空间距离较大。其二，农产品不易存储。农产品的生产具有时令性，不到成熟季节，农产品的供给只能依靠已有的库存，新鲜的农产品往往形成"千金难求"的局面。而一旦成熟，许多农产品，特别是蔬菜、瓜果极不容易保鲜，如果没有及时转移到消费者手中，就会变得一文不值，给农业生产带来巨大损失。现代物流的发展则打通了生产与消费间的通道，实现了生产与消费的无缝沟通，不仅能有效降低农业生产风险，稳定销售渠道，也能最大限度地提高农民的收入，而农民作为稳定的农业生产主体，是促进农业发展的根本保障。

（三）金融服务业

金融服务业即从事金融服务业务的行业，在我国主要包括银行业、证券业、保险业以及其他金融活动。金融服务业在经济发展中的作用日益凸显，已经成为现代市场经济的血脉。随着农村经济社会的发展，尤其是由大量工业装备和先进技术武装起来的新型农业，需要大量资金作为保障，但目前农业信贷资金的供给远远不能满足现代农业对资金的需求，资金短缺依然是制约农业现代化进程的主要障碍。

2003年，我国农业增加值占GDP的比重是14.8%，但是农业在整个金融机构中占用的贷款金额不足6%。许多地区农户"贷款难"的问题仍未有效解决，对农业的金融支持亟须加强。

首先，金融服务业是夯实农业基础的前提。长期以来，由于投入不足，我国农业基础设施欠账较多，许多设施陈旧、老化。如农田机电排灌面积比重低，水土流失严重，土壤肥力不高，有机质含量下降……农业自身的弱质性决定了依靠农业自身力量不可能根本性地改变农业基础设施落后的现状，尤其是大中型水利工程和相关配套项目建设、大型灌区配套节水改造、大型江河湖水系治理、高标准农田建设和中低产田改造等项目建设，都需要大量资金投入做支撑。因此，大规模、高标准、持续发展能力强的基础设施建设必须借助金融服务业的支持，通过提供巨额和持久的资金投入来加以保障。

其次，金融服务业能促进农业科学技术的研发与推广应用。农业技术进步涉及农业基础性研究和农业实用技术的广泛推广。前者具有投资大、风险高、周期长、回报慢的特点，而后者则涉及更多的层面，既包括农用设备的更新换代，又涉及对农业技术人员和农民的技能培训。这两方面都需要以大量的资金和金融业服务为保障。

最后，金融服务业有助于加快农业现代化进程。统计数据表明，我国信贷总量中，大约只有10%投向农村地区，其中投向农业种植业和养殖业的估计占一半左右，显然不能满足农业生产领域对信贷资金的需求。现代农业是农业发展的根本方向，水利化、机械化、化学化、电气化和信息化是农业现代化的标志，而其中任何"一化"都必须以大量的资金为保障。金融服务业则是提供发展所需资金的重要渠道。金融服务中的保险业能够有效分担农业生产过程中可能出现的风险，对于稳定农业生产，保障农民利益具有重要作用。

产业发展规律告诉我们，高阶产业的发展总是有助于提高低阶产业的劳动生产率。农业劳动生产率的第一次大规模提高，主要归功于制造业发展带来的工业化福利；第二次大规模提高，就与生产性服务业投入的不断增加密不可分。这不仅是产业演进的客观规律，而且已经被发达国家的农业现代化实践所证明。在现代产业体系框架中，服务业在加快农业现代化进程、促进产业协调发展中的作用日益突出，已成为促进社会劳动生产率提高的重要因素。

三 我国现代服务业发展对策

服务业是国民经济的重要组成部分，服务业发展水平是衡量现代社会经济发达程度的重要标志。当前，我国正处于全面建成小康社会和工业化、城镇化、市场化、国际化加速发展时期，已初步具备支撑经济又好又快发展的诸多条件，加快发展服务业，提高服务业在三次产业结构中的比重，尽快使服务业成为国民经济的主导产业，是推进经济结构调整、加快转变经济发展方式的必由之路。

（一）优先发展重点服务行业

服务业具有涉及领域宽，发展极不平衡的特点。我国服务业发展的最大"短板"是生产性服务业严重落后，对相关产业尤其是对农业支撑不足。因此，应该集中力量，在以下生产性服务业领域实现率先突破：一是优先发展物流运输业。通过扩大物流市场需求、加快物流企业兼并重组、推动重点领域物流发展、优化物流业发展区域布局、加强物流基础设施建设的衔接与协调以及提高物流信息化水平等具体措施，提升物流的专业化、社会化服务水平。二是积极发展信息服务业，加快发展软件业，坚持以信息化带动工业化，完善信息基础设施，积极推进"三网"融合，发展增值和互联网业务，推进电子商务和电子政务。三是有序发展金融服务业，健全金融市场体系，加快产品、服务和管理创新。四是大力发展科技服务业，充分发挥科技对服务业发展的支撑和引领作用，鼓励发展专业化的科技研发、技术推广、工业设计和节能服务业。五是规范发展法律咨询、会计审计、工程咨询、认证认可、信用评估、广告会展等商务服务业，提升改造商贸流通业，推广连锁经营、特许经营等现代经营方式和新型业态。通过发展服务业实现物尽其用、货畅其流、人尽其才，降低社会交易成本，提高资源配置效率，加快走上新型工业化发展道路。[①]

[①] 《国务院关于加快发展服务业的若干意见》（国发［2007］7号）。

(二) 重点发展农村服务业

从服务内容来划分，我国农村服务业的发展可以分为生产性服务业和生活性服务业两个领域。对于生产性服务业而言，应按照"以公共服务机构为依托、合作经济组织为基础、龙头企业为骨干、其他社会力量为补充的公益性服务和经营性服务相结合、专项服务和综合服务相协调"的新型农业社会化服务体系的总体要求，把发展农业生产性服务业放在建设中国特色农业现代化道路的重要位置，构建起以政府为主导、企业为主体、市场为基础的一体化发展体系。[①] 紧紧围绕农业产前、产中和产后提供服务，加快构建和完善以科技服务、信息服务、金融服务和生产销售服务为主体的农村社会化服务体系，主要在以下方面重点突破：一是加强农业科技体系建设，建立健全农业技术推广、农产品检测与认证、动物防疫和植物保护等农业技术支撑体系，加快对良种的培育和推广，提高对重大病虫害统防统治的能力；二是建立健全农产品供求信息服务体系，逐步形成连接国内外市场、覆盖生产和消费的信息网络，提高对病虫害测报与防治、生产技术指导、农产品采收等服务的能力；三是加强农村金融体系建设，充分发挥农村商业金融、合作金融、政策性金融和其他金融组织的作用，发展多渠道、多形式的农业保险，增强对"三农"的金融服务；四是完善农副产品流通体系，发展各类流通中介组织，培育一批大型涉农商贸企业集团，切实解决农副产品销售难的问题；五是提高对农业产业化的扶持力度，加快农机社会化服务体系建设，推进农机服务市场化、专业化、产业化。此外，还要加快发展各类农民专业合作组织和龙头企业，支持其开展市场营销、信息服务、技术培训、农产品加工储藏和农资采购经营，充分发挥农民专业合作组织和龙头企业在农业生产新服务业中的带动作用。同时，要加快改善农村基础条件，加快发展农村生活服务业，提高农民生活质量。推进农村水利、交通、渔港、邮政、电信、电力、广播影视、医疗卫生、计划生育和教育等基

---

① 关凤利、裴瑱：《我国农业生产性服务业的发展对策》，《经济纵横》2010年第4期。

础设施建设，加快实施农村饮水安全工程，大力发展农村沼气，推进生物质能、太阳能和风能等可再生能源开发利用，改善农民生产生活条件。大力发展园艺业、特种养殖业、乡村旅游业等特色产业，鼓励发展劳务经济，增加农民收入。积极推进农村社区建设，加快发展农村文化、医疗卫生、社会保障、计划生育等事业，实施农民体育健身工程，扩大出版物、广播影视在农村的覆盖面，提高公共服务均等化水平，丰富农民物质文化生活。加强农村基础教育、职业教育和继续教育，搞好农民和农民工培训，提高农民素质，结合城镇化建设，积极推进农村富余劳动力向非农产业转移。

（三）加快推进服务领域改革

首先，按照国有经济布局战略性调整的要求，将服务业国有资本集中在重要公共产品和服务领域。积极推进国有服务企业改革，对竞争性领域的国有服务企业实行股份制改造，建立现代企业制度，促使其成为真正的市场竞争主体。对能够实行市场经营的服务，要动员社会力量增加市场供给。在明确行业要求和经营资质的前提下放松进入管制，扩大非公有经济比重，促进服务性企业在市场机制下做大做强，形成多元经济主体充分竞争的格局。在规范服务标准和加强行业监管的前提下放松经营管制，充分发挥市场机制的决定性作用。进一步明确教育、文化、广播电视、社会保障、医疗卫生、体育等社会事业的公共服务职能和公益性质，按照政企分开、政事分开、事业企业分开、营利性机构与非营利性机构分开的原则，加快事业单位改革。继续推进政府机关和企事业单位的后勤服务、配套服务改革，推动由内部自我服务为主向主要由社会提供服务转变。

其次，建立公开、平等、规范的服务业准入制度。允许社会资本进入法律法规没有明令禁止的服务领域，大力发展非公有制服务企业，提高非公有制经济在服务业中的比重。进一步打破市场分割和地区封锁，推进全国统一开放、竞争有序的市场体系建设，各地区凡是对本地企业开放的服务业领域，应全部向外地企业开放。教育、文化、广播电视、新闻出版、社会保障、医疗卫生、体育、建设等部门对本领域能够实行市场化经营的服务，也要研究提出放宽市场准入、清理进入壁垒等方面的具体措施。

最后，支持服务性企业产品研发。加快落实对软件开发、信息服务、知识产权服务、工程咨询、技术推广、服务外包、现代物流等鼓励类生产性服务业实行税收优惠政策。加大对农业生产性服务业扶持力度，对从事农业技术推广、农机作业和维修、农民技能培训等农林牧渔服务业项目免征企业所得税。鼓励和支持产学研联盟研究开发现代服务业共性和关键技术，鼓励发展现代物流、电子商务、文化传媒、数字教育、协同医疗和社会保障等领域的生产性服务业。通过健全金融市场体系，加快产品、服务和管理创新等手段充分发挥金融服务业在经济发展中的支撑作用，引导和鼓励各类金融机构开发适应服务企业需要的金融产品，不断改进对服务业的金融服务，支持符合条件的服务业企业通过银行贷款、发行股票债券等多渠道筹措资金，加大金融服务业对农业的支持作用。

第三节　成都试验区发展现代服务业与促进城乡产业协调的实践探索

一　成都试验区服务业的特点

成都试验区经过近几年的快速发展，服务业已经超越工业，成为拉动全市经济增长的主要产业。2014年，成都实现服务业增加值5124.7亿元，增长8.6%。2015年上半年，实现服务业增加值2784.5亿元，增长10.0%；服务业占GDP的比重继续提升，达到54.2%；服务业对全市经济增长的贡献率达64.7%，比第二产业高30.4%；服务业税收占全市64%，服务业固定资产投资占全市77.8%。此外，成都金融业较快发展，增加值增长15.9%，增速比服务业平均水平高7.3个百分点。借力空港保税物流中心（B型）、青白江成都铁路临时对外开放口岸的获批设立，外贸便利化水平明显提升。成都高新综合保税区进出口总额居全国第三、西部第一。成都市现有服务业门类齐全，批发和零售业、房地产业、金融业、交通运输和仓储及邮政业、住宿和餐饮等传统服务业发展较快。2014年，成都市商贸物流、金融服务和总部经济等服务业核心功能进一步增强，电子商务交易额突破5000亿元。

与此同时，成都服务业的发展也出现一些问题，主要表现在以下几个方面：首先，服务业增速呈下降趋势。20世纪90年代，全市服务业平均增速为14.8%，2001年以后平均增速滑落至11.9%，分别比地区生产总值年均增速和第二产业年均增速低1.7和5.4个百分点。其次，生产性服务业规模较小，2007年全市生产性服务业仅占服务业总量的36.7%，在直辖市和副省级城市中排名靠后；民生性服务业档次较低，2007年全市连锁企业销售额占社会消费品零售总额的比重只有26%，有效产出不高，规模效益较低。第三是服务业缺乏龙头企业带动。2007年，成都只有成都铁路局1家企业入围全国服务业100强；只有中邮物流1家企业成为全国物流100强；只有红旗连锁和互惠超市2家企业成为全国连锁100强；虽有众多软件企业，却无一企业入围全国软件100强。第四是服务业空间布局不够合理。空间布局规划滞后，区域分工不明确，空间资源开发无序。全市绝大部分服务业尚处于自发状态，特别是生产性服务业尚未形成集聚发展态势；各区（市）县服务业发展重点不明确，存在同质化竞争现象。

2008年12月，《成都市服务业发展规划（2008—2012年）》（以下简称《规划》）提出以生产性服务业跨越式发展大力推进新型工业化、新型城镇化和农业现代化，服务西部经济发展高地建设；以民生性服务业提档升级提升城市品位，引领中西部消费前沿。《规划》首次提出构建可持续发展的国际化、专业化、集约化、均衡化的服务业体系，加快形成以服务经济为主的产业结构，形成支撑西部经济发展高地的现代产业体系核心，把成都建设成为服务西部、面向全国、走向世界的现代服务业基地。在这一思想的指导下，成都市开启了以发展现代服务业促进产业协调发展的实践探索。

二　成都试验区以现代服务业促进产业协调发展实践

成都服务业以"全域成都"为资源条件和产业基础，以统筹城乡发展为指导，按照"生产性服务业集聚发展，民生性服务业城乡均衡发展"的思路,通过完善现代服务业功能区规划,大力推进"三中心两枢纽"建设,加快推进以现代服务业为核心的现代化产业体系建设,充分发挥服务业在产业发展中的"灰泥"和催化作用,助推了三次产业的协调互动。

(一)重视规划在服务业发展中的指导作用

成都市委、市政府高度重视服务业发展的"顶层设计",出台了促进服务业转型发展、高端发展的纲领性文件——《中共成都市委、成都市人民政府关于加快建设服务业核心城市的意见》(以下简称《意见》)。《意见》绘就了服务业核心城市建设的蓝图和实施路径,明确了成都服务业发展的总体思路、发展目标和改革创新任务。即紧紧围绕打造西部经济核心增长极、建设现代化国际化大都市的发展定位,紧密结合实施"改革创新、转型升级"总体战略,以深化国家服务业综合改革试点为契机,以加快服务业转型升级为主线,以提升运筹决策、商贸物流、金融服务三大核心功能为重点,以服务业集聚区为载体,推动优势服务业向品牌化、高端化、国际化方向发展,把成都建成国际国内知名、高端优势突出的服务业核心城市;到2015年底,力争全市服务业增加值占地区生产总值比重超过52%;到2020年全市服务业增加值占地区生产总值比重超过60%,建成国家向西向南开放战略支点城市和国家区域性服务业核心城市。[①] 根据对成都市的产业基础、比较优势和区位条件的分析,《意见》提出成都建设服务业核心城市以"运筹决策中心""商贸物流中心"和"金融服务中心"三大核心功能为支撑,从"服务业集聚区建设""楼宇经济提质增效""打造国际化平台""传统服务业创新发展"四个方面推动转型升级。并提出将金融服务业、科技服务业、信息服务业、新兴服务业、商贸物流业、商务服务业、文化创意产业和健康服务业作为优先发展的服务产业,发展财经咨询商务服务业、文化、贸易博览、大宗交易等现代流通高端功能,抢占服务业发展战略制高点,提升成都立

[①] 《中共成都市委、成都市人民政府关于加快建设服务业核心城市的意见》,2014年5月。

足全省、面向全国、融入世界的国家区域性服务业核心城市的综合服务能力。与此同时，成都市通过功能定位，形成了空间布局错落有致的四大特色服务业功能区。即北部商贸城，重点发展商贸（批发）、物流（铁路、公路）以及配套商务服务业；南部科技商务城，重点发展科技商务、会议展览、软件及服务外包、金融后台和空港物流；东部工业商务城，重点发展为现代制造业服务的研发设计、工业物流、展示交易、教育培训和中介服务等行业，促进制造业与生产性服务业融合发展；西部健康休闲城，重点发展休闲旅游、医疗康复、体育健身和教育培训。

（二）以重大项目推动服务业加快发展

重点项目对推动服务业发展具有显著的导向、引领和带动作用，既是加快发展现代服务业的重要突破口，也是强化投资、推动发展的主要支撑。成都按照社会化投资和市场化运作的思路，积极引导国内外知名现代服务企业向服务业发展重点区域和重点行业集聚，加快推进优势资源向行业重点企业聚集。与此同时，成都大力支持企业重组、并购和上市融资，着力培育一批具有重大带动作用的大企业、大集团和大品牌，提升服务业核心竞争力。2013 年，成都市 337 个总投资 1 亿元以上服务业重大项目完成投资 1122.1 亿元。2014 年，成都市列入市级重点的服务业重大项目共 330 个，占全市重点产业化项目（581 项）的 51.6%。围绕主导产业方向，坚持强链补链招商，2015 年，成都引进了一批下一代信息网络、电子核心基础、高端软件和新兴信息服务、生物医药、生物医学工程、航空装备、先进环保产业等领域的重点产业化项目，仅高新区签约项目就超过 30 个，计划总投资额 500 亿元以上。

（三）通过农民适度集中均衡服务业发展

一定数量的居民集中是服务业发展的前提，针对农村人口居住分散，缺乏服务业发展基础的现状，成都市提出农民向适度规模集中，加快城镇化发展的思路，联动推进服务业发展与农民向城镇转移和集中居住，形成城乡一体的服务业发展格局。通过农民向城镇和农村新型社区有序集中，不仅聚集了人气创造了商机，也为土地规模化经营,加快促进农业现代化创造了条件。在引导农民集聚过程中,成都在政府引导农民集中安置模式的基础上,坚持"因地制宜、农民资源、依法有偿、稳步推进"的原则,形成了有利于促进农民有序集聚的成都模式。该模式以"新居工程"和"农村新型社区"为主要内容,同时配以"旧村落(场镇)改造"的补充形式,以及"移民新区"的创新形式,实现了农民的有效集中。成都市将"集约、智能、绿色、低碳"的新型城镇化道路与农民的有效集中结合起来,加快发展中等城市,放手发展一批小城市,按照"组团式、多中心、网络化"的思路优化城镇布局,人口有序集聚推动了服务业快速发展。2014年,成都市已建成54个小规模、组团式、生态化新农村综合体,在建55个,并确定了20个综合体作为市级示范点,成片成带推进。农民有序集聚不仅方便了农民的生产生活,缩小农村居民与现代文明之间的距离,而且显著缩小了城乡在基础设施配置上的差距,推动了生产和生活性服务业在农村的蓬勃发展,为三次产业协调互动拓展了新的发展空间。

(四)以服务业促进农业现代化

成都市将现代服务业作为推动农业现代化的重要途径,通过多种形式促进现代服务业与传统农业进行有效对接。首先,加快服务业网点在农村的布局。成都市以城镇和农村新型社区建设为切入点,推动服务商业网点在农村的布局。围绕"农产品进城"和"工业品下乡"这两个主题,积极推进第一、第三产业融合发展,通过实施"万村千乡"市场工程和"农超对接",加快构建城乡互动、三产联动的现代民生服务体系,形成了镇有连锁超市、村有便民商店的农村消费经营网络。通过培育一批具有较强市场经营能力的贸易流通型龙头企业、中介服务组织,推动社区、批发市场、超市与郊区农产品标准化生产示范基地、农民专业合作组织的对接,鼓励发展多种形式的直供、配送和连锁服务。如都江堰市以"十万亩粮经示范带"为依托,通过启动"农超合作"工作,打通了都江堰市农产品生产与上海市场的"绿色通道",扩大了当地农产品在上海的销售品种,促进了蜂蜜、牛肉干、冷水鱼、双孢菇等特色农产品的销售,推动地区农业的发展壮大。其次，大力发展乡村休闲旅游，拓展农业功能。成都依托丰富的农村资源优势，大力发展集生态、观光、休闲和体验为一体的乡村旅游，形成了兼具农业与旅游业特色的"农家乐"，涌现出以"五朵金花""国色天香""花舞人间"等为代表的一批"一镇一品""一村一品""一户一园"的旅游型村镇。目前，成都市农家乐已达到7000余家，星级农家乐500余家。锦江区三圣乡"花乡农居"、都江堰市青城山镇"青城红阳猕猴桃"、青城绿茶基地、龙泉驿区兴龙镇"万亩观光果园"、郫县友爱镇农科村等成为全国首批乡村旅游示范点。2014年，成都乡村旅游实现总收入160.97亿元，其中，古镇收入29.69亿元，农家乐收入58.77亿元，乡村景区收入58.72亿元，乡村酒店收入13.79亿元。最后，通过优先发展生产性服务业促进农业现代化进程。成都市以农业生产、加工、销售和金融生产性服务业为突破口促进农业现代化。一是重点扶持对农业现代化影响作用较大的供销社、农资生产经营龙头企业、规模经营企业和诚信经营的中小农资服务性企业；二是逐步建立现代农业服务业创新体系，大力推进多元化的农业科技推广体系，通过建立示范基地和农业科技示范园，全面提升农业技术水平；三是加快建立服务于农村、农业的金融保险服务业，初步建立起以农业担保公司为龙头的农业担保体系和良好的农村金融信用环境；四是培育了一批与市场紧密接轨的贸易流通型龙头企业、中介服务组织，以多种方式建立起新型销售渠道。以"成都现代农业示范园区"为例，该园区按照"一城"（现代农业科技城）、"两基地"（现代农业示范基地、友庆现代花卉产业基地）的思路制定规划方案。其中，现代农业科技城近期规划面积2.25平方千米，远期规划面积4平方千米；现代农业示范基地近期规划面积10.4平方千米，远期规划面积26.4平方千米；友庆现代花卉产业基地近期规划面积7.5千米，远期规划面积22.4平方千米。

（五）突出服务业对工业发展的促进作用

首先，加快发展生产性服务业。成都市将建设西部地区高端产业聚集区作为奋斗目标，在中心城区大力发展总部经济和金融、物流、信息、会展等生产性服务业，近年共引进国内外金融、研发、营销结算等总部企业120余家，知名物流企业40余家。2013年，四川省统计局、省经济和信息化委联合发布全省生产性服务业数据显示，成都市生产性服务业企业数和从业人员最多，分别占全省的46.5%和51%，而且以6.54万亿元的总量占据了全省生产性服务业企业资产总额的64%。2015年，已有265家世界500强企业落户成都。为了加快发展生产性服务业，2016年3月4日，成都市出台了《成都市人民政府办公厅关于印发加快生产性服务业发展总体方案的通知》，要求全面深化生产性服务业综合改革，聚焦"成都服务"核心功能、增强资源配置功能，拓宽市场有效需求，扩大服务有效供给，推动生产性服务业集聚化、国际化、高端化发展，促进生产性服务业与先进制造业、现代农业深度融合，带动工业强基提质增效和都市农业转型升级。其次，大力发展新兴服务业。成都以众多的科技人才优势为依托，加快发展传媒业、文博旅游、创意设计、演绎娱乐、软件服务外包、文化创意、电子商务等新兴服务业。目前，成都文化产业增加值占GDP比重超过5%，成为调结构、转方式、稳增长的一支重要成长型产业。第三，持续推进服务业向高端延伸。成都市积极推进工业园区和企业转型升级，由一般加工向生产前期的研发、设计，中期的管理、融资和后期的物流配送、市场营销、信息反馈等服务环节延伸产业链，占领产业发展高端。如龙泉经济技术开发区，积极推进汽车制造向服务环节延伸产业链，配套建设了融展示、销售、技术服务为一体的汽车商贸新城，正着力打造1000亿元的配套服务产业集群。

（六）加快农超对接，实现"一、三"产业互动

农超对接，是指农户和商家签订意向性协议书，由农户向超市、菜市场和便民店直供农产品的新型流通方式，是优质农产品无中间环节快速进入消费市场的平台。"农超对接"的本质是将现代流通方式引向广阔农村，将千家万户的小生产与千变万化的大市场对接起来，构建市场经济条件下的产销一体化链条，实现商家、农民和消费者共赢。[①] 农超对接有助于畅通农产品流通渠道；降低农产品流通成本；

---

① 百度百科，http://baike.baidu.com/view/2263948.htm#7。

提高农产品质量安全水平和促进农民收入增加，已经成为农商合作的新型模式，形成了鲜活农产品流通的新兴渠道。

在开展农超对接前，成都市农产品进超市面临"农产品负担费用过高，农户无利可图"的难题。农产品进入超市前，首先要付一笔"入场费"，进入后又有"通道费""促销费""节日费"等，这些费用计入成本后，超市内销售的农产品价格自然增加，农产品销量难以提高。鉴于农产品生产销售脱节的现状，2009年，成都市商务局和市农委共同印发了《关于开展农超对接试点工作的实施意见》，首批确定了互惠超市、红旗连锁超市、家乐福、伊藤洋华堂、人人乐、好又多等超市作为"农超对接"试点，并在服务业发展引导资金中安排了专项经费鼓励商业企业扩大本地农产品的销售。在"农超对接"过程中，试点流通企业加大了与农民专业合作社的合作，分别与崇州江之源蔬菜专业合作社、郫县唐元诚信蔬菜种植基地、三甲科技猕猴桃专业合作社、成都市龙泉驿区十陵禽业合作社等160多家农民专业合作社签订了"农超对接"协议，并减免了生鲜农产品进入超市销售的部分费用。当年，成都市试点企业就与全市160多家农民专业合作社签订了"农超对接"协议，涉及水果、蔬菜、猪肉、禽蛋等农产品，9家试点企业共销售本地农产品10亿元以上。实行"农超对接"后，超市通过专业合作社直接采购农民种植的农产品，减少了中间环节，节约了成本。以前从田头到货架，最快要两天，现在一般只需1天，最快的仅数小时。

在促进"农超对接"过程中，成都市始终遵循市场规律，坚持以市场为导向、企业化运作的基本原则，充分调动超市和合作社的积极性、主动性。在实践探索中形成了"超市+农户""超市+基地""超市+合作社+农户""农产品零费用进超市，超市直接向社区配送"等多种对接模式，不仅有效破解了农超对接过程中农产品负担费用过高的难题，而且将农产品销售直接推进到消费的终端，最大限度地减少了中间环节，既节约了超市成本，又给市民带来更多的实惠，还解决了农户难以预测销售市场的后顾之忧。这种模式实现了超市、农民、消费者三方共赢，对促进农民增收、农村增效，促进现代农业和城乡统筹发展，具有重要的现实意义。通过"农超对接"，大邑县润元专业合作社种植的丰水梨、邛崃市三甲科技猕猴桃专业合作社的猕猴桃通过家乐福的分销渠道直接进入了成都、北京、上海、武汉及安徽等地家乐福卖场。

第七章 促进产业协调发展的制度保障

产业间错综复杂的内在联系决定了产业协调是一个庞大复杂的系统工程，这一工程从设计到施工不仅需要一个严密有序而又富有效力的制度体系来保障，而且还必须在不同发展阶段做出与时俱进、相得益彰的调整。我国地域辽阔、各地发展水平大相径庭，这使我国的产业协调既要有自上而下、统领全局的顶层设计，也要有坚持实事求是、因地制宜的区域特色。社会经济发展实践表明，协调互动的产业关系不仅是经济社会发展的客观需要，也是政府治理孜孜以求的目标。政府作为国家管理部门掌握了大量的社会和信息资源，是推动经济社会发展的重要力量，但这并不意味着政府可以不尊重自然规律，随心所欲地按照自己的主观意愿来实施，各级政府是推动城乡统筹和促进产业协调发展的重要组织者和推动者，必须树立科学发展的观念，以尊重经济社会发展规律为前提，通过制度的建立来推进和保障产业协调发展。

第一节 制约我国产业协调发展的体制和制度障碍

诺斯认为，"制度是社会的游戏规则，是为人们的相互关系而人为设定的一些制约"。自从制度经济学问世以来，制度建设在社会经济发展中的重要性得到了越来越多的重视和认可。从我国的发展经验来看，正是因为党的十一届三中全会以来制度的改变和调整，才有了改革开放以来30多年翻天覆地的变化。近年来，我国经济发展突飞猛进，产业失衡趋势有所缓和，但不论与发达国家相比还是与我们将要建成的小康社会的要求相比还有很大差距。主要表现在以下方面：

一 缺乏城乡统一的产业规划，造成三次产业发展脱节

产业规划是在对国内外产业发展整体趋势、本国或本地区产业发展现状、生产要素禀赋以及市场需求与潜力等因素充分把握基础上确定的本国或本地区未来产业发展目标和方向，对国家或地区经济发展具有深远影响。"二战"后的日本作为一个战败国，千疮百孔，正是在科学有效的产业规划指导下，不仅迅速恢复了国力，还成为世界上最发达的国家之一，成为世界经济增长的奇迹。长期以来，由于受到二元体制影响，我国产业发展一直缺乏统一规划和整体布局，重工轻农的产业政策造成资源配置失衡，传统农业与现代工业、服务业在生产效率、产出比重以及劳动生产率等方面的差距逐年扩大，不仅影响了我国农业发展，也制约了工业的发展。具体表现为：

1. 缺乏城乡统一的产业规划引领

长期以来我国各级政府实行的是条块式管理方式，高度行政化的管理方式缺乏将三次产业置于同一系统进行统筹考虑的理念。各级政府和各个部门在自身职责范围内制定各自的产业发展政策，鲜有将三次产业统一起来，谈及如何实现三次产业的协调发展。由于非农产业具有投资大、见效快、对提升区域经济增长作用明显等特征，使其成为各级政府争相热捧的对象。一方面，在GDP导向和追求政绩最大化的驱使下，各级政府的产业规划都不约而同地聚焦非农产业，尤其是短平快的重工业项目，而作为基础性的农业则始终处于嗷嗷待哺、雷声大雨点小的状况。另一方面，在资本趋利性和劳动者实现个人利益最大化动机驱使下，资本、技术、劳动力等生产要素形成了由农村向城市集聚，由农业向非农产业集聚的单向流动。随着我国城镇化进程的加快，城市经济的极化作用远远超过扩散作用，马太效应日趋明显，城乡之间和产业之间的差距持续拉大。

2. 产业园区规划不到位

产业园区是为促进经济发展而创立的特殊区位环境，由政府集中统一规划指定。产业园区是区域经济发展、产业调整升级的重要空间

聚集形式，担负着聚集创新资源、培育新兴产业、促进产业结构调整和区域经济发展等一系列重要使命。我国产业园区大致可以分为五类：一是以工业生产企业为主的工业园区；二是以农业生产为主的农业园区；三是以高新技术研发企业为主的科技园区；四是以物品集散、交易、转运为一体的物流园区；五是最近几年发展很快的文化创意产业园区。园区作为推动我国产业协调发展的重要载体近年发展很快，不仅每个省市，甚至每个县区都有大大小小若干个园区。带动地区经济快速发展几乎是我国所有产业园区的共同使命，但在过分追求GDP指标的驱使下，对经济发展速度的急功近利使不少园区在规划时缺乏系统性思维，很少从"运用科学发展观，统筹城乡经济社会发展"的高度去研究和探索园区不同产业间的协调。为了在尽可能短的时间显现成效，许多园区往往无视甚至以损害农业发展来换取产值更高的工业项目，各地不同程度地出现大量耕地被雨后竹笋般园区所取代的景象，对农业造成了极大的伤害。不仅如此，园区数量和规模的快速发展往往以质量的下降为代价，一些园区建设缺乏科学的产业空间布局，产业链才能有效拓展，产业类同现象突出，没有形成园区应有的持续集聚效应和规模效益。不少园区的产业布局与城乡发展脱节，园区内企业点多面广，既不利于有效利用公共基础设施和社会资源，也不利于集中排污，造成土地资源的巨大浪费和严重的环境污染，使本已失衡的产业空间布局矛盾更加突出。

3. 乡村产业发展规划的缺失加剧了产业发展失衡

党的十一届三中全会后，我国农村实施了土地家庭联产承包责任制，农业生产成为各家各户自己的事。由于缺乏整体规划，在市场经济冲击下，农业生产环境，尤其是靠近城市的郊区呈现出不断恶化的趋势。一方面，农业缺乏集中布局，农业型产业园区较少，不仅难以实现农业生产的规模效应，而且影响了农业机械化水平的提升。同时，由于缺乏龙头企业的引领，"贸工农"一体化产业链难以形成，农业现代化和农业产业化发展严重滞后。另一方面，随着城镇化步伐的加快，城市中的工业和服务业由于长期享有倾斜的产业政策，对农业的剥夺效应日益明显。在市场机制的作用下，大量生产要素如土地、劳动力、资本不断由农业流入第二、第三产业,进一步加剧了产业间的不平衡。

二 城乡差别的户籍制度,限制了劳动力合理流动

我国城乡二元结构的形成和固化既是历史的遗留,也是人为干预的结果。1958年颁布的《中华人民共和国户口登记条例》及配套制度为限制农村人口进入城市提供了严格的制度安排,经过近60年的运行,已无法适应现代经济社会发展的需要。以户籍制度为基础的城乡壁垒,事实上将城乡两部分居民分成了两种不同身份的社会群体,居民在城乡间的自由迁移被严格限制,劳动力禁止在城乡间自由流动。在长达50多年的时间里,严格的人口户籍制度将公民人为地分为不同等级,户籍制度背后逐渐附加了从社会保障到医疗、卫生、教育、公共服务等涉及公民切身权益的城乡差异,畸形的户籍制度形成了"农村户口"与"城市户口"在社会地位和经济利益上的不平等,并进一步演变为城乡之间在政治、经济、文化、社会等方面全方位的不平等,成为阻碍经济发展和影响社会稳定的巨大障碍。

一是城乡差别的户籍制度限制了劳动力要素在城乡间的合理配置和自由流动,不利于形成城乡统一的劳动力和人才市场,阻碍了劳动力要素在城乡和不同产业间的自由流动与平等竞争,导致大量从事农业生产的富余劳动力不得不沉淀在有限的土地上,不仅降低了农业生产效率,也影响了农业现代化的推进,导致农业部门的生产效率难以根本提高,加大了与其他产业的差距。同时,与户籍制度相联系的公共服务保障使城乡居民在知识、技能和信息上的交流受阻,人为提高了城市居民将资金、技术和信息等生产要素带到农村的成本。

二是阻碍了我国城镇化进程。城镇化进程要求提高市镇人口占总人口的比率,让大批农民进城务工、进入乡镇企业,通过对城市郊区的土地征用实现身份转换,摆脱长期以来对土地的依附关系。随着现代农业的发展和人均国民收入的提高,大量的农村劳动力从传统农业中释放出来,这些富余的农村劳动力产生了由农村到城镇,由农业到非农业的转移需求。但是,户籍制度的存在和"农业户口"身份的限制,却阻碍了身份的转换,农民依然被牢牢禁锢在农村和土地上,形

成了阻碍农业人口转移和建设现代农业的体制性障碍。

三是限制了我国消费市场的成长。我国是传统的农业大国，农村人口超过全国总人口的70%，庞大的人口构成了巨大的消费需求，成为拉动内需最大的潜在力量。1978年以后进行的各项改革，极大地提高了城市居民人均可支配收入，提升了有效消费需求。但自20世纪90年代后半期开始，由于农产品价格持续下跌导致人口占绝对多数农民收入的下降，进而影响了我国消费市场的成长。与此同时，由于户籍差异的存在，农民的教育、医疗、养老等基本生活保障性费用支出不断攀升，由此产生强烈的支出预期，挤占了对其他方面的消费支出。在我国，农村家庭比城市居民有更强的消费敏感度和更高的储蓄动机，根本原因就在于城乡有差别的户籍制度所引起的一系列制度缺陷。

三 农村土地使用权不清，影响土地资源的配置效率

土地是最重要的生产资源，是产业发展的空间载体。作为传统的农业大国和人口大国，我国土地资源主要集中在乡村，人多地少、土地资源贫瘠是我国的基本国情。土地不仅是农业生产最重要的生产资料，也是农民最主要的生活来源和最重要的个人财产，随着我国城镇化进程的加快，有效利用、合理开发农村土地是促进城乡统筹、实现产业协调发展的前提和基础。因此，只有建立起完善的农村土地制度，规范好国家、集体和个人在土地上的权属，才能推动土地使用权和经营权的自由流转，进而能实现国家、集体土地的有效利用，促进我国国民经济社会有序发展。

长期以来，我国农村实行土地所有权归集体所有，使用权阶段性承包给农民，这种农村土地所有权和使用权分离的方式是我国特定历史阶段的特殊产物，引发了一系列责、权、利的混乱无序和矛盾冲突。其弊端主要体现为：一是集体所有权被虚拟化。农村土地"集体所有"边界不清，在实际操作中形成了一个模糊的概念。虽然我国《宪法》和《土地管理法》都明文规定："农村土地归农民集体所有"，但是村民集体经济组织一直缺乏实质意义上的与所有权相匹配的土地经营管理和处置权利。二是农民土地承包经营权不充分。农民

只能行使有限的使用权和收益权,缺乏对所承包土地出租、入股、抵押等处置的权利。三是农民土地承包经营权流转不畅,土地经营缺乏有效的交易平台,导致许多地方农村土地和劳动力不匹配,一些地方"人无地可种"和有的地方"地无人耕种"同时存在,严重影响了土地资源的配置效率。四是农村集体土地不能享有与国有土地"同地同价同权"的平等权利。农村集体土地被低价征用,集体所有权被虚拟化,征地过程被行政化:既缺乏等价交换和公平的市场规则,也没有土地所有者应依法享有的神圣不可侵犯的"财产权"。在土地征用过程中,农民处于权益频频受损的被动接受地位,引发和激化了城、乡矛盾。

四 不合理的相关政策,导致产业发展失衡

(一)"重工轻农"的非均衡产业政策

从某种意义上说,现代化进程就是工业化进程,积贫积弱的经历和现实使几乎所有发展中国家都渴望早日实现工业化。新中国成立后,在参照国际经验和结合国内产业现状的基础上,我国提出"优先发展工业化"的产业非均衡发展道路。面对一穷二白的现实条件和来自国际上的经济封锁,我国工业化发展所需的资本积累只能依靠国内的农业剩余,这种特殊的发展背景迫使国家以征收农业税和工农业产品价格"剪刀差"的方式将农业剩余转移到工业,通过"统购统销"政策把农产品征收起来满足大规模经济建设的需要。20世纪70年代以后,受"大跃进"思想的影响,国家进一步提高了农业剩余中用来支持工业发展的比例,致使农村和农业投资严重不足,城乡基础设施、工农业发展差距不断扩大,形成了脆弱的传统农业支撑现代工业高速发展的畸形格局。

(二)"财权上移,事权下移"的财税政策

1994年,我国开始实施分税制改革,出发点在于规范中央和地方间的收入划分,增强中央对财政的影响力和控制力。但与此同时,对中央和地方的事权却没有进行相应调整,逐渐形成了"收入重在中央、支出重在地方"的收支格局,各级政府的事权和财权配置明显失衡。主要表现在两个方面:一是"财权上移"。分税制改革后,中央

财政收入占全部财政收入比重迅速提高。1993年分税制改革前，中央财政占比22%，地方财政占比78%，而到了2008年，中央财政所占的比重达到53.3%，地方财政所占的比重降至46.7%，财力上移趋势显而易见。二是"事权下移"。1993年，中央财政支出占比28.3%，地方财政支出占比71.1%；到了2008年，中央财政支出所占的比重进一步降低到21.4%，地方财政支出占比却高达78.6%，事权配置重心下移明显。地方政府尤其是基层地方政府在减少收入的情况下却承担了更多的实际支出责任，财税收入和行政能力完全不对等。在基层政府财力被逐级上收、事权相对增加的困境下，基层政府为履行好事权，同时希望用最少的资金取得最大的政绩，不得不千方百计地扩大财源，甚至不惜牺牲农业发展空间，盲目发展对经济拉动作用明显的重工业和基础设施项目，这进一步加剧了产业间的发展差距。

（三）以GDP为导向的干部考核制度

改革开放后，为了把失去的时间补回来，尽快缩小与发达国家的差距，我国确立了"以经济发展为中心"的发展战略，并一直保持着世界最快的增长速度，因此形成了片面追求GDP快速增长的错误政绩观和"唯GDP论英雄"的干部绩效考核制度。在这一制度影响下，地方政府为刺激地方经济发展，实现经济增长，往往不顾资源和环境约束，忽视产业间的内在联系，大量圈地发展以非农产业为主体的园区经济，通过行政手段不合理配置土地、信贷等资源，不惜用财政补贴、超低土地出让价甚至"零地价"等方式来招商引资，盲目发展对地方GDP增长拉动作用明显的工业项目和房地产开发项目。一方面造成大量土地被低价圈占后长期闲置或低效益开发，另一方面却是成片的农业用地被征用和挤占，不仅浪费了大量的土地资源，使我国本就十分紧张的农地资源矛盾更加突出，而且资源的错配进一步加大了产业间的差距。

五 现行的金融供给制度，导致金融资本配置不合理

追求高收益和高效率是资本趋利性的内在要求，是有别于其他生产要素的本质属性。在利益最大化动机的驱使下，资本会自发地从低

收益部门（或区域）向高收益部门（或区域）流动。与工业和服务业相比，农业的比较效益最低，而且要面临市场和自然的双重风险。在市场机制的作用下，金融资本将本能地选择进入能获得更高资本回报率的第二、第三产业，这种长期的路径依赖使农村金融服务体系不断萎缩。各大商业银行纷纷裁撤农村基层金融机构，而政策性银行却碍于资金实力和网点布局等限制，难以满足广大农村市场的实际需要。不仅如此，许多位于农村的金融机构，在吸取了大量农民积蓄后，不仅没有将来自农民的储蓄投资在农业生产，反而被回报率更高的城市和非农产业抽走，导致农业现代化的进程由于资金缺乏而步履维艰。因此，只有通过深化农村金融体制改革、培育合格的市场主体、丰富农村金融服务主体，大力发展农村普惠金融，引导加大涉农资金投放，创新农村金融产品和服务方式等措施才能构建起覆盖全面、形式多样、职责明确、高效有序的农业金融服务体系。

  农村金融是我国金融体系的重要组成部分，是支持服务"三农"发展的重要力量。近年来，我国农村金融取得长足发展，初步形成了多层次、较完善的农村金融体系，服务覆盖面不断扩大，服务水平不断提高。[①] 国内正在形成银行业金融机构、非银行业金融机构和其他微型金融组织共同组成的多层次、广覆盖、适度竞争的农村金融服务体系，政策性金融、商业性金融和合作性金融功能互补、相互协作，推动农村金融服务的便利性、可得性持续增强。但总体上看，由于农村、农业地广面大，发展水平参差不齐，灵活有效的农业金融供给制度仍未形成，现有的农村金融体系远远不能满足现代农业发展的需要，农村金融仍是整个金融体系中最为薄弱的环节。随着农业专业化、市场化程度不断提高，生产规模不断扩大，以及农工贸、产供销一体化程度不断提高，农业对资金的需求更加迫切，而且沿着产业链延展，从原来单纯的农业生产扩大到农产品开发、生产、收购、加工和销售的全过程，增加农业金融供给已成为加快推进农业现代化必须要尽快解决的问题。

---

① 《国务院办公厅关于金融服务"三农"发展的若干意见》，2014年4月。

我国农业金融发展滞后主要表现在以下几个方面：一是新型农村金融机构发展的速度和数量远远满足不了现代农业发展的需求。据统计，目前全国仅有数百家新型农村金融机构，相对于全国2859个县级行政区域40813个乡镇数量，有限的新型农村金融机构安排远远不能适应农业和农村发展的需要。二是服务"三农"的担保抵押机制没有形成。很多乡镇企业和农户经营规模小，实力有限，可用作一般银行贷款抵押的资产不足，缺乏有效抵押物成为他们得到金融贷款、获取发展机会的最大"瓶颈"。三是城乡金融资源配置不平衡。2012年，全国拥有农村金融机构845家，根据中国人民银行货币政策分析小组《2012年中国区域金融运行报告》，2012年末包括村镇银行、农村资金互助社、贷款公司和小额贷款公司在内的各类新型农村机构共计6923家。2012年，全国新型农村金融机构从业人员约为28960人，总资产为4267.8亿元，分别占全国银行业从业人数和资产总额的8.57%和3.43%，若按照当年国家统计局数据，农村金融机构从业人员服务于农户的比率仅为0.00016人/户。无论从机构数量，还是从从业人员和资产总额来看，新型农村金融机构都无法满足农户和农村企业对资金的旺盛需求。

第二节 城乡产业协调发展的措施建议

世界经济发展的实践一再表明，国家和地区的经济发展离不开政府的宏观指导和政策性引导。我国政府以调控产能为主要目的、以国有企业为主要对象、以行政手段为主要工具的传统产业政策实施机制，已难以适应以产业结构升级和提高核心竞争力为主要目标的产业政策需要。在经济发展新常态的宏观背景下，打造中国经济升级版，实现经济发展方式的根本性转变，必须以创新性思维，依靠完善法治和制度建设，通过顶层设计，用制度和规则搭建起促进经济发展、社会和谐的外部环境已成为人们的共识。结合我国产业发展现状，尤其是农业比较滞后的现实，我国应加快制定和完善有利于产业协调发展的相关制度建设，通过加快农业现代化进程，推动三次产业协调互动发展。

一 制订城乡一体的产业发展规划

规划是对未来整体性、长期性、基本性问题的思考，是区域经济发展的总纲和指南。正如习近平总书记所指出：规划科学是最大的效益，规划失误是最大的浪费，规划折腾是最大的忌讳。科学合理、统筹协调、符合国情和区情的产业规划有利于发挥地区比较优势，促进相关产业协同互动，有利于扩大就业、增加税收，带动国民经济健康发展。因此，必须打破城乡界限，改变城乡产业各自发展的壁垒，在空间上把城市和农村作为一个有机整体进行统一规划，统筹考虑城乡经济实力、基础设施建设、国土资源利用、产业发展现状，统一编制城乡产业发展规划，使城市和农村在发展空间上同布局，在资源要素上同配置，在发展成果上同分享，为城乡产业互动提供基础条件。当前，我国经济运行的主要问题是经济发展中不平衡、不协调、不可持续的矛盾依然突出。因此，我们必须立足于经济发展全局，从更广阔的宏观背景和条件出发，将三次产业作为整体加以谋划。从城乡产业空间布局、承接产业转移、发展产业集群、生产要素跨区域与跨产业流动等多方面进行谋划：

一是在思想认识上既要将城市和乡村看作一个整体，摒弃那种将城乡隔离的传统认识，又要正视城市和乡村各自的特殊性，根据城市和乡村各自比较优势与资源禀赋，科学规划产业空间布局。在突出城市积聚效应和辐射带动作用的同时，也要关注广大农村腹地的均衡发展，重视乡村的规划修编和产业布局，将乡村发展纳入区域经济总体规划中，充分发挥规划在城乡经济发展中的提振和引领作用，逐步形成城区三产互动，近郊产业园区，远郊现代农业，层次清晰、重点突出、科学合理的城乡产业空间布局。

二是强化三次产业间联系，推动城乡产业有序转移。党的十八届三中全会站在顶层设计的高度指出，"推动大中小城市和小城镇协调发展、产业和城镇融合发展，促进城镇化和新农村建设协调推进"。在实际操作中既要避免过去城市发展非农产业，乡村发展农业的单一产业格局，也要防止出现城市工业与乡村工业齐头并进的重复建设。应在遵循产业发展规律、区域发展规律的前提下，力促城镇化与农业现代化同步推进，既要产生积聚效应，也要避免重复建设，使城乡发挥各自优势，在产业布局和结构层次上形成优势互补。如将不再具有比较优势的非农产业由城市转移到乡村，这样既可以为乡村注入新的现代化元素，有效地提升乡村产业结构，也有利于城市集中优势资源发展高端产业和产业高端，最终在城乡间形成互补共赢的产业结构。因此，应该加强对乡村基础设施的投入，改善产业发展环境，为非农产业向农村有序转移创造条件。

三是加快构建全国统一的大市场。统一市场既包括产品市场，也包括要素市场，对我国而言更加紧迫的是构建统一的要素市场。要素市场有利于盘活农村的劳动力、土地和资本等主要要素资源，缩小产业差距，使产业关系逐步从政策驱动转化为市场驱动。大市场的构建必须以妥善处理好政府与市场的关系为前提，政府要改革行政管理体制中不合理的制度安排，通过深化改革释放制度红利，解除阻碍城乡要素流动的体制障碍，为统一大市场的建立和发展创造健康的环境，要打破城乡间和区域间的地区分割，充分发挥市场配置资源的决定性作用，推进城乡产品和要素的平等交换，促进资本、劳动力、技术等生产要素在城乡间自由流动。

四是积极发展现代产业集群。按照布局合理、产业协同、资源节约、生态环保的原则，对产业集群进行规划布局和功能定位。产业集群发展规划要纳入区域发展规划，与城乡规划、土地利用总体规划等有机衔接；加快完善产业集群能源供应、给排水、排污综合治理等基础设施，加强节能管理和"三废"有效治理，推动绿色低碳循环发展；充分发挥龙头骨干企业的示范带动效应，鼓励龙头骨干企业将配套中小企业纳入共同的管理体系中，推动协同制造和协同创新；调动行业协会、技术机构、龙头骨干企业和中小企业作用的积极性，联合打造区域品牌；加强产业网络建设，深化移动互联网、云计算、大数据、物联网等新一代信息技术在产业集群中的应用，构建"智慧集群"；努力延伸和拓展农业产业链，加快推进农产品加工业发展。

五是建立起城乡产业统筹发展的利益分配机制。随着市场经济在我国的逐步深入，依靠指令性的行政命令方式越来越难以为继，产业协调发展涉及多个市场主体，是一个长期博弈的复杂过程。只有尊重各方利益，承认彼此的利益诉求，通过建立共赢共享机制推动城乡产业协同发展，才能最终实现城乡经济一体，产业协同互动。因此，构建城乡产业发展的品牌共享机制、上下游产业之间的利益分享机制、承接产业转移的利益传导等机制是实现产业协调发展的关键。

二 以明晰土地使用权为核心，推进农村土地制度改革

土地既是重要的生产要素之一，也是产业协同互动的载体。就我国而言，土地制度的核心是要明晰土地使用产权，使土地能够在确保农业安全的前提下，在市场经济体制下内有效流转，充分发挥土地的价值和作用。在传统农业阶段，受生产力水平不高的影响，农业生产模式与自给自足的自然经济形态相适应，农民主要从事农业生产活动，农产品的产出是农民收入的主要来源，土地用途很少改变，这种情况下土地所有权、使用权可分可统，土地产权结构对资源配置效率并无明显影响。随着现代市场经济的发展，城乡二元户籍政策的逐步松动，乡镇企业如雨后春笋般出现，农民摆脱土地的束缚，从事可能带来更高收益的非农产业的机会与诱惑不断增多，农民分工、分业趋势不断加剧，既有留在农村继续从事农业生产的纯农户，也有进城务工经商的打工者以及自主创业的乡镇企业家，农民的兼业化、多元化倾向产生出对土地使用权分离和结构调整的新要求。鉴于我国土地所有的特殊性，我们可以探索产权结构变革的一些新思路和新做法。即在确保农村土地所有权（农村土地归集体所有）不变的前提下，将土地承包经营权（土地使用权）分解为独立的"土地承包权"和"土地经营权"，实现农村土地所有权、承包权与经营权的"三权"分离，同时赋予每一种权利明确的功能，提升土地资源的产出效率。

（1）坚持土地归集体所有。农村土地集体所有是由我国社会主义初级阶段现实国情所决定的，目前土地所有权的归属主要分为国有和集体所有两种形式，就农村土地作为国家粮食安全的重要保障而言，单纯的国有或私有化都不符合我国目前的实际情况和土地功能的要

求，前者容易造成所有人的管理缺位，导致土地使用的低效率；而后者则易导致土地的零碎化，阻碍我国农业现代化的应有进程。因此，要在充分保障集体成员依法享有集体土地收益权利和对重大事项的知情权、参与权和决策权情况下，根据人们的可接受程度和实际情况逐步将"三权"予以分离。其中，经营权和使用权可以在一定条件下有效流转，给予农民更大的选择和自主权。

（2）实现承包权的资本功能，确保农民获得土地应有的资本收益。加强对农民土地承包权的保护，强化农民土地承包权带来的资本收益权。一是合力延长土地承包期，根据《农村土地承包法》规定：农村耕地的承包期限为30年，目前可以探索实施延长土地承包期的可能性，更大程度地稳定农户和市场预期，保护农户从土地承包权中获得资本收益；二是强化土地承包权的物权功能，使承包权具备继承、抵押、转租、转让、互换等权益。强化农民集体对土地的处置权，使农民逐步享有占有、使用、收益和处分等更为充分的土地承包权益。同时，最大限度地弱化村干部和乡镇以上政府处置村集体土地的权力，确保农户在转包转让土地经营权时能获得相应的资本收益。

（3）强化经营权的资源配置功能。在维护土地集体所有制基本框架下进行制度创新，按照"依法自愿有偿"原则，健全土地经营权流转市场，规范土地流转中介服务，建立土地流转制度，鼓励农业集约化经营。允许农村集体土地以股权等多种方式参与小城镇发展，保证农民能够分享土地流转所带来的增值收益。探索转包、出租、互换、转让、入股、合作等多种土地流转方式，通过个体农户或大户经营、家庭农场经营、农民专业合作社经营以及公司化经营等多种方式搞活土地经营权，实现土地要素的高效利用。

三 以政策扶持为重点，深化财税体制和金融制度创新

世界产业发展经验告诉我们，仅依靠农村自我积累来促进农业现代化既不现实也不可能，所有发达国家都在产业政策、资金扶持等方面积极扶持弱质农业。在我国农业本身发展比较薄弱的情形下，应更加重视政策的支持作用。通过财税体制改革和金融制度创新，综合运用财税杠杆和货币政策工具，加大对农村的转移支付、定向实行税收减免以及费用补贴优惠政策,引导更多财政资金、信贷资金和社会资金投向农业和农村。

(一) 推进支农惠农的财税体制改革

(1) 健全农业投入保障机制。农业现代化的推进需要大量资金投入为前提,财税作为调节产业发展的杠杆在其中发挥着重要作用。一是要调整财政支出和信贷投放结构。财政资金的投入要有利于农业基础设施建设和社会事业的发展,保证各级财政对农业投入增长幅度高于经常性收入,大幅度提高政府土地出让收益、耕地占用税和新增收入用于农业的比例,为农村经济发展夯实基础。二是拓宽农业投入来源渠道,加强对农业项目的投资监管,整合投资项目,提高资金使用效益。三是提高资金使用效益。资金投入应重点支持科技含量高、产业附加值明显的农业产业化项目;优先投向发展基础较好、发展潜力更大的乡镇,并通过改善基础设施,强化其对周围乡村的辐射、带动作用。

(2) 健全农业补贴制度。提高农业补贴标准,扩大补贴范围,创新补贴办法,特别要支持增粮增收、重点农业区和重要农产品的补贴力度,逐年较大幅度增加农民种粮补贴,保障我国粮食安全。完善与农业生产资料价格上涨挂钩的农资综合补贴动态调整机制,将化肥、柴油等主要农业生产资料的价格变动与农资综合补贴标准直接联动,保证农业生产的合理收益,使农民不因农业生产资料的上涨而减少应有的收益。

(3) 建立合理的农村税收体系。本着"受益原则"和"能力原则"确定农村税收体系,减轻农民不必要的税负负担,公平确定合理的税负内容,让纳税农户缴纳"明白税",杜绝收过头税和重复征税。同时,针对农业生产的特殊性,坚持依法做好对遭受自然灾害和贫困农户农业税收的减免工作。

(二) 构建服务"三农"的金融服务体系

农村金融是现代农村经济的核心,现代金融服务体系是建设社会主义新农村的重要保障。我国现有的农村金融体系与农业现代化的发展需要差距很大,进一步深化农村金融改革,既要着眼当前,在宏观调控中加大对农村金融的供给,加大对农村金融政策支持,综合运用宏观调控工具,拓宽融资渠道,引导更多信贷资金和社会资金投向农村。又要立足长远,加快建立有利于农业农村发展的农村金融体制和机制;放宽农村金融准入门槛,加快建立商业性金融、合作性金融、政策性金融相结合,资本充足、运转高效、服务完善的现代农村金融体系。

1. 加快新型农村金融组织发展

我国农村现有的金融机构主要包括农村信用社、农业发展银行、地方性商业银行和国有控股商业银行分支机构,不论是种类还是数量都与农业和农村的发展需要差距很大。针对金融组织农村发展不足的现状,我国应进一步放宽农村金融市场准入条件完善退出机制,扩大试点范围,增加试点数量,重点发展适合农村特点的农民合作金融组织。同时,突破自然村的限制,允许跨村联合组建新型金融组织,扩大资金来源和规模。在财政、用地等方面加大对农村新型金融组织的扶持力度,实行税收减免、降低工商登记费用等政策,帮助他们解决开办困难、运转费用高等问题。[1]

2. 制定专门的农村金融扶持政策

对农村信用社、村镇银行和农村资金互助合作社等农村金融机构实行差别存款准备金政策。对发放农业贷款的金融机构或农业贷款借款人给予财政贴息,实行符合"三农"特点的监管标准。中央银行对于从事农村金融的机构和组织,在再贷款方面,给予利率、期限等优惠,帮助其融通所需资金。针对涉农项目风险高的特点,可通过试点建立涉农风险保障基金,按贷款的一定比例给予风险保障金,降低金融机构涉农贷款风险;针对农村基础设施投资大、周期长的特点,可设立农村基础设施专项信贷,提供低利率、长期限的贷款,专项用于农村基础设施建设。同时,利用各种宣传方式向公众宣传农村金融机构设立的意义和目的,引导公众了解和认可新型农村金融机构。

---

[1] 张宏宇:《中国现代农业的制度创新》,《唯实》2008年第11期。

3. 充分发挥各类金融机构的支农作用

在我国，农业一直是弱势产业，低利润、高风险，再加上农村保障机制缺失、信用体系不健全，商业金融信贷投向趋利性与农业固有的高风险、低利润之间形成了较大反差，极大影响了商业金融对"三农"的支持热情。与此同时，作为农村金融服务主体的农村信用社，由于基础薄弱，资金实力不强，垄断地位突出，服务功能弱化，难以独立承担对"三农"的服务。因此，所有的金融机构都负有服务"三农"的社会责任，并根据各自功能的差异制定相应的服务策略：一是要扩大政策性金融支农的服务范围。进一步明确政策性金融的功能定位，加大政策性金融对农业开发和农村基础设施建设中长期信贷的支持。尝试将重大农业产业化项目和农村基础设施建设等内容纳入政策性金融服务范围。二是提高商业性金融支农的资金比例。落实国有商业金融机构的支农责任，引导和鼓励其在村镇设立营业网点，创新对农服务方式；加强商业性金融机构与农村信用社和新型农村金融组织的合作，将其规定比例的支农资金委托给农村信用社或新型农村金融组织运作，既有利于增强农村信用社和新型农村金融组织的资金实力，又能提高商业性金融机构对农服务的效果。三是降低农村金融机构市场准入门槛，充分利用社会资本，适当发展民间金融。如积极发展农业贷款公司、社区村镇银行、农村资金互助社等多种类型的小型金融机构；加强监管，大力发展小额信贷，鼓励发展适合农村特点和需要的各种微型金融服务；确立民间借贷的相应的法律地位，规范和引导民间借贷健康发展。四是完善风险担保机制和保险补偿机制。建立政府扶持、市场运作的农村信贷担保机制。创新信用模式，扩大农村有效担保物范围；发展农村保险事业，健全政策性农业保险制度，建立多元化的农业保险投保模式，完善农业灾害风险转移和巨灾风险分散机制。

四 利用重要战略机遇期，促进农村产业发展

农村作为人们生活和生产的最大空间，也是我国目前产业发展最为薄弱的地区。从三次产业的发展差距而言，促进我国产业协调发展的难点在农村，重点在农业。当前，我国农村产业协调发展的机遇与挑战并存。机遇表现为：一是国家对农村、农业发展日益重视，陆续出台有利于"三农"的利好政策。2015年，中央出台了《关于加大改革创新力度加快农业现代化建设的若干意见》的一号文件。文件围绕建设现代农业，加快转变农业发展方式；围绕促进农民增收，加大惠农政策力度；围绕城乡发展一体化，深入推进新农村建设；围绕增添农村发展活力，全面深化农村改革；围绕做好"三农"工作，加强农村法治建设进行了系统论述。这是连续12年中央一号文件锁定"三农"。近年来，国家通过实施一系列城乡和区域协调发展战略、国民收入分配调整政策，降低民营企业的市场准入门槛等举措，为农村第二、第三产业发展提供了大量政策支持；二是世界金融危机的影响渐渐淡化，全球经济逐步回暖，我国出口呈现恢复性增长。同时，国内农业获得快速发展，农民收入稳步增加，城乡消费需求与日俱增，这些都为农村第二、第三产业发展提供了巨大的市场空间。挑战则表现为：一是在后金融危机时代，受汇率波动和贸易保护主义抬头等因素影响，国际贸易的不确定性因素增加，针对我国农产品出口的贸易摩擦将会更加频繁；二是由于资源环境约束和严格的节能减排指标等因素的影响，对农村工业特别是低端制造业转型升级提出了更为迫切的要求；三是由于资金、土地、能源、科技、劳动力等生产要素供给日趋紧张，企业缺资金、缺技术、缺人才的问题尤为突出，造成生产成本不断上升，对本已处于劣势地位的农村和小城镇的中小企业来说无疑是雪上加霜。目前，我国经济发展正处于增长速度换挡期、结构调整阵痛期和前期政策积累消化期叠加的关键时期，既是我国农村第二、第三产业发展的重要战略机遇期，也是加快转变经济发展方式、突破资源环境约束、实现可持续发展的攻坚克难期。因此，坚持以促进农民增收为中心、农村经济发展为目的，按照"企业主导，市场引导，政府推动"的原则，加强农村产业结构调整显得尤为重要和迫切。

一是加快培育农业产业化龙头企业，带动农业产业化发展。所谓农业产业化龙头企业是指以农产品加工或流通为主，通过各种利益联结机制与农户相联系，带动农户进入市场，使农产品生产、加工、销售有机结合、相互促进，在规模和经营指标上达到规定标准并经政府有关部门认定的企业。① 农业产业化是促进传统农业走向现代农业的必由之路，不仅可以延伸农业产业链，提高初级农产品的附加值，而且有利于农业专业化、社会化和商品化发展，提高农业的整体效益。龙头企业则将开拓市场、引导生产、深化加工、科技创新、融通资金、销售服务等功能整合在一起，既是农业产业化最重要的市场主体，也是加快推进农业现代化的重要支撑。

二是建立农民合作经济组织。以农户经营为基础，以某一产业或产品为纽带，通过专业合作社、股份合作社（在合作制基础上实行股份制的一种新型合作经济组织）以及专业协会等方式建立农民合作经济组织，提高农民的专业技术水平和进入市场的组织化程度，实现农民增收致富和促进农村第二、第三产业发展的目的。

三是积极发展特色园区经济。围绕地域特色优势，进一步优化产业布局，引导同类企业或产业链上的配套企业向园区集中，向最具比较优势的小城镇集聚，提高土地集约化程度，发挥产业集聚效应。努力做好农业科技示范园区、农业旅游园区、农产品物流园区等现代农业与第二、第三产业协同发展的试点和推广。

四是加快发展农村生产和生活性服务业。重点发展现代物流、金融保险和信息服务，促进农业生产、农村生活走向现代化。加快发展农副产品交易市场，创新农商对接、农超对接新模式，促进农产品进城、工业品下乡；完善和延伸现有市场的储藏、加工、运输、信息、检疫、检测绿色农产品认证、名牌农副产品培育等功能的农村商贸流通服务业；开展劳务输出对接，引导农村富余劳动力有序外出务工；培育、发展一批为先进农业技术推广和技术指导、为优质粮食和畜禽品种提供供应和良种繁育以及加工、物流等提供服务的社会化服务企业。

五是大力发展乡村旅游业和特色文化产业。深入挖掘独具特色的

---

① 农业部等：《关于扶持农业产业化经营重点龙头企业的意见》的通知（农经发〔2000〕8号）。

农业景观资源和民俗风情资源，加大乡村旅游市场开发和培育力度，扶持和引导有条件的农户积极发展农家乐和观光休闲农业，努力为农民增收致富提供更加广阔的渠道。

五　完善城乡一体的社会管理制度

长期以来，城乡分离的一系列社会管理制度将城市和乡村人为划分为两个分离的世界，城市居民与乡村农民事实上的不平等成为城乡隔离的核心。因此，根据产业发展内在规律，逐步建立起城乡一体的户籍管理、劳动力就业、社会保障和土地等一系列社会管理制度并加以完善是促进城乡产业协同互动的基础和前提。

（1）深化户籍制度改革，逐步建立全国统一的、以身份证管理为主的"一元"户籍制度。在有条件的地区逐步取消城乡户籍差别，取消农村户口，并以合法固定住所或稳定职业为依据，实行城乡统一的户籍管理制度，实现由身份管理向职业管理的转变。农民在取得城市户口以后，应与原城市居民同样获得平等的就业机会，在公共服务和公共物品上享有相同的市民待遇。政府应当逐步缩减直至取消城市各种消费补贴和城市特有的社会福利，同时加大对农村公共设施和公共服务的投入，较大幅度地提高农村居民的生产条件、生活环境和福利水平，不断缩小城乡公共服务和基础设施差距。

（2）培育统一的城乡劳动力市场。建立起城乡统一的劳动力市场和公平竞争的就业制度，首先要取消针对农民工制定的限制性和歧视性就业政策，降低农民进城"门槛"，疏通农民进城渠道。其次，通过立法，在法律上规范劳动关系，充分尊重进城务工农民的合法权益，保证其正当利益不受损害。最后，培养新型农民，提高农民就业能力。通过对农村劳动力的培训，增强农民适应新生活和新工作的能力。

（3）统筹城乡社会保障制度。从推行社会保障制度改革入手建立一元户籍制度。户籍改革的难点在于社会保障在城乡之间存在较大差异。目前虽然有部分地区已经宣布取消农业户口，实行统一的居民户口，但这并未完全解决城乡之间、地区之间人口自由流动问题，而仅仅是户口在名称和形式上的变化。如果不实行城乡统筹的社会保障制度，仍然会形成新的国民待遇不平等，甚至会造成对农民财产另外一种形式的侵害。统筹城乡社会保障制度就是要拓宽社会保障覆盖范围，把具有一定工作年限的农民工纳入社会保障范围。同时，探讨建立适合于我国国情的农村社会保障制度途径和模式，逐步在养老、医疗和最低生活保障等方面实现城乡统筹，使农民工在公共服务和公共物品上享有与市民同样的待遇，最终实现城乡社会保障一体化。

参考文献

中文文献

1. 马克思:《资本论》,人民出版社 2004 年版。
2.《马克思恩格斯全集》第二卷,人民出版社 2005 年版。
3.《马克思恩格斯全集》第四卷,人民出版社 1958 年版。
4.《马克思恩格斯全集》第十八卷,人民出版社 1964 年版。
5.《马克思恩格斯全集》第二十五卷(下),人民出版社 2001 年版。
6.《马克思恩格斯全集》第四十六卷,人民出版社 2003 年版。
7.《列宁全集》第十九卷,人民出版社 1959 年版。
8. [美] 刘易斯·芒福德:《城市发展史——起源、演变和前景》,中国建筑工业出版社 2005 年版。
9. [美] 钱纳里:《发展的型式 1950—1970》,经济科学出版社 1988 年版。
10. [奥地利] 约瑟夫·熊彼特:《经济发展理论》,商务印书馆 1991 年版。
11. [德] 冯·杜能:《孤立国同农业和国民经济的关系》,商务印书馆 1997 年版。
12. [英] 埃比尼泽·霍华德:《明日的田园城市》,商务印书馆 2000 年版。
13. [美] W. 艾萨尔德:《区域科学导论》,高等教育出版社 1995 年版。
14. [英] W. W. 罗斯托:《经济成长的阶段》,商务印书馆 1962 年版。

15. [美]阿瑟·刘易斯：《二元经济论》，北京经济学院出版社1989年版。

16. [美]库兹涅茨：《现代经济增长》，北京经济学院出版社1989年版。

17. [美]钱纳里：《工业化和经济增长的比较研究》，上海三联书店1993年版。

18. [美]艾德加·胡佛：《区域经济学导论》，商务印书馆1990年版。

19. [美]保罗·萨缪尔森：《经济学》，人民邮电出版社2004年版。

20. [日]速水茨郎：《发展经济学：从贫困到富裕》，社会科学文献出版社2003年版。

21.《简明不列颠百科全书》第2卷，中国大百科全书出版社2005年版。

22.《毛泽东选集》第四卷，人民出版社1991年版。

23.《毛泽东选集》第五卷，人民出版社1977年版。

24.《邓小平文选》第三卷，人民出版社2001年版。

25.《江泽民文选》第一、二卷，人民出版社2006年版。

26. 胡锦涛：《高举中国特色社会主义伟大旗帜为夺取全面建设小康社会新胜利而奋斗》，《人民日报》2007年10月25日。

27. 胡锦涛：《胡锦涛在省部级领导干部构建社会主义和谐社会专题研讨班上的讲话》，《人民日报》2005年6月27日。

28.《习近平在河南考察时强调：深化改革发挥优势创新思路统筹兼顾确保经济持续健康发展社会和谐稳定》，《人民日报》2014年5月11日。

29. 中国社会科学院雨燕研究所词典编辑室编：《现代汉语词典》，商务印书馆2005年版。

30. 杜肯堂、戴士根：《区域经济管理学》，高等教育出版社2004年版。

31. 刘诗白：《政治经济学》，西南财经大学出版社2008年版。

32. 邓玲、张红伟：《中国七大经济区》，四川大学出版社 2002 年版。

33. 张培刚：《新发展经济学》，河南人民出版社 1992 年版。

34. 程必定：《区域经济学》，安徽人民出版社 1989 年版。

35. 陆大道：《中国区域发展的理论与实践》，科学出版社 2003 年版。

36. 陈栋生：《区域经济学》，河南人民出版社 1993 年版。

37. 安虎森：《新区域经济学》，东北财经大学出版社 2008 年版。

38. 赫寿义、安虎森：《区域经济学》经济科学出版社 1999 年版。

39. 陈秀山、张可云：《区域经济理论》，商务印书馆 2007 年版。

40. 李京文：《中国区域经济教程》，广西人民出版社 2000 年版。

41. 陈秀山：《中国区域经济问题研究》，商务印书馆 2003 年版。

42. 魏后凯：《区域经济发展的新格局》，云南人民出版社 1995 年版。

43. 苏东水：《产业经济学》，高等教育出版社 2005 年版。

44. 李悦、李平：《产业经济学》，东北财经大学出版社 2008 年版。

45. 严正主编：《中国城市发展问题报告》，中国发展出版社 2004 年版。

46. 聂华林、李泉编著：《中国西部城乡关系概论》，中国社会科学出版社 2006 年版。

47. 周叔莲、金碚：《国外城乡经济关系理论比较研究》，经济管理出版社 1993 年版。

48. 厉以宁：《区域发展新思路》，经济日报出版社 2000 年版。

49. 吴敬琏：《当代中国经济改革》，上海远东出版社 2003 年版。

50. 林毅夫等：《中国的奇迹：发展战略与经济改革》，上海三联书店 1994 年版。

51. 陈吉元、韩俊：《人口大国的农业增长》，上海远东出版社 1996 年版。

52. 刘斌、张兆刚、霍功：《中国三农问题报告》，中国发展出版社 2004 年版。

53. 李朝鲜：《理论与量化》，中国经济出版社 2006 年版。

54. 刘东升：《国际服务贸易》，中国金融出版社 2005 年版。

55. 谭仲池：《城市发展新论》，中国经济出版社 2006 年版。

56. 周叔莲、郭克莎主编：《中国城乡经济及社会协调发展研究》，经济管理出版社 1996 年版。

57. 周振华：《产业结构优化论》，上海人民出版社 1992 年版。

58. 毕泗生：《中国农业农村农民前沿问题报告》，人民日报出版社 2003 年版。

59. 毕世杰：《发展经济学》，高等教育出版社 2002 年版。

60. 黎旨远、李明志：《微观经济分析》第 2 版，清华大学出版社 2003 年版。

61. 四川大学成都发展研究学院等：《成都统筹城乡发展年度报告（2009）》，四川大学出版社 2010 年版。

62. 国家统计局关于印发《关于统计上划分城乡的暂行规定》和《国家统计局统计上划分城乡工作管理办法》的通知，国统字〔2006〕60 号。

63. 李克强：《加快结构调整保持经济平稳较快发展》，《共产党员》2009 年第 13 期。

64. 范海燕、李洪山：《城乡互动发展模式的探讨》，《探索与争鸣》2005 年第 3 期。

65. 洪银兴、陈雯：《城市化与城乡一体化》，《经济理论与经济管理》2003 年第 4 期。

66. 祝小宁、罗敏：《对马克思恩格斯城乡统筹发展理论体系的当代解读》，《西华师范大学学报》（哲学社会科学版）2008 年第 5 期。

67. 段娟等：《近十五年国内外城乡互动发展研究述评》，《地理科学进展》2006 年第 4 期。

68. 叶超、陈明星：《国外城乡关系理论演变及其启示》，《中国人口资源与环境》2008 年第 18 卷第 1 期。

69. 陆晓辉：《我国统筹城乡发展的理论基础与政策建议》，《湖北经济学院学报》2009 年第 7 期。

70. 张华瑛：《成都统筹城乡发展的实证研究》，《重庆工商大学学报》2008 年第 1 期。

71. 杜肯堂：《产业互动、城乡相融，加快县域经济发展》，《天府新论》2003 年第 1 期。

72. 杜受祜：《统筹治理：城乡经济社会一体化新方向》，《天府新论》2010 年第 2 期。

73. 李天德：《美国"新经济"与西部大开发》，《世界经济研究》2000 年第 5 期。

74. 陈映：《统筹城乡产业发展的对策》，《经济纵横》2005 年第 11 期。

75. 王其江：《推进城乡产业融合，促进城乡统筹发展》，《中共郑州市委党校学报》2005 年第 4 期。

76. 张红宇：《中国现代农业的制度创新》，《唯实》2008 年第 11 期。

77. 刘恒茂：《城乡产业协调发展：解决"三农"问题的战略思考》，《中共四川省委党校学报》2006 年第 9 期。

78. 卢阳春：《建立中国特色的城乡产业互动发展机制研究》，《经济论坛》2009 年第 6 期。

79. 张爱民、易醇：《成都市促进三次产业互动发展的实践与启示》，《西南民族大学学报》（人文社会科学版）2010 年第 11 期。

80. 张爱民、易醇：《我国三次产业发展历程及政策启示》，《求实》2011 年第 2 期。

81. 张爱民、易醇：《城乡统筹发展背景下三次产业互动发展路径研究》，《软科学》2011 年第 2 期。

82. 刘涛、张爱民：《西北民族地区产业结构调整的实证研究》，《西南民族大学学报》（人文社会科学版）2011 年第 3 期。

83. 张雨林：《我国城乡关系的历史考察》（下），《中国农村经济》1989 年第 10 期。

84. 武力：《1949—2006 年城乡关系演变的历史分析》，《中国经济史研究》2007 年第 1 期。

85. 龚勤林：《论产业链构建与城乡统筹发展》，《经济学家》2004 年第 3 期。

86. 张永军、郑少峰、谢毅：《园区经济发展模式：提升农村工业化水平的高效途径》，《西北工业大学学报》（社会科学版）2006 年第 3 期。

87. 卢阳春：《城乡产业互动的国际经验与可持续发展机制》，《现代经济探讨》2009 年第 7 期。

88. 陈柳钦：《产业发展的相互渗透：产业融合化》，《贵州财经学院学报》2006 年第 3 期。

89. 柳建平、张永丽：《现代农业发展：一个多层面的解析》，《科技进步与对策》2008 年第 25 期。

90. 王晶：《浅谈中国农业机械化》，《农业与技术》2007 年第 10 期。

91. 李杰义：《农业产业链的内涵、类型及其区域经济效应》，《理论与改革》2009 年第 5 期。

92. 杜婵：《加快发展农业机械化是中国现代农业的根本出路》，《农产品加工学刊》2007 年第 11 期。

93. 关凤利、裴琪：《我国农业生产性服务业的发展对策》，《经济纵横》2010 年第 4 期。

94. 朱世海、熊本国：《工业反哺农业实现机制刍议》，《中国农村经济》2005 年第 10 期。

95. 冯海发：《反哺农业的国际经验及其我国的选择》，《农业合作经济管理》1996 年第 4 期。

96. 财政部财政科学研究所：《工业反哺农业的国际经验及其借鉴》，2007 年 8 月。

97. 李泉：《中外城乡关系问题研究综述》，《甘肃社会科学》2005 年第 4 期。

98. 毛志雄：《设立成都市全国统筹城乡综合配套改革试验区的重大意义》，《成都行政学院报》2007 年第 4 期。

99. 毛志雄：《坚持城乡统筹推进科学发展——国务院批准设立成都市全国统筹城乡综合配套改革试验区情况介绍》，《小城镇建设》2007 年第 8 期。

100. 国家统计局设管司：《新〈国民经济行业分类〉的修订原则及主要特点（之一）》，《中国统计》2003 年第 1 期。

101. 人民日报社论：《论农业产业化》，1995 年 12 月 11 日。

102. 国家统计局：《从一穷二白到建立现代工业体系》，《中国经济导报》2009 年 9 月 29 日。

103. 国家统计局：《新中国工业 60 年：逐步建立起现代工业体系》，《中国电子报》2009 年 9 月 25 日。

104. 安南：《世界人居日献辞》，《提高城乡联系与协调经济发展国际会议论文集》，2004 年。

105. 中国社会科学院成都市社会科学院联合课题组：《成都市城乡一体化的模式探索及其普遍意义》，《兰州发展》2005 年第 7 期。

106. 国家发展与改革委员会网站：《深化对城乡统筹发展战略的认识理解》，http：//www.gov.cn/zwhd/2005 - 11/30/content_ 114004.htm，2005 年 11 月 30 日。

107. 赵虹：《全球生产性服务业发展特点、趋势及经验借鉴》，《福建论坛》（人文社会科学版）2009 年第 9 期。

108. 《中共中央关于推进农村改革发展若干重大问题的决定》，2008 年 10 月 12 日。

109. 《国民经济和社会发展第十二个五年规划纲要》，2011 年 3 月 16 日。

110. 《国民经济和社会发展第十三个五年规划纲要》，2016 年 3 月 17 日。

111. 中共中央国务院 2007 年中央一号文件：《关于积极发展现代农业扎实推进社会主义新农村建设的若干意见》。

112. 《国务院关于加快发展服务业的若干意见（国发〔2007〕7

号)》，2007年3月19日。

113. 农业部等：《关于扶持农业产业化经营重点龙头企业的意见的通知》（农经发〔2000〕8号）。

114. 第二次全国农业普查主要数据公报（2008）。

115. 国家计委经济研究所课题组：《我国第一、二、三产业的关系》，《经济研究参考》1996年第H1期。

116. 四川省政府办公厅：《四川省人民政府关于加快发展服务业的若干意见》（川府发〔2009〕24号）。

117. 成都市2010年、2014年、2015年政府工作报告。

118. 2009—2015年《成都市国民经济和社会发展统计公报》。

119. 成都市农委：《成都市现代农业发展规划》（2010—2020）。

120. 四川大学成都科学发展研究院中共成都市委统筹城乡工作委员会编：《成都统筹城乡发展年度报告：2010》，四川大学出版社2011年版。

121. 成都市人民政府：《关于印发成都市服务业发展"十二五"规划的通知》，2012年10月24日。

122. 《中共成都市委成都市人民政府关于进一步加强城乡规划工作的意见》（成委发〔2006〕60号）。

123. 中央财经领导小组办公室中共四川省委联合调研组：《关于成都市发展服务经济创新发展模式的调研报告》，中国共产党新闻网，2010年3月20日。

124. 何礼：《成都市人民政府关于我市工业集中发展区发展情况的报告》，《成都市人民代表大会常委会公报》2011年第6期。

125. 《龙潭三化联动：1+1+1＞3的城乡统筹创新之路》，《成都统筹城乡发展年度报告（2007—2008）》，四川大学出版社2009年版。

126. 韩德超：《产业协调发展与工业结构升级研究》，博士学位论文，华中科技大学，2009年。

127. 周建华：《工业反哺农业机制构建问题研究》，博士学位论文，湖南农业大学，2007年。

128. 张涛：《工业反哺农业、城市带动乡村的制度创新》，博士学位论文，西北大学，2006 年。

129. 梅林：《东北地区城乡关系协调发展模式与对策研究》，博士学位论文，东北师范大学，2009 年。

130. 陈剑：《城乡融合的理论研究与实践》，博士学位论文，河北农业大学，2007 年。

131. 崔西伟：《城乡一体化的理论探索与实证研究》，博士学位论文，西南财经大学，2007 年。

英文文献

1. A. Hirschman：*the Strategy of Economics Development*，New Haven，Conn：Yale University Press，1958.

2. Lewis W. A.：*The Dual Economy Revisited*，The Manchester School，1979.

3. Mitsch，J. W. Jorgensen，S. E.：*Ecological Engineering*：*An Intro – Evolution to Eco – Technology*，New York：John Wiley sons，1998.

4. Moore R. H.：*Japanese Agriculture*：*Patterns of Rural Development*，Boulder：Westview Press，1990.

5. Parham Durana Hess：*Improving Degraded Lands*：*Promising Experience from South China*，Bishop Museum Press，1993.

6. Robert C. Feenstra：*Advanced International Trade*：*Theory and Evidence*，Princeton University Press，2004.

7. Simon K.：Economy Growth and Income Inequality，*American Economic Review*，1955.

8. Martin Armstrong，Jim Taylor：*Regional Economics and Policy*，Wiley – Blackwell，2000.

9. W. R. Jordan，M. E. Gilpin and J. D. Aber：*Restoration ecology*：*a Synthetic Approach to Ecology Research*，Cambridge University Press，1987.

10. Rauven Glick and Ramoon Moreno："Finance Reform and Stabilisation Policy in a Developing Economy"，*Journal of Development Economies*，September，1997.

11. Williamson: *Regional Inequalities and the Process of National Development*, Economic Development and Cultural Change, 1965 (3).

12. Gore C.: *Regions in Question: Space, Development Theory and Regional Policy*, Optics & Spectroscopy, 2013 (21).

13. Herrmann – Pillath C. Kirchner D. Pan J.: *Disparities in China Economic Development: Approaches on Different Levels of Aggregation*, Economic Systems, 2002 (26).

后 记

城乡一体化是我国一项重大而深刻的社会变革。不仅是思想观念的更新，也是政策措施的变化；不仅是发展思路和增长方式的转变，也是产业布局和利益关系的调整。城乡二元结构矛盾突出的现实和我国仍处于社会主义初级阶段的国情，决定了经济建设依然是解决我国诸多现实问题的突破口，产业作为经济发展的载体，协调的产业关系不仅是经济发展规律的使然，也是全面建成小康社会，实现中华民族伟大复兴中国梦的必然选择。随着我国经济步入新常态，推动经济增长的内生动力发生变化，构建和谐的产业关系，加快产业升级和结构优化，通过产业协调互动构建新动能，实现经济发展方式转变显得更加迫切。本书作为国家社科基金项目"西部地区构建产业链统筹城乡发展研究"（项目编号06CJL022）后期研究成果，希望能在新的发展阶段为缓解我国城乡二元结构矛盾，促进三次产业协调发展提供理论支撑和探索借鉴。

本书得到恩师杜肯堂教授的悉心指导，恩师学而不厌、诲人不倦的精神令我毕生难忘；先生儒雅的风度、豁达的秉性是自己终生学习的楷模。还要感谢西南科技大学政治学院院长黎万和教授、院党委书记白洁教授以及各位同仁的关心和帮助！本书顺利出版，得到了西南科技大学政治学院和中国社会科学出版社的大力支持，以及李庆红等老师的无私帮助，在此表示衷心感谢！本书的写作过程参考了同行专家的不少研究成果，在此一并表示诚挚感谢！参考文献在书末已尽可能列出，但百密难免一疏，若有不周，敬请见谅！

由于写作和付印时间间隔较长，适逢我国经济发展的内外部环境出现了许多新情况和新变化，虽几经易稿力图全面反映我国产业发展的最新实践和理论前沿，但囿于水平有限，对一些新情况、新理论认识不足,一些问题的研究也是浅尝辄止,疏漏之处在所难免,敬请同行专家和读者批评指正。

张爱民

2017年6月于成都